Ernst von Bülow-Cummerow

Die europäischen Staaten nach ihren inneren und äußeren politischen Verhältnissen

EHV
HISTORY

Ernst von Bülow-Cummerow

Die europäischen Staaten nach ihren inneren und äußeren politischen Verhältnissen

ISBN/EAN: 9783955640071

Auflage: 1

Erscheinungsjahr: 2013

Erscheinungsort: Bremen, Deutschland

EHV
HISTORY

Die

europäischen Staaten

nach

ihren innern und äußern

politischen Verhältnissen

von

Bülow-Cummerow.

Altona.

Verlag von Johann Friedrich Hammerich.

1845.

Vorwort.

Die Herausgabe des nachfolgenden Werks ist bedeutend durch die in Deutschland bestehenden Censur-Einrichtungen verzögert worden, inzwischen sind Verhältnisse eingetreten, die wir mit einigen Worten berühren zu müssen glauben, da sie leider darauf hindeuten, wie wenig noch, besonders im Süden von Deutschland, die höheren allgemeinen Interessen des Vaterlandes und die Nothwendigkeit einer brüderlichen Vereinigung des ganzen deutschen Volks unter sich richtig erkannt werden, und daher noch immer eine so gereizte Stimmung besteht, daß an und für sich geringfügige Umstände gleich zu einem Extrem zu führen scheinen.

In dem vorliegenden Werke haben wir durch eine Schilderung der gegenwärtigen politischen Verhältnisse der großen europäischen Staaten klar bewiesen, daß die äußere Unabhängigkeit Deutschlands und seine innere Wohlfahrt nur von der Einigkeit seiner Fürsten und der innigen Vereinigung des deutschen Volks ab-

hängig sei, oder mit anderen Worten davon: daß
Deutschland eine große Familie bilde. Ist dies rich=
tig, und wer wird es bestreiten wollen, so muß auch
in diesem Geiste gedacht und gehandelt werden.

In jeder großen Familie können bald von der
einen, bald von der anderen Seite Mißgriffe vorfal=
len, auch sich im Einzelnen zuweilen die Interessen
trennen. Dies darf aber nicht zu einer Spaltung
führen, sondern muß mit Wohlwollen erörtert und
was fehlerhaft ist, verbessert werden; so fordert es
das Familienleben.

Nicht zu läugnen bleibt es, daß die Politik Preu=
ßens ganz dahin gerichtet sein sollte, die bestehenden
Eifersüchteleien möglichst zu beseitigen und Deutschland
volles Vertrauen einzuflößen; daher müßte von Sei=
ten dieser Macht Alles vermieden werden, was ge=
rechte Veranlassung zur Mißstimmung geben könnte.
Auch wollen wir nicht in Abrede stellen, daß die Aus=
weisung ehrenwerther Männer, — Abgeordneter eines
Vereinsstaates, — ein beklagenswerther Verwaltungs=
mißgriff sei, den die Regierung, wie wir voraussetzen,
als einen solchen von sich zu weisen nicht unterlassen
wird. Allein die Mißbilligung, die diese Ausweisung
in ganz Preußen, in allen Klassen seiner Bewohner,
ohne Ausnahme der politischen Meinung, erfahren hat,
bezeichnet sie als ein isolirtes Factum, und gewährt
den Verletzten die vollkommenste Genugthuung. Wenn

deſſenungeachtet dieß Ereigniß dahin ausgebeutet wird, um den früheren Preußenhaß wieder anzufachen, ſo liegt hierin der Beweis, wie ſehr man noch die eigenen und die Intereſſen des Vaterlandes verkennt.

So bedauerlich es aber iſt, daß in dieſem Augenblicke eine ſo unangenehme Veranlaſſung zu einer Mißſtimmung gegeben worden iſt, um ſo bedauerlicher wird dieſe, da die bevorſtehenden Zollverhandlungen, bei welchen es ſich um ſo wichtige materielle Intereſſen handelt, ohnehin ſo leicht zu Conflicten führen können.

Nicht zu rechtfertigen erſcheint uns die Leidenſchaftlichkeit, mit welcher die Fragen, welche in dem bevorſtehenden Zoll-Congreß verhandelt werden ſollen, ſchon jetzt beſprochen werden, und eben ſo wenig die Drohungen, welche auch ſchon namentlich in der Würtembergiſchen Kammer laut geworden ſind, daß, wenn Preußen ſich nicht zu einem weitergehenden Schutzſyſteme bereit zeige, Süd-Deutſchland ſich von Preußen trennen und Oeſtreich anſchließen werde.

Je wichtiger die Gegenſtände, die einer gemeinſchaftlichen Berathung unterzogen werden ſollen, je verſchiedener die Intereſſen ſind, welche dabei in Widerſtreit gerathen, um ſo beſonnener ſollten die Verhandlungen geführt werden; ein Einſchüchterungsverſuch iſt nirgends weniger an ſeinem Platze, als bei einer ſolchen Gelegenheit und verfehlt auch in der Regel ſeine Wirkung.

Welchen hohen politischen Einfluß der Zollverein bereits gehabt hat, welchen wesentlichen auf die Entwickelung der materiellen Interessen der Vereinsstaaten, wie er der lockeren Bundesverfassung eine gewisse Kraft verleihet und Deutschlands Einfluß dem Auslande gegenüber verstärkt, darüber kann sich Niemand täuschen. Alle diese Vortheile aufzugeben, wenn nicht der Einfuhrzoll auf Twiste und einige andere Gegenstände um einige Thaler erhöhet werden sollte, scheint uns ein Unsinn zu sein.

Was nun die Drohung betrifft, sich Oestreich anzuschließen, so fällt diese in sich zusammen; denn Oestreich wird und kann sich bei dem Stande seiner Industrie, und bei dem ganzen Organismus seiner Verwaltung und seiner Finanzen noch auf keinen Zollverein einlassen, und noch viel weniger Würtemberg und das südliche Deutschland überhaupt mit Oestreich. Inzwischen den unmöglichen Fall gedacht, daß sich Süddeutschland von Norddeutschland und von seiner Verbindung mit dem Meere trennen wollte, und Letzteres nun Handels-Verbindungen mit England, Holland und Belgien anknüpfte, wo bliebe dann die Einigkeit Deutschlands? Doch wir führen dies nur an, um zu beweisen, wie wenig klug solche Drohungen sind, und wie sie jede Einigung erschweren. Preußen wird und kann nach unserer Ueberzeugung den Wünschen seiner Industriellen und denen der übrigen Vereinsstaaten in einigen Punkten, ohne sein System aufzugeben, nachkommen; aber es wird und darf es nicht, wenn man es durch Drohungen dazu zwingen wollte.

Die preußische Regierung befindet sich übrigens in diesem Augenblicke in einer eigenthümlichen Lage. Mit jedem Jahre spricht es sich immer deutlicher aus, wie die östlichen Provinzen der Monarchie, namentlich Ost- und Westpreußen und Hinterpommern, mehr der Verarmung entgegengehen, und welchen Höhepunkt diese schon erreicht hat. Der geringe Schutz, welchen der Handel der Küstenländer bisher erfahren hat, während sich die Industrie eines viel wesentlicheren erfreute, wird als Miturfache des Widerstandes betrachtet, die Eingangszölle zu erhöhen. Sehr natürlich ist es, daß die Regierung Bedenken trägt, weitere Schutzmaaßregeln gegen das Eindringen der englischen Fabrikate zu ergreifen, weil sie fürchten muß, daß dieses noch weitere Repressiv-Maaßregeln gegen die nur Ackerbau und Schiffahrt treibenden Provinzen der Monarchie zur Folge haben könnte.

Allein wir müssen es offen bekennen, daß, obgleich in diesen Besorgnissen viel Wahres liegt, doch die Wurzel des Uebels, an welchem die obengenannten Provinzen leiden, eine ganz andere sei, und daß, wenn auch keine Erhöhung der Schutzzölle erfolgt, doch der Wohlstand dieser Provinzen immer tiefer sinken wird, wenn ihnen nicht auf eine zweckmäßige Weise geholfen werden sollte.

Mangel an Betriebs-Capital, an Absatz der Er-zeugnisse, an fahrbaren Producten-Straßen sind Ursache der Verarmung. Hierzu kömmt die theilweise Vernachlässigung der Häfen, die Bevorzugung, welche man den fremden Schiffen, namentlich denen Däne-marks, eingeräumt hat, und ganz besonders der Um-stand, daß die Staats-Abgaben aus diesen geldarmen Provinzen jährlich herausgezogen werden, und wenig oder gar nichts geschehen ist, um sie abgabefähig zu erhalten. Vorstehendes sind die wahren Ursachen der Noth, und hoffentlich wird die Größe der Bedrängnisse dieser Landestheile bewirken, was die Presse bisher nicht vermocht hat, die Augen der oberen Verwaltung zu öffnen.

Soll aber den östlichen Provinzen geholfen wer-den, so muß dies auf eine umfassende, energische und zweckmäßige Weise geschehen. Ob der Twist einige Thaler mehr Einfuhr-Abgaben zahlt, hat auf diese Provinzen keinen Einfluß, und wenn nach der eigenen Versicherung unsere inländischen Baumwollen-Fabri-kanten darunter nicht leiden, wie wir früher gefürchtet haben, so wird auch kein wesentliches Bedenken statt-finden, daß die preußische Regierung den allgemeinen Wünschen wegen Erweiterung des Schutzzolles in meh-reren einzelnen Punkten entgegenkomme.

Diefem Vorworte schließen wir das leider sehr
lange Verzeichniß der in dem Buche enthaltenen Druck=
fehler und sonstigen Verbesserungen an, und bitten, es
nicht als eine Vernachläffigung unsererseits zu betrach=
ten, daß deren so viele geworden sind. Der Druck
des Werkes ist in Altona erfolgt, mithin **70** Meilen
von unserem Wohnsitze; wir haben daher die Correc=
tur nicht selbst übernehmen können.

Welche Gründe aber vorhanden waren, das Werk
nicht in Preußen, sondern in Altona drucken zu laffen,
darüber glauben wir uns noch erklären zu müffen.

Ein Werk, welches bestimmt ist, eine Uebersicht
der politischen Verhältnisse Europas zu gewähren, muß
sich, wenn es einigen Werth haben soll, freimüthig
und wahr über Zustände und Principien aussprechen.

Nun besteht in Preußen Censur und bei Schrif=
ten über **20** Bogen polizeiliche Ueberwachung; es war
daher unmöglich, daß einem Werke die Druckerlaub=
niß gegeben werden konnte, welches sich freimüthig
über die innere und äußere Politik der Großmächte
ausspricht, weil man es dann als ein Program der
preußischen Regierung betrachtet haben würde.

Im Juli **1845.**

D. B.

Druckfehler und sonstige Verbesserungen.

S.	Zeile	statt:	lies:
1	6 v. u.	Fergüson	Tergusson
6	18 v. o.	für jede Mücke	vor jeder M.
12	9 v. u.	gewordene	gewordenen
17	8 "	auch	hauptsächlich
21	8 v. o.	eigenen	eigene
38	1 v. u.	einer	eine
47	9 "	ihren Inquisitionsgerichten lies ihrer Inquisitionsgerichte	
49	12 "	1314	1301
50	2 v. o.	1468	1485
51	8 "	alle	alte
51	10 "	mishandeln	misachten
52	17 v. u.	der Zähringer	von Zähringen
52	16 "	Allemanien	Allemaunien
52	8 "	Tyburg	Kyburg
57	2 v. o.	Wlademir	Waldemar
58	7 v. u.	legetimen	legitimen
63	1 v. o.	Dessau-Anhaltischen	Dessau und Anhaltischen
64	12 "	po volum	pozvolum
68	2 "	welches	welcher
68	10 "	Absoluitismus	Absolutismus
70	4 v. u.	des bekannten Verses	der bekannten Fabel
77	2 v. o.	fehlt hinter Reform eine	
79	5 "	einschläft	nie schläft
81	11 "	Strelizen	Strelitzen
82	13 "	näherer	nähere
83	5 v. u.	sie	es
84	12 v. o.	Schafstirov	Schafstrov
84	14 "	Menzilof	Menschikow
85	13 v. u.	in	mit
89	3 der Anmerk.	Copiist	Copist
90	11 v. o.	mmenschlichen	und menschl.
92	15 "	ihm	ihn
95	1 v. u.	Anmk. seinen	seine
97	3 v. o.	Einnahmen	Einnahme
98	7 "	diesen	diesem
98	2 v. u. Anmk.	dafür	dagegen
99	7 v. o.	welche	welchen
100	5 (Anmk.) v. o.	Ausnahme	Aufnahme
106	5 (Anmk.) v. u.	ist das und zu streichen	
108	7 v. u.	diesen Ceremonien	dieser Ceremonie
111	13 v. o.	Anekdoten	Windeln
115	7 (Anmk.) v. u.	sie	die Beamten
115	1 v. u.	für	vor
121	4 "	ihren	seinen
121	1 "	sie	es
123	4 v. o.	in einem Kriege	in einen Krieg
123	11 v. o.	neben der	neben die
130	4 "	auf die	auf den
133	1 "	Ems	Ens
137	13 v. o.	ganz	nicht
142	7 "	benannte	Beamten-
143	14 v. u.	Ems	Ens
148	4 "	exemtionellen	exemtionellen
167	16 v. o.	Committat	Comitat
168	7 "	des	das
179	6 v. u.	angebliche Agentur	angebl. Agenten
181	7 v. o.	seine	ihre
182	5 "	allgemeiner	erfolgreicher
183	9 v. u.	bleibe	bleibt
185	4 v. o.	in der	in die
189	10 v. u.	an die	an der
190	7 v. o.	einer	eine
192	6 v. o.	ihn	es
193	15 v. o.	fallen die Worte: wie wir zeigen werden weg.	
196	8 v. u.	Sansouci	Sanssouci
196	2 "	würde	werden
200	10 v. o.	und	das
200	11 "	konnte	konnten
201	2 "	aber	aber auch
201	5 v. u.	möchten	mochten
203	2 v. o.	fällt das eine denen weg.	
206	9 "	würden	würde
206	15 "	und um	und sie um
206	17 "	wird	werden
209	10 v. u.	fallen die Worte bleibt er weg	
209	9 "	befördern	fördern
214	13 v. o.	je	um so
219	1 v. u.	unbereichbar	unbereihbar
219	3 (Anmk.) v. o.	In	Auf
228	8 v. o.	einer	eins
230	8 "	werden	wird
230	2 v. u.	für alle Zwischenfälle	vor allen Zwischenfällen
233	1 "	ihren	seinen
239	5 v. o.	fällt das Wort hat weg	
239	"	gegenübergestellt	gegenübergestellt
246	2 "	den	dem
253	11 v. u.	einen	einer
262	1 v. o.	für alle Zwischenfälle	vor allen Zwischenfällen
262	7 v. u.	muß	mußte
269	3 v. o.	den normalen	der normale
272	16 "	für	vor
273	7 "	in die	in den
274	3 "	stützt	schützt
275	11 v. u.	Hochkirchen	Hochkirche
277	8 v. o.	ihre	seine
277	8 v. u.	Wesliaianer	Wesleianer
281	13 v. o.	stand	steht
281	2 v. u.	frommen Fehlers	Formenfehlers
283	6 v. o.	Hochkirchen	Hochkirche
289	11 "	sind	ist
291	10 "	fehlt übrigen vor Colonien	
296	3 v. u.	arière pensé	arriere pensée
299	10 v. o.	das	dem u. st. die — der
303	12 "	Meere	Meeren
306	1 v. o.	fällt wunderbar weg	
306	2 "	verwende sich dafür	sich dafür verwende
306	3 v. u.	Maneuvre	Manoeuvre
307	14 v. o.	diese	dieses
307	16 "	sie	es
314	2 v. u.	einer	eine
317	12 v. o.	welche	welchen
323	10 "	losten	löstet
325	6 v. o.	werden	worden
325	10 "	als die	als der
330	1 v. u.	deutschen Zungen reden	deutsche Zunge redet
333	8 v. o.	Philantropie	Philanthropie
337	14 v. u.	abzuwähren	abzuwehren
340	4 (Anmk.) v. o.	Wiederstreit	Widerstr.
340	2 (Text) v. u.	stürzen sollte	zu stürzen
342	8 v. o.	diese	dieses
342	9 "	würden	wurde
347	7 "	bestehen	bestehe
348	3 "	nach schützen fehlt sie	
350	7 "	zum Kriege kommen	es zum Kriege kommen lassen
350	7 v. u.	diesen	diesem ferner: ein — einen u. zweideutiger-zweideutigen
354	11 v. o.	zweimal statt ihrer	seiner
354	10 v. u.	Herrschaft	Hegemonie
355	8 "	um	uun
357	13 v. o.	abweichenden	abweichender
357	14 "	Gebräuchen	Gebräuche
360	3 v. u.	vage	vagen
360	9 v. o.	Bospherus	Bosphorus
360	11 v. u.	und S. 361 Z.13 derselbe Fehler	
361	10 "	befriedigen	befriedigt
366	2 v. o.	den	denen
366	7 "	haben	wir haben
369	3 "	Intolenz	Indolenz.

Einleitung.

Wohl nie und zu keiner Zeit hat es mehr im Bedürfniß der Deutschen gelegen, sich näher mit den innern und äußern politischen Zuständen der Völker überhaupt, und der Deutschen insbesondere bekannt zu machen, als in der jetzigen, und doch ist keine Wissenschaft in der neuesten Zeit von den Schriftstellern so unbeachtet geblieben, wie die des gesellschaftlichen Lebens der Völker neben einander und in ihren Beziehungen zu einander.

In älteren Zeiten haben sich schon die größten Weltweisen und in der mittleren und neueren Zeit die ausgezeichnetsten Geister mit einem System der Weltklugheit beschäftigt; allein unmöglich kann dem größeren Publikum zugemuthet werden in den Schriften der Philosophen eines Plato, Aristoteles, Cicero, Machiavell, Spinoza, Montesquieu, Fergüson, Friedrichs des Großen und so vieler Anderer bis auf Kant herunter, ihre Ansichten über Staats- und Völkerrecht und Politik auszubilden, und wenn sie es wollten, so würden sie mit dem System, aber nicht mit der Anwendung desselben bekannt geworden sein, worauf es doch vor Allem ankömmt.

1

Aber, wird man fragen, wozu soll sich das Volk oder auch
nur die Leiter der öffentlichen Meinung mit der Politik be=
faffen, die mögen fie den Fürsten und ihren Räthen über=
laffen, welche fie bisher geleitet haben. Die Antwort liegt
wohl sehr nahe. So lange es nur absolute Regierungen
gab, in welchen die Herrscher über das Schicksal der Völker
nach ihrem Willen verfügten, so lange den Völkern jede
Subjectivität abgesprochen und fie als Minorenne betrachtet
wurden, welche Alles nur der Gnade dankten, so lange
war die innere wie die äußere Politik auch nur die der
Fürsten, um. die fich das Ganze drehte und die fich ganz
besonders das Ziel gesetzt hatten, die Völker in der Unter=
würfigkeit zu erhalten, damit fie willig Steuern zahlten und
Kriegsdienste leisteten.

Inzwischen hat fich dieser Zustand der Verhältniffe völlig
umgewandelt. Die gewaltsamen Staatsumwälzungen in
einem Theile von Europa und die heilsamen Rückwirkungen,
welche diese auf eine richtigere Würdigung der Verhältniffe
sowohl bei den Fürsten, wie bei den Völkern gehabt haben,
ist Ursache, daß die Wohlfahrt der letzteren in den Vorder=
grund getreten und es in Europa mit wenigen Ausnahmen
faft unmöglich geworden ift, die Landesintereffen dem Ehr=
geize der Fürsten und der bureaucratischen Willkühr der
Beamten zu opfern.

In der großen Mehrzahl der europäischen und speciell
der deutschen Staaten ist dem Volke in neuerer Zeit ein bald
größerer, bald geringerer Einfluß auf die Landesregierung
und die inneren politischen Zustände eingeräumt worden,

und wo dieß noch nicht der Fall ist, wird es unfehlbar in nicht langer Zeit geschehen müssen. Wenn einem Volke aber ein politischer Einfluß eingeräumt ist, so wird es ein dringendes Bedürfniß für dieses, sich eine richtige und tüchtige politische Ausbildung zu verschaffen, und die neuere Geschichte belehrt uns, wie gefährlich es sei, wenn einem Volke politische Rechte eingeräumt sind, ohne über seine eigenen wahren Interessen aufgeklärt zu sein. Allein keine politische Ausbildung darf eine einseitige bleiben. Die verschiedenen europäischen Reiche stehen in vielfacher Beziehung in einer so engen Berührung mit einander, daß die inneren und äußeren politischen Zustände wechselseitig von einander bedingt werden.

So wie es nun überhaupt in allen Dingen nöthig ist, sich eine klare und vollständige Uebersicht von Verhältnissen zu verschaffen, über die man entscheiden soll, so ist dies ganz besonders in der höheren Politik der Fall, und setzt daher eine richtige Würdigung der eigenen Interessen, der eigenen Kraft und der Verhältnisse beider zu der der übrigen Staaten voraus.

Von dieser Ansicht geleitet, werden wir uns in der nachfolgenden Schrift zuerst bemühen, dem Leser eine Uebersicht der gegenwärtigen politischen Stellung der europäischen Staaten neben einander zu gewähren, und um dies zu können, auf die früheren Zustände und auf diejenigen Begebenheiten zurückgehen müssen, aus welchen sich der jetzige Stand der Politik in Europa entwickelt hat; dann werden wir zu einer Schilderung der inneren Verhältnisse der großen euro-

päischen Völker mit Bezug auf Verfassung, Religion, Rechts=
zustand, Bildungsgrad und materielle Wohlfahrt übergehen,
aus welchen sich nicht allein ergeben wird, welche Ungleich=
heit in der geistigen, religiösen und materiellen Entwickelung
der Völker besteht, sondern wie verschieden auch die Rich=
tung sei, welche die einzelnen Regierungen verfolgen und
wie ihre Interessen sich oft einander gegenüberstehen. Dem=
nächst werden wir dann auf das Resultat kommen, wie das
jetzt verfolgte politische System keine Bürgschaft weder für
den europäischen Frieden, noch für die Existenz der minder
mächtigen Völker gewährt, und daß es zur Sicherung der
heiligsten Interessen der Nationen einer anderen Unterlage
bedürfe, als deren sie sich jetzt erfreuen. Durch welche
Mittel und Wege eine solche gewonnen werden könne, und
welche Umgestaltungen in den inneren und äußeren politi=
schen Zuständen dies voraussetze, welche Besitzveränderungen,
welche Bündnisse dazu nöthig scheinen, damit wird sich der
Schluß dieser Schrift beschäftigen.

Um unsere Ansichten über das, was geschehen könne
und müsse, vollkommen zu begründen und dem Leser eine
klare Ansicht des ganzen Sachverhältnisses zu verschaffen, ist
erforderlich: eine gedrängte Uebersicht der inneren politischen
Verfassung derjenigen Reiche voranzusenden, die durch ihre
physische und moralische Macht einen entscheidenden Einfluß
auf die äußere Ruhe und künftige Gestaltung Europa's
üben. Aus einer solchen Uebersicht wird nun der Gesund=
heitszustand der einzelnen Staaten hervorgehen, und sich
zeigen, welche Mittel eben nöthig scheinen ihn zu bessern;

ferner, auf welcher Stufe der Entwickelung sie stehen und inwiefern die eine oder die andere dieser Großmächte die geistigen Interessen, die religiöse und bürgerliche Freiheit der in der Civilisation vorgeschrittenen Völker und ihre Regierung bedroht, und welches staatskluge Verfahren daher einzuschlagen sein wird, um die Bedrohten zu schützen.

Wie höchst schwierig die Aufgabe sei, die wir uns durch Ausführung des vorstehenden Planes gestellt haben, ist nicht zu verkennen, und wir selbst fühlen es am besten; inzwischen soll uns dies nicht zurückschrecken einen Gegenstand zu behandeln, welcher unserer Ueberzeugung nach von so allgemeinem und hohem Interesse ist und an welchen sich bisher Niemand gewagt hat.

Wenn wir mit Freimüthigkeit über die bestehenden Verhältnisse urtheilen, so wird uns hierüber kein Vorwurf gemacht werden können, da nur die Wahrheit allein zur richtigen Erkenntniß der bestehenden Mängel und der Wege diese abzuschaffen, führt. Gern geben wir zu, daß es oft unangenehm berühren könne, die Wahrheit zu vernehmen, aber wir leben in Zeiten, wo die wahre Lage der Verhältnisse nicht mehr zu unterdrücken ist, wo sich das durch Schmeichelei verwöhnte Gehör daran gewöhnen muß, auch entgegengesetzte Stimmen zu vernehmen; wo die moralische Macht eine Stärke gewonnen hat; welche die physische nicht zu bekämpfen vermag. Eben so wenig wird man es dem politischen Schriftsteller zum Vorwurf machen können, wenn er die Fürsten Europa's auf die Nothwendigkeit hinweiset, die Zeit zu begreifen und im Geiste der Zeit die Völker zu regieren; die Zeiten sind dahin, wo sich durch Cabinetsordres der Lauf der Entwickelung hemmen läßt. Nur diejenigen Fürsten, die die Zeit begreifen, sich mit freiem Geiste über die Sagen der Vorzeit und über die mit der Muttermilch empfangenen Vorurtheile erheben und die den Muth und das Geschick haben, sich auf ihre eigentliche Stelle, an die Spitze der geistigen Macht zu stellen, werden die Zukunft beherrschen.

Ganz besonders bitten wir, sich nicht zu beunruhigen und nicht auf uns zu zürnen, wenn wir etwa einige Veränderungen in der geographischen Lage von Europa anempfehlen sollten; es sind weiter nichts als die Gedanken eines harmlosen pommerschen Junkers, der keine Heere zu seiner Disposition hat, um Länder zu erobern und die früheren Vollwerke Europa's gegen den Andrang Asiens wieder herzustellen, und dessen einzige Waffe in einem pommerschen Gänsekiel besteht, eine Waffe die kaum einen Censor erschrecken kann der sich für jede Mücke fürchtet.

Welchen Einfluß eine allgemeine politische Entwickelung und eine richtige Würdigung der eigenen wohlverstandenen Interessen auf die Größe eines Reichs haben, beweiset England. Dieses Inselreich verdankt diesem Umstande nicht nur eine fast ununterbrochene Reihe großer Staatsmänner, wie deren kein anderes Land aufzuweisen gehabt hat, sondern weil das englische Volk bei jedem politischen Ereigniß die Schritte der Regierung begreift und unterstützt, so setzt es diese in den Stand so Außerordentliches zu leisten, wie es der Fall ist. Frankreich dagegen führt den Gegenbeweis, wie verhängnißvoll es wieder werden kann, wenn einem Volke bei einem Antheil an der Regierung die allgemeine politische Ausbildung abgeht und es oft von Egoismus und Eitelkeit geleitet, der Regierung bei wichtigen politischen Crisen die Ordnung derselben erschwert, ja fast unmöglich macht. Kein Volk hat aber ein näheres Interesse als das deutsche, und ganz besonders das preußische, sich eine richtige politische Ausbildung sowohl mit Bezug auf die inneren als auch auf die äußeren Verhältnisse zu verschaffen.

Alle Schmach, welche Deutschland früher erfahren hat, und alle Leiden, welche es je von seinem westlichen Nachbaren erduldete, sind aus den getheilten politischen Interessen seiner Fürsten und aus der mangelhaften politischen Ausbildung des deutschen Volks und der Theilnahmlosigkeit an den politischen Verhältnissen entsprungen. Welche Kraft es zu entwickeln vermag, hat es in dem Freiheitskampfe bewiesen, aber von seiner Indolenz hat es sich immer nur erst dann erhoben, wenn harter Druck vorangegangen war. Deutschlands geographische Lage, im Herzen von Europa, verwickelt es in alle Händel, welche den Continent ernstlich berühren.

Bei der Zerrissenheit Deutschlands in viele kleine Volksstämme, bei der Kraftlosigkeit seiner Bundesverfassung hat sich die allgemeine Meinung dahin entschieden, daß die Selbstständigkeit des gemeinsamen Vaterlandes gegen seinen westlichen und östlichen Nachbaren nur gesichert werden kann, durch den festen Willen des deutschen Volks, eine große

Familie zu bilden, durch Sprache, deutschen Sinn und durch
ein gemeinschaftliches Vaterland fest verschlungen.

Wie ist es aber zu erwarten, daß die Deutschen sich
zur Vertheidigung ihrer Interessen als ein Ganzes erheben
sollen, wenn sie weder mit der Gefahr bekannt sind, die
ihnen droht, und noch weniger mit den Mitteln dieser zu
begegnen? Welchen ganz anderen Einfluß würde es nicht
bei allen wichtigen politischen Verhandlungen der deutschen
Fürsten gegen das Ausland üben als jetzt, wenn sich die
Stimme des mächtigen deutschen Volks gleich dem englischen
mit der seiner Fürsten erhebt; welches Vertrauen müßte
dies nicht den deutschen Regierungen einflößen?

Unzweifelhaft ist es, daß die deutschen, durch die Bun-
des-Acte für souverain erklärten, Fürsten ihr eigenes Interesse bis jetzt oft verkannt haben, indem sie die Tagesblätter
durch Censur so sehr beschränkten, daß keine richtige und
allgemeine politische Ausbildung möglich ward. Zwar würde
man es gern sehen, wenn die Tagesblätter in einzelnen
Punkten die deutschen Interessen gegen das Ausland ver-
theidigten; in solchen Augenblicken fehlen aber die geübten
Federn und überhaupt da, wo eine politische Censur besteht,
wo mithin alles, was zu drucken erlaubt wird, als ein
Programm der Regierung selbst von den fremden Mächten
betrachtet wird, da kann sich kein nationales, politisches
System entwickeln.

Die Pflicht jedes unabhängigen Publizisten ist es, die
Regierung immer von Neuem auf die Wichtigkeit dieses
Gegenstandes aufmerksam zu machen, und sie so lange zu

beſtürmen, bis ſie in ihrem eigenen Intereſſe diejenigen Be=
ſchränkungen zurücknimmt, welche jede national=politiſche
Entwickelung unterdrücken.

Das Wort Politik, mit welcher wir uns in dem nach=
folgenden Werke beſchäftigen, iſt auch mit Staatsklugheit,
Volksklugheit, zu verdeutſchen, und hat eine ſehr vielfache,
engere und weitere Bedeutung. Sie iſt die Wiſſenſchaft des
geſellſchaftlichen Lebens der Völker, ſowohl neben einander,
als der Individuen, die einen gemeinſchaftlichen Staatskörper
bilden, zu einander, und wenn man will, zugleich die Kunſt,
dieſe Wiſſenſchaft nach der verſchiedenen Lage der Verhält=
niſſe practiſch anzuwenden.

Sowohl die äußere als innere Politik ſollte ihrem
Grundprinzip nach einen religiöſen, ſittlichen Character tra=
gen, wenigſtens wenn ſie ſich dem Ideal, welches ihr durch
die Weltklugheit vorgezeichnet iſt, nähern will, und welches
in der Förderung der allgemeinen Wohlfahrt und einem
friedlichen, freundſchaftlichen, hülfreichen Beieinanderleben
der Völker beruht.

Die Menſchen im Naturzuſtande ſtehen ſich feindlich
gegenüber und ein craſſer Egoismus leitet ihre Handlungs=
weiſe. Eine beſſer verſtandene Selbſtſucht und oft ein äu=
ßeres Bedürfniß zwingt ſie aber bald, ſich näher aneinander
zu ſchließen, auf eine ungebundene Freiheit zu verzichten,
ſich gemeinſchaftlichen Regeln zu unterwerfen. Um aber
eine höhere Stufe der ſocialen Verhältniſſe zu gewinnen und
zu behaupten, bedarf es jedenfalls einer religiöſen Unter=
lage, denn dieſe allein iſt im Stande der Selbſtſucht wirk=

sam entgegen zu treten, und die unbändigen Leidenschaften,
wie der einzelnen Individuen, so der Völker, zu bezähmen.

Allen christlichen Völkerschaften giebt ihre Religion Vorschriften, durch welche, wenn sie diese befolgen, die äußere
wie die innere Politik eine feste Basis erhalten und zur
allgemeinen Wohlfahrt führen würde. So verschieden auch
im Einzelnen die Dogmen der sich trennenden christlichen
Kirchen sind, in Hinsicht der christlichen Moral besteht dennoch eine vollkommene Uebereinstimmung. Diese schreibt nun
allen Bekennern der Lehre Jesu vor, sich wie Brüder zu
lieben, sich als Kinder eines gemeinschaftlichen Vaters zu
betrachten; sie befiehlt den Nächsten zu lieben wie sich selbst;
sie warnt dem Andern nichts zu thun, was man nicht wolle,
daß er einem zufügen solle; sie fordert gehorsam zu sein
den Gesetzen, vor Allem den göttlichen Geboten und nicht
zu vergessen, daß vor Gott alle Menschen gleich sind. In
diesen Vorschriften der christlichen Moral liegt zugleich die
Weltweisheit und in ihrer Befolgung das Heil der Völker,
der ewige Frieden.

Bei den Untersuchungen über die bestehenden äußeren
und inneren politischen Verhältnisse der Völker und bei dem
Nachweis, wie diese noch einer mannigfachen Umgestaltung
bedürfen, um eine dauernde Unterlage zur Wohlfahrt der
Völker abzugeben, werden wir das Grundgesetz der Politik
aus der christlichen Moral entnehmen, als das einzig durchgreifende und heilbringende, und einer höheren Volksentwickelung würdige, und zeigen, daß Herrschsucht und Eigennutz, welche, unterstützt durch Intriguen und physische Ge-

walt, nur zu oft die Leiter der Politik waren und es noch
sind, zum Verderben führen. Eine Ahnung davon, daß
man bei der Politik den religiösen Gesichtspunkt festhalten
müsse, hat die in Paris gegründete, sogenannte heilige
Allianz gezeigt, welche jedoch, da sie mehr aus dem Gemüth
als aus der Auffassung des höheren Geistes des Christen=
thums hervorging, nichts weiter werden konnte, als ein
Wortlaut, der eben sobald wieder zerstoben ist, als er im=
provisirt ward.

Von dem Zeitpunkte ab, wo zwischen den Fürsten und
ihren Völkern und von den christlichen Völkern unter sich
ein heiliger Bund geschlossen werden kann, sind wir aber
leider noch weit entfernt. Noch hat der ächte Geist des
Christenthums die Völker viel zu wenig durchdrungen, um
in ihren Gesinnungen eine Macht auszubilden, die den Ego=
ismus auf den Thronen und die Selbstsucht der Einzelnen
im Volke zu bändigen vermöchte. Noch fehlt der Diploma=
tie die Gerechtigkeitsliebe und so manchen Regierungen die
Achtung vor der gesetzlichen Freiheit der Mitmenschen, um
ein Verdict über die auszusprechen, welche diese verletzen
wollten. Noch werden in der Politik die Religion und ihre
Vorschriften nicht als Richterin anerkannt, welcher man sich
unterordnen müßte, sondern sie werden, wie wir zeigen
werden, nur zu oft als eine Magd gebraucht, deren man
sich bedient, um politische Zwecke durchzuführen.

Bei den Betrachtungen der gegenwärtigen großen poli=
tischen Bewegungen in Europa und bei der Abwägung der
sich gegenüber stehenden Kräfte und der Mittel und Wege,

die gewonnenen Fortschritte in unseren socialen Verhältnissen
zu sichern und einer weiteren Entwickelung entgegen zu führen, werden wir daher für jetzt noch oft in der physischen
Kraft eine Hauptstütze suchen müssen, bis die moralische
Kraft erst die nöthige Stärke gewonnen haben wird, diese
entbehrlich zu machen.

Europa ist als der Welttheil der christlichen Völkerschaften zu betrachten; zwar erblicken wir noch auf
seinem geheiligten Boden den Halbmond, allein er hält
nur noch einen Rasttag auf seinem Rückzuge nach Asien,
leider aber einen etwas langen, weil die größeren Führer
der christlichen Völker nicht einig sind, wer in sein Quartier
einrücken soll.

Europa bildet den übrigen Welttheilen gegenüber gleichsam das Feldlager, in welchem sich das Christenthum nie-
dergelassen hat, und von welchem aus es sich mit christlicher Gesinnung über die anderen Welttheile verbreiten soll.
Inzwischen tritt bis jetzt eine kleinliche, neidische und selbst-
süchtige Politik dieser, den christlich-europäischen Völkern
gewordene Aufgabe entgegen. In der Annahme einer sittlich-
religiösen Unterlage für die europäische Staatspolitik, liegt
zugleich die Bedingung des Ausschlusses aller nicht christlichen Volksstämme aus dem politischen Kreise des europäischen
Staatenbundes, und wir werden daher die Türken bei unserer Besprechung nur als Eindringliche, nicht aber als
dauernde Glieder der großen Familie betrachten können.

Bei der Beleuchtung der jetzigen politischen Stellung
der europäischen Völker müssen wir, um sie gehörig zu

würdigen, einen, wenn auch nur flüchtigen Blick auf die
Diplomatie und auf die Politik der Fürsten werfen, welche
in den letzt verflossenen Jahrhunderten vorherrschend gewesen
ist, da aus dem Gange, welchen letztere genommen hat,
sich allein die großen Veränderungen erklären lassen, die
nach dem Sturze des französischen Kaiserreichs eingetreten
sind, und den entscheidenden Uebergangspunkt zu einem neuen
Zeitabschnitt in der Politik bilden.

Die Diplomatie, welche in der Geschicklichkeit besteht,
den politischen Absichten der Regierung Geltung zu verschaffen, ging zuerst von Rom aus und wurde von dort
mit der feinsten Berechnung und unter dem Heiligenschein
der Kirche in Anwendung gebracht. Bei den weltlichen
Fürsten Europa's bildete sich dagegen das politische System
der letzt verflossenen Jahrhunderte erst nach und nach in
der Zeit aus, in welcher die Beherrscher der meisten großen
Monarchien sich der Landeshoheit bemächtigten, stehende
Heere und eine regelmäßige Verwaltung einführten und die
Macht der Vasallen theils lähmten, theils sich auch ihrer
Besitzungen bemächtigten.

Ehrgeiz und Eroberungssucht nach außen, und die Sucht
nach Willkührherrschaft im Innern, waren die Leiter der
Politik, welche im 14ten Jahrhundert vorbereitet, im 15ten
und zu Anfang des 16ten Jahrhunderts bei Gelegenheit der
Ansprüche Frankreichs auf Neapel und Mailand, und der
Gegenansprüche Spaniens auf die beiden Sicilien, zwischen
Spanien, Rom, Frankreich und den italienischen Staaten
schärfer hervortraten und von hier aus sich so schnell über

ganz Europa verbreiteten, daß schon Franz I. von Frankreich
sich gegen Carl den V. mit dem Feinde der Christenheit,
dem Sultan der Osmanen, verband. Diese neue Politik,
die bald eine rein eroberungssüchtige ward und sich keine
Mittel, selbst die schlechtesten nicht zum Zwecke versagte,
zeigte unter Kaiser Carl V. und Franz I. schon, wie verderblich sie der Wohlfahrt der Völker wurde, indem sie die
schönsten Länder Europa's verwüstete, mit Strömen von
Blut bedeckte und mit der Freiheit der Unterthanen ihren
Wohlstand untergrub.

Inzwischen, gleichzeitig mit einer, den Völkern so ver-
derblichen, politischen Richtung, entwickelte sich auch aus
ihr selbst das künftige Gegengift gegen diese. Im Anfange
des 16. Jahrhunderts hatte Luther in Wittenberg das Pa-
nier der Denkfreiheit entfaltet und dem Absolutismus der
römischen Kirche den Krieg erklärt. Die von ihm und
anderen Gleichgesinnten gleichzeitig aufgestellte neue Lehre
verbreitete sich um so schneller, je größere Mißbräuche damals in der katholischen Kirche eingerissen waren, und je
sittenloser und verderbter die Geistlichkeit sich zeigte.

Inzwischen erhoben sich Rom und viele katholische Fürsten zur Unterdrückung der Reformation und würden unfehlbar ihren Zweck erreicht haben, sie mit Feuer und Schwerdt
auszurotten, wenn nicht auf der einen Seite ein gewisser
Freiheitssinn allgemeine Verbreitung gehabt hätte, auf der
andern die vergrößerungssüchtige Politik der Fürsten nicht
selbst rettend dazwischen getreten wäre.

Der, in Deutschland durch die Religionsstreitigkeiten
angefachte, 30jährige Krieg, ward zugleich ein Kampf gegen
das Streben Oestreichs, sich zum Herrn Deutschlands auf=
zuwerfen. Bei vielen, der dem Protestantismus zugewand=
ten, Fürsten ward es dadurch ein Kampf um ihre Existenz.
Die Politik Frankreichs konnte es aber nicht dulden, daß
sich die Macht Oestreichs so bedeutend auf Unkosten der
Fürsten Deutschlands vergrößere, weshalb Frankreich, wel=
ches bei sich die neue Lehre auf das Heftigste verfolgte, doch
die Protestanten in Deutschland selbst unterstützte. Inzwi=
schen neigte sich der Sieg dennoch so entschieden auf die
Seite Oestreichs, daß, wenn nicht der heldenmüthige König
Gustav Adolph mit seinen tapferen Schweden den bedrängten
Glaubensgenossen zu Hülfe geeilt wäre, ihre Sache schwer=
lich den glücklichen Ausgang gehabt haben würde, den sie
in Folge dessen gewann.

So wenig auch dem großen Schweden = Könige das In=
teresse für seine Glaubensgenossen abzusprechen sein mochte,
so wenig zweifelhaft ist es wohl, daß die Fürsten=Politik
seines Hauses auch einen entscheidenden Einfluß dabei geübt
habe, denn nur zu wohl sah er es ein, daß Schweden in
Europa keine bedeutende Rolle spielen könne, wenn es nicht
auf deutschem Boden festen Fuß faßte. In derselben Zeit,
mithin wo die mächtigsten Fürsten Europa's die Freiheiten
ihrer Völker unterdrückten, eine unumschränkte Regierungs=
Macht usurpirten und nur von Eroberungen träumten, be=
günstigte diese ihre Tendenz die Begründung des Protestan=
tismus, der, weil seine Richtung dahin geht, die Religion

von Menschensatzungen zu befreien und nach dem Willen
des Stifters das Menschengeschlecht nach allen Richtungen
hin von der Knechtschaft zu erlösen, dahin führen mußte,
den Absolutismus überhaupt und den, welchen sich die römische Kirche über die Geister angemaßt hatte, insbesondere,
zu brechen.

Sowie aber die auf physische Gewalt gebaute Alleinherrschaft nur eine feste Begründung gewinnen konnte, so
lange die geistigen Kräfte gefesselt blieben, so ward durch
die Lösung dieser der Keim wenigstens zur künftigen un-
fehlbaren Vernichtung der Autocratie gelegt.

Die Denkfreiheit, welche die Protestanten durch ihren
Abfall von Rom gewonnen hatten, konnte aber erst in ferner Zeit ihre Früchte tragen, da die geistige Macht sich nur
nach und nach entwickeln kann und ihr Gewicht erst eintritt,
wenn sie in die Masse übergegangen ist; es gehörte daher
selbst ein Jahrhundert dazu, bevor sie bedeutende Zeichen
ihres Lebens zu geben vermochte.

Der letzten Hälfte des 17. und dem 18. Jahrhundert
war es vorbehalten, die großen Umwandlungen vorzubereiten, welche die socialen Verhältnisse der Völker in neuester
Zeit erfahren haben und der öffentlichen Stimme eine moralische Stärke zu geben, die auch ohne gewaltsame Umwälzungen vermögend wird große und allgemeine Reformen
in den politischen und socialen Zuständen der Völker hervor-
zubringen. Besonders war es die philosophische Richtung,
der sich die schärfsten Denker unserer Zeit hingaben, der wir
ein solches Ergebniß verdanken. Das Streben der Philosophie

ist auf die Erforschung der wichtigsten und erhabensten
Gegenstände gerichtet; Gott selbst, die Menschen und ihre
Verhältnisse und die Welt, wählt sie sich zum Object und
strebt nach der höchsten, den Menschen erreichbaren Erkennt=
niß dieser Gegenstände.

Schon in dem freien Griechenland widmeten sich die
ausgezeichnetsten Geister den Studien der Philosophie. Tha=
les, Pythagoras, Socrates, Plato und Aristoteles, stellten
Systeme auf, die scharfe Denker bekundeten und Köpfe,
welche gegenseitig ihren Witz aufboten, sich einander zu be=
richtigen. Im Mittelalter, bis zum 16. Jahrhundert, zeigt
sich in der Scholastik zwar noch ein philosophisches Streben,
allein unter dem Einflusse eines durch die christliche Offen=
barung gegebenen Prinzips, mithin unfrei und eingeengt im
Dienste der Kirche. Schon im 16. Jahrhundert fing man
an die Scholastik zu bekämpfen, auch ward eine Hinneigung
zu systematischer Einheit der Erkenntniß sichtbar. Spinoza,
Lessing, Montesquieu, Wolf, Voltaire und viele Andere
gehörten dem 17. Jahrhundert und mit Ausnahme des er=
steren, auch dem 18ten an. Mit ihnen beginnt die Zeit, wo
die Denkfreiheit anfing wirkliche Früchte zu tragen.

Das Studium der Philosophie wurde jetzt allgemein,
ward gleichsam die Mode der großen Geister und trat mit
ihrer Critik selbst der geoffenbarten Religion entgegen. Ihren
Gipfel, und vielleicht auch ihren Endpunkt erreichte sie in
den größten Philosophen aller Zeiten, in Kant, Fichte,
Schelling und Hegel.

Bei allen Ausschweifungen, zu welchen die speculative Philosophie auch geführt haben mag, und bei allem Mißbrauch des Namens, welcher mit dem Worte „Philosophie" in jüngster Zeit getrieben worden ist, bleibt es doch unverkennbar, welchen bedeutenden Einfluß die Forschung nach Wahrheit auf die geistige Entwickelung des Zeitalters und auf die Culturverhältnisse der Völker gehabt hat. Ihr danken wir eine größere Klarheit der Anschauungen über die Welt, die Menschen und ihre Verhältnisse, über Moral und Naturrecht, über Staats-, und Völkerrecht und Politik. Sie ist es, die uns gelehrt, bis auf den letzten Grund zurückzugehen, und die mächtigen Fortschritte in allen Gebieten des Wissens sind zum großen Theil mittel- oder unmittelbar ihr Werk. Ganz besonders hat sie sich zur Vertreterin des Rechtszustandes der Völker gemacht und durch ihre Vermittelung ist die Geistesfreiheit auch zu der bürgerlichen Freiheit übergegangen, und wie sie dem Aberglauben ein Grab bereitet, so wird auch der Unglaube ihr nicht widerstehen können.

Die practischen Folgen dieser geistigen Entwickelung sind ganz besonders in politischer Beziehung als unermeßlich zu bezeichnen, denn durch sie sind die Völker von den Fesseln befreit, welche früher ihre Wohlfahrt vernichteten. Zwar ist es dabei in manchen Ländern zu den blutigsten Catastrophen gekommen, aber nur da, wo früher der geistliche und weltliche Despotismus und die Entartung des Volks durch selbige und zugleich die Sittenlosigkeit einen gewaltsamen Umsturz herbeiführten. Aber selbst diese

Revolutionen und die schaubererregenden Auftritte, die sie
begleiteten, sind gleich lehrreich für die Fürsten und Völker
geworden, und haben in anderen Reichen dahin geführt,
daß auf dem besonnenen Wege der Reform und zum Theil
unter der Aegide der Fürsten selbst, große sociale Umwand=
lungen vollbracht worden sind, und wie zu hoffen steht, noch
einer weiteren Entwickelung werden entgegengeführt werden.

Während nun in Folge der Reformation der kirchliche
Absolutismus erschüttert ward und während sich die Folgen
der wiedergewonnenen Denkfreiheit erst allmählig entwickeln
konnten, bildeten sich nach dem westphälischen Frieden diese
auf Ehrgeiz und Eroberungssucht gebauten politischen Sy=
steme der Fürsten immer mehr und mehr aus und erreichten
unter Ludwig XIV.*) einen solchen Höhepunkt, daß dieser
Monarch schon von einer Universal=Monarchie träumte,
welche Napoleon als Kaiser auf kurze Zeit wirklich aus=
führte, denn bereits war ganz Europa von den Säulen
des Herkules bis zur alten Residenz der Czaren seinem
Willen unterworfen.

Wenn aber auch der vorherrschende Character der Po=
litik von Carl V. und Franz I. ab, bis auf Ludwig XIV.
ein eroberungssüchtiger war, so bedienten sie sich doch nicht

———————————

*) Sehr wahr und geistreich entwickelt Guizot in seiner Geschichte
der europäischen Civilisation, in der 14. Vorlesung, die Ur=
sachen, aus welchen Frankreich so schnell von der Höhe herab=
stürzte, welche es unter der Regierung Ludwigs XIV. ein=
nahm.

allein der Waffen zur Erreichung ihrer Zwecke, sondern die feinsten Intriguen, welche kein Mittel zum Ziele verschmäh=ten, wurden angewandt, um den Gegner zu täuschen und zu überlisten. Diesen diplomatischen Künsten konnte sich kein Herrscher der damaligen und nachfolgenden Zeit ent=ziehen und es ist nicht zu verkennen, daß selbst der größte König und Feldherr des 18. Jahrhunderts, der zugleich Philosoph und vollendeter Staatsmann war, Friedrich der Große, seine Stellung in Europa weder gewonnen, noch gehalten haben würde, wenn er nicht auch zugleich ganz im Sinne des damaligen Zeitalters der feinste Diplomat gewe=sen wäre.

Wenn wir nun den Character der europäischen Politik in den letzten 300 Jahren und bis zum Ausbruch der fran=zösischen Revolution mit wenigen Worten bezeichnen wollen, so war dieser im Allgemeinen nach außen ein rein selbst=süchtiger, nur auf die Größe der Fürsten berechneter, bei welchem das Glück, das Leben der Völker so unberücksichtigt blieb, daß man die Unterthanen selbst an andere Mächte vermiethete, um sich für eine fremde Sache todtschießen zu lassen; zugleich war die innere Politik ein mehr oder min=der verfeinerter Sultanismus, auf Ministerial=Despotismus und büreaucratischer Willkühr gebaut.

Mit dem Sturze des Kaiserreichs und in Folge der Staatsveränderungen in Frankreich, Spanien, Portugal und Belgien, des verfassungsmäßigen Zustandes in Holland, Norwegen und Schweden und ganz besonders Englands, seit Wilhelm III. und in Folge der vorgeschrittenen geistigen

Entwickelung der Fürsten selbst und ihrer Völker, hat die Politik eine ganz veränderte Basis erhalten, und die Volks=interessen sind in den Vordergrund, die Particulair=Interessen der Fürsten in den Hintergrund getreten, oder mit anderen Worten: in Folge von Staatsumwälzungen in einigen Reichen Europa's und der Freisinnigkeit der Fürsten in anderen, ist es dahin gekommen, daß letztere in der Wohlfahrt des Volks ihre eigenen erkennen und in der Einigkeit mit ihren Unterthanen ihre Größe suchen und finden.

Die Völkerschlacht bei Leipzig, wenige Meilen von dem durch Luther so berühmt gewordenen Wittenberg entfernt, ist als der eigentliche Scheidepunkt der beiden großen politischen Systeme in Europa zu betrachten. Eine Schlacht, beispiellos in der europäischen Kriegsgeschichte, wird noch berühmter in der Weltgeschichte bleiben, weil in ihr die Völker=Politik über die der Fürstenhäuser gesiegt hat. Zwar erscheint dieser Sieg noch nicht als ein allgemeiner; in Rußland, in Italien und theilweise in Oestreich hat die Politik der regierenden Familien noch die Oberhand behalten, allein dies ist nur als interimistisch zu betrachten und hat seinen Grund in der beklagenswerthen Verfassung dieser Länder, in der Leibeigenschaft und in dem geringen Bildungsgrad der Nationen überhaupt, die diese Reiche bilden.

Keinen Zweifel kann es nach den Belehrungen, welche wir der Geschichte und der täglichen Anschauung verdanken, mehr unterliegen, daß die äußere Politik der Völker von ihren inneren Zuständen, von der Verfassung, von dem Wohlbefinden und dem Bildungsgrade des Volks und den

Bedürfnissen, welche aus ihren staatsöconomischen und gewerblichen Zuständen hervorgehen, bedingt werden; ebenso gewiß ist es, daß die Kraft der einzelnen Reiche ebenfalls darauf gebaut ist, wobei freilich noch die Bevölkerung, die Kernhaftigkeit der Nation selbst und der innere Verwaltungs-Organismus hinzukommen. Bei den nachfolgenden Untersuchungen, welches politische System den europäischen Völkern am meisten zusagt und was geschehen müsse, um theils den einzelnen Staaten ihre Selbstständigkeit zu bewahren, anderntheils, um die Wohlfahrt Aller für die Zukunft zu sichern, werden wir daher in einer möglichst gedrängten, aber alle wesentlichen Punkte umfassenden Uebersicht die innern Verhältnisse, wenigstens derjenigen Reiche dem Leser vor Augen führen müssen, von welchen die Gestaltung der Dinge vorzugsweise abhängig scheint. Bevor wir jedoch dazu schreiten, ist es nöthig einen Blick auf den gegenwärtigen Stand der Politik zu werfen, und zu sehen, welche Bürgschaften er uns für den Frieden und für die Erhaltung des Rechtszustandes in Europa gewährt.

Gegenwärtiger Stand der Politik der europäischen Staaten.

Aus den ewigen Kriegen, welche Europa seit Jahrhunderten verheert und die Wohlfahrt der einzelnen Völker zu Grunde gerichtet haben, aus den Zeiten des Faustrechts, welches im Großen betrieben worden ist, seitdem dieses dem Adel untersagt worden war, aus den blutigen Kämpfen,

welche am Schluſſe des vorigen und zu Anfange des jetzigen
Jahrhunderts Europa in Gefahr brachten eine franzöſiſche
Provinz zu werden, ſind fünf Großmächte hervorgegangen,
welche die Dictatur in Europa übernommen haben und die
durch ihre Miniſter in Aachen den 15. November des Jahres
1818 ein Programm an Europa zu erlaſſen beliebten, in
welchem ſie erklärten, daß die Grundſätze des Völkerrechts die einzige Richtſchnur ihrer Staatskunſt ſein ſollte. Durch dieſe Erklärung haben die
Großmächte ſich zu der Theorie, die ſchon ein Plato und
ein Kant in ihren Werken zum ewigen Frieden aufſtellten,
bekannt, und mit ihrer überwiegenden Macht die Bürgſchaft
für Recht, Beſitz und Volkswohlfahrt übernommen.

Wenn man nun mit dieſen Verheißungen den bisherigen
Erfolg vergleicht, ſo ſcheint dieſer ſehr zufriedenſtellend zu
ſein, denn bis jetzt erfreut ſich in der That Europa, die
verſchiedenen bürgerlichen Kriege und namentlich auch die
auf der pyrenäiſchen Inſel abgerechnet,*) eines Friedenszu-
ſtandes, wie faſt noch nie, und die Segnungen deſſelben
haben ſich wohlthuend über alle Länder unſeres Welttheils
verbreitet, in welchen nicht unglückliche innere Zerwürfniſſe
oder ganz fehlerhafte Regierungsſyſteme vorherrſchen. Es
drängt ſich aber den, um ihr Schickſal beſorgten, Völkern
die wichtige Frage auf: „kann die augenblickliche Ueberein-

---

*) Ein Krieg unter europäiſchen Großmächten, den Türkenkrieg
    Rußlands ausgenommen, der das übrige Europa wenig berührt,
    iſt in dieſer ganzen Periode vom Pariſer Frieden ab nicht vorge-
    kommen.

stimmung der fünf Großmächte eine feste Garantie für die
Zukunft gewähren und ist der bisherige Friedenszustand die
Folge des unerschütterlichen Willens der Großmächte, den
Frieden zu erhalten, ihre von Aachen aus, gegebenen Zusagen
zu erfüllen, oder danken wir die Erhaltung des Friedens
anderen zufälligen Umständen, und welchen?" —

Die Lösung dieser Frage wird uns nun zunächst beschäf=
tigen müssen, da von derselben es abhängt, ob die Inter=
essen der europäischen Völker durch das jetzige System ge=
sichert sind oder nicht. Sehr zweifelhaft erscheint es vorweg,
daß die freiwillige Uebereinstimmung der fünf mächtigsten
Fürsten Europa's, von welchen drei unumschränkte Beherr=
scher sind, irgend eine dauernde Garantie gewähren könne,
und wohl Niemand wird dies behaupten wollen, der weiß,
daß die Menschen sterblich sind und ihre Ansichten sich nach
den Umständen und der eigenen Convenienz ändern. Wie
wahr letzteres ist, hat sich auch schon dadurch erwiesen, daß
bereits mehrere Male zufällige Ereignisse die Gefahr herbei=
geführt haben, die Einigkeit in Uneinigkeit zu verwandeln.
Eine absolute Garantie giebt es überhaupt nicht, kann es
nicht geben; allein eine, wenigstens mehr Dauer verspre=
chende, Bürgschaft wird immer nur in einer möglichsten
Vereinigung wohlverstandener Interessen liegen, so schwer
diese auch zu erwirken und auf die Dauer zu erhalten sein
wird.

Nach dem pariser Frieden bestanden Verhältnisse, die
der Erhaltung des Friedens sehr günstig waren. Von den
unerhörten Aufopferungen, welche die langen Kriege gefor=

dert hatten, waren die Völker ganz erdrückt, die Staats-
finanzen erschöpft und Ruhe ein dringendes Bedürfniß geworden. Hierzu kam, daß die Fürsten durch die Volksbewegungen in manchen Theilen Europa's und durch die
democratische Richtung, die sich allenthalben zeigte, für die
Sicherung ihrer eigenen Stellung höchst besorgt wurden und
sich gegen diesen geglaubten Feind enger unter sich zur wechselseitigen Garantie ihrer Stellung als Souveraine verban-
den, wie dies die deutsche Bundesacte und die politisch nicht
gerechtfertigte, Sympathie der Beherrscher der drei großen
nordischen Mächte zu einander beweisen. An eine Vergrößerung des Gebiets war unter diesen Umständen um so
weniger zu denken, als die Großmächte sich eifersüchtig, eine
die andere, überwachten und jeder Versuch zu Eroberungen
unfehlbar zu einem allgemeinen Völkerkrieg geführt haben
würde. Allein noch andere zufällige Umstände wirkten mächtig auf die Erhaltung des Friedens ein.

Der während der langen Kriege gesunkene Wohlstand
der Völker nöthigte diese ihrer ganzen Thätigkeit eine materielle Richtung zu geben; hiermit verband sich die Sehnsucht
nach einem genußreicheren Leben, als der Aufwand des
Krieges erlaubt hätte. Die sorgfältigere Pflege des Ackerbaues, des Handels und der Fabrication war das Mittel
zum Zwecke und die Regierungen boten Alles auf, diese
Bestrebungen zu fördern. Daß bei einer solchen Richtung
jeder Krieg die allgemeine Stimme gegen sich haben mußte,
lag in der Natur der Sache, und eine sechste Großmacht,

an deren Spitze Rothschild und die Börsenmänner standen,
traten ihm gleichfalls auf das Bestimmteste entgegen.*)

So wirksam alles Dieses für die Erhaltung des Friedens,
zur Beilegung der in der europäischen Politik eingetretenen
Incidenz-Punkte war, so würde dieser doch niemals erhal=
ten worden sein, wenn nicht die Persönlichkeit von zwei
Monarchen und ganz eigenthümliche Verhältnisse neue blutige
Catastrophen von Europa abgewandt hätten. Der erste
dieser Incidenz-Punkte trat im Jahre 1830 ein, wo in
Folge einer Staatsumwälzung die jüngere Linie der Bour=
bons die ältere von dem Throne Frankreichs verdrängte;
einen zweiten bildete die Revolution in Belgien, durch welche
sich dieses von Holland trennte. Der erstere erschütterte
das Prinzip der Legitimität, welches die drei großen nordi=
schen Mächte unter ihre Garantie genommen hatten; der
letztere hob theilweise die Beschlüsse des Wiener Congresses
auf, welcher sich durch so mannigfache Mißgriffe, wozu auch
die gezwungene Vereinigung Belgiens mit Holland gehörte,
ausgezeichnet hat. Die Verlegenheit, in welche diese dop=
pelte Revolution die Cabinette von Petersburg, Wien und
Berlin versetzte, war keine geringe.

Der Dynastie-Wechsel in Frankreich, durch den Volks=
willen herbeigeführt, erschien den absoluten Monarchen um
so bedenklicher, als die ohnehin schon so allgemein verbreitete
democratische Stimmung dadurch ein verstärktes Fundament

---

*) Der Pentarchie der fünf Großmächte steht die Pentarchie der fünf
Gebrüder Rothschild zur Seite.

erhielt; auch waren als Bürgen der Beschlüsse von Wien und Verona alle drei Mächte verpflichtet, Holland im Besitz von Belgien zu erhalten, und wenn sie dies nicht geltend zu machen vermochten, bewiesen sie Europa, daß man sich in Wien aventurirt hatte. Der Entschluß des Petersburger Hofes, den gestörten Status quo mit gewaffneter Hand herzustellen, ward schnell gefaßt und Oestreich schloß sich diesem an, insofern Preußen, ohne welches der Krieg wegen seiner Lage und wegen seines schlagfertigen Heeres nicht mit Erfolg zu führen war, beitreten würde.

Sowohl beim ersten Ausbruch der Staatsumwälzung in Frankreich und noch dringender nach dem Abfalle Belgiens von Holland, ward daher der König von Preußen von den anderen Mächten bestürmt, zu den Waffen zu greifen. Der kriegslustige Adel in Preußen, die Prinzen des Hauses, mit Ausschluß des Thronfolgers, an der Spitze, unterstützten diese Aufforderungen und die verwandtschaftlichen Verhältnisse mit dem Könige von Holland schienen es zu einer Sache des Hauses zu machen; allein alle diese Aufforderungen scheiterten an der, durch frühere traurige Erfahrungen gereiften, Einsicht und dem unerschütterlichen Willen des Königs von Preußen, welcher nur die Wohlfahrt seines Volks im Auge behielt und nicht ihr Gut und Blut einer seinen Unterthanen fremden Sache opfern wollte, zugleich aber es sehr richtig übersah, wie gefährlich es bei der damaligen Stimmung in Deutschland und Italien gewesen wäre, einen neuen Prinzipien-Streit in Europa anzufachen.

Sowie nun die Persönlichkeit des Königs von Preußen damals den Ausbruch des Krieges verhinderte, so verdankt Europa die Erhaltung des Friedens zugleich der ausgezeichneten Klugheit Ludwig Philipps, der mit einer unübertrefflichen Geschicklichkeit die Kriegslust der Franzosen im Zaume zu halten verstand, da er es sehr wohl übersah, daß die Erhaltung seiner Dynastie auf dem Throne davon abhängig war.

Vielleicht hat nie ein Regent eine schwierigere Aufgabe zu lösen gehabt, als Ludwig Philipp, und wenn wir uns hier eine weitere Ausführung darüber versagen, mit wie viel Geschick und Kraft er die Revolution in Frankreich bis jetzt unterdrückt hat und wie viel ihm ganz Europa dafür schuldig ist, so geschieht es nur, weil dies uns zu weit von unserem Ziele entfernen würde, denn je kürzer gefaßt die Uebersicht bleibt, die wir dem Leser liefern, um so klarer wird sich Das herausstellen, was wir zu beweisen übernommen haben.

Sowie Europa der richtigen und festen Politik des Königs von Preußen und der staatsklugen Regierung Ludwig Philipps in dem damaligen Zeitpunkte, die Abhaltung der Kriegsfackel verdankt, so haben auch andere Umstände späterhin sehr wesentlich dazu beigetragen den Frieden zu erhalten. Von den fünf Großmächten hat Oestreich und Preußen und das mit ihnen engverbundene Deutschland das größte Interesse an der Erhaltung desselben. Ihre ganze politische Richtung kann im eigenen wohlverstandenen Interesse sich zunächst nur auf Erhaltung und auf die Verbesserungen

ihrer inneren Zustände beschränken, denn jede Erweiterung
der östreichischen Monarchie in Italien, oder der preußischen
gegen Osten oder Westen, würde ihre Macht schwächen,
nicht verstärken. Beide mithin, und die deutschen Bundes=
Fürsten mit ihnen repräsentiren in Europa das conservative
Prinzip, deren Aufgabe es ist, sich als Beschützer der min=
der mächtigen Völker zu betrachten, dafür zu sorgen, daß
das Gleichgewicht erhalten bleibe und sich mit ihrer ganzen
Macht jeder Friedensstörung entgegen zu werfen, welches
sie auch bei allen vorgekommenen Ereignissen bisher gethan
haben.

Eine ähnliche Politik ist England durch sein Interesse
an den europäischen Angelegenheiten und der Im=Zaumhal=
tung Rußlands und Frankreichs vorgeschrieben, und wird
auch bis jetzt verfolgt, nur mit dem Unterschiede, daß seine
großen außereuropäischen Besitzungen und die Ausbreitung
seines Handels es möglicherweise in Conflict mit Rußland
und sehr leicht mit Frankreich bringen können, mit letzterem
um so leichter, da zwischen beiden Mächten ein beständiger
Wettkampf in Hinsicht ihrer Marine, ihrer Colonien und
ihres Einflusses auf der pyrenäischen Halbinsel besteht.

Inzwischen hat England ein unendliches Interesse an
der Erhaltung des Friedens, weil von diesem der Flor des
Handels und des auf die Bedürfnisse des Auslandes basirten
schwunghaften Betriebes seiner Manufacturen abhängt, wel=
chen es nicht entbehren kann, da von diesem wieder die
Ernährung seiner starken Bevölkerung und der Eingang sei=
ner indirecten Steuern bedingt wird, welche letztere ihm

wegen des unermeßlichen Staatsaufwandes unentbehrlich sind.

Allein die Nachgiebigkeit und die Sanftmuth, welche der stolze Leopard in den letzten funfzehn Jahren bei mehreren Veranlassungen bewiesen hat, lagen zum Theil auch wohl in den großen Verwickelungen im Innern, und namentlich in den harten Maaßregeln, welche gegen Irland noch immer bestehen und diesen Theil des Reichs aufsätzig erhalten; ferner in den ernsten Händeln, in welche England in Ostindien und China verwickelt war, sowie in den Streitigkeiten mit Nordamerika, gesteigert durch den damaligen bedenklichen Zustand von Canada. Da diese Conflicte aber jetzt größtentheils beseitigt worden sind, so hat England wieder freiere Hand als zuvor, welches jedoch seine Hinneigung zum Frieden nicht ändern wird.

Im Gegensatz zu den drei oben genannten Großmächten, hat Rußland seit Peter dem Großen stets mit eben so viel Glück als Consequenz eine eroberungssüchtige Politik verfolgt. Dennoch hat es in neuster Zeit vermieden, einen europäischen Krieg herbeizuführen, und sich mit einigen vorläufigen Eroberungen im Südosten begnügt. Der nach Beendigung des Türkenkrieges zu Adrianopel geschlossene Frieden im Jahre 1828, sowie sein Verhalten, als das türkische Reich vom Pascha von Aegypten bedroht ward, desgleichen der nachgiebige Vertrag Rußlands mit England, über die Schifffahrt in den türkischen Gewässern, beweisen es, wie entschieden Rußland einen europäischen Krieg für jetzt zu vermeiden wünscht, und da es gegen die Natur des Adlers streitet, seine Beute fahren zu lassen, so müssen gewichtige Ursachen dazu vorhanden gewesen sein.

Dem Scharfblicke des russischen Kaisers konnte es unmöglich entgehen, wie wenig es schon an der Zeit sei, seinen Doppel-Adler in Constantinopel aufzupflanzen, und das bisherige Glück seiner Waffen verleitete ihn daher auch nicht, von seinem Systeme, das Reich der Osmanen für jetzt nur zu untergraben, abzugehen, um demnächst, seiner Meinung nach desto sicherer, die Erbschaft antreten zu können.

Am meisten aber hat wohl Europa gegenüber, der Aufstand in Polen auf die scheinbare friedfertige Politik des Petersburger Cabinets gewirkt. Die Anstrengungen die es kostete, die Empörung in Polen zu unterdrücken; obgleich diese nicht einmal vom Volke, nur von der Aristocratie ausging, und ungeachtet wesentlicher Begünstigung von preußischer Seite, enttäuschten Rußland wohl und stimmten seine zu große Meinung von seiner wirklichen Militairstärke bedeutend herab, und erinnerten es daran, daß bei einem Kriege mit Europa die polnischen Provinzen von einer fremden Macht unterstützt, nicht säumen würden, ein ihnen so verhaßtes Joch abzuschütteln, und daß dies leicht zur Herstellung eines Mittelreichs führen könnte, durch dessen neueres Verschwinden Rußland sich erst zu einer europäischen Großmacht erhoben hat.

Alles Dieses mußte daher wesentlich dazu beitragen den Kaiser Nicolaus zu bestimmen, sich der friedlichen Politik der beiden anderen nordischen Beherrscher anzuschließen, um die nöthige Zeit zu gewinnen, die Polen zu russificiren, und

durch die Protection der, der griechischen Kirche angehören=
den, Bevölkerung der Türkei, die Zeiten vorzubereiten, wo
es mit mehr Hoffnung auf Erfolg einen überwiegenden Ein=
fluß, wie in Nord=Asien, so in Europa zu behaupten im
Stande sein würde.

Wie bei den anderen Mächten, so bestanden auch bei
Frankreich Verhältnisse, welche die französische Regierung
bestimmten, troß der kriegerischen Stimmung des französischen
Volks und ganz besonders der revolutionairen Partei, den
Frieden zu bewahren. Ludwig Philipp begriff es vollkom=
men, wie wir dies vorhin schon angedeutet haben, daß die
Befestigung seiner Dynastie von der Beschwichtigung der auf=
geregten Volksleidenschaften abhängen würde, und in welche
Gefahr er das Reich stürze, wenn Frankreich sich in einen
Krieg mit den nordischen Mächten und mit England einlas=
sen wollte. Daher war seine ganze Politik dahin gerichtet,
jeden Friedensbruch zu vermeiden, der Kriegslust seines
Volks in Afrika ein Feld zur Befriedigung derselben zu
öffnen und durch den Festungsbau von Paris und durch
große Canal=, Eisenbahn= und Wege=Bauten, das Budjet
so zu spannen, daß der mächtigen Partei der Industriellen
und aller Verständigen im Volke die Lust vergehen mußte,
die Finanzkräfte des Landes durch einen Krieg noch mehr
in Anspruch zu nehmen als es schon der Fall war. Allein
England, sowie die nordischen Mächte unterließen auch,
wenngleich aus ganz verschiedenen Beweggründen Nichts, um
den König Ludwig Philipp in seinen Bemühungen zur Er=
haltung des Friedens zu unterstützen, wodurch es möglich

ward, einen Bruch zu vermeiden, die orientalische Frage nebst vielen anderen hinauszuschieben, und jede Differenz vorläufig auf diplomatischem Wege zu beseitigen.

Wenn wir uns nun wieder der Frage zuwenden, ob durch das Protectorat der fünf Großmächte ein fester politischer Zustand in Europa begründet worden sei, ob wir diesem die bisherige Dauer des Friedens verdanken und ob in ihm eine Bürgschaft für die Zukunft liege, so glauben wir gezeigt zu haben, daß alles Dieses nicht der Fall sei, sondern daß wir die glückliche Erhaltung des Friedens und der Segnungen, die er über die Völker gebracht hat, vorzugsweise dem Zusammentreffen so mancherlei zufälliger Verhältnisse zuschreiben müssen, aber keinesweges einem, von allen Mächten befolgtem durchgreifenden System.

Die wichtigsten Controvers-Punkte, wie die orientalische Frage, die Gränze der Eroberungen Frankreichs im nördlichen Afrika, die Anerkennung der dreizehnjährigen Isabelle auf Spaniens Thron und ihre künftige Vermählung, die Herrschaft der Meere, das Durchsuchungsrecht ꝛc. sind alle nicht erledigt, nur bis auf eine gelegenere Zeit verschoben und müssen über kurz oder lang zur Entscheidung kommen.

Der Hauptcharacter der Politik der Großmächte hat seit dem pariser Frieden in einer eifersüchtigen, gegenseitigen Ueberwachung bestanden, im Allgemeinen eine egoistische und zugleich so kleinliche Richtung angenommen, daß von ihr keine würdige Lösung der wichtigen europäischen Streitfragen zu erwarten steht von welchen die künftige Wohlfahrt abhängig ist. Allein der Politik der Großmächte fehlt es wie

an einer welt- und staatsklugen Grundidee, so auch (England etwa ausgenommen), an dem Muthe zu handeln, und
bei mehreren der Großmächte an der richtigen Erkennung
der jetzigen Lage der Weltverhältnisse und ihrer Stellung
zu diesen.

Wollte man annehmen, es bestände unter den fünf Großmächten ein Bündniß, geschlossen zur Erhaltung des Friedens und des Status quo, wie ihn der pariser Frieden und
die folgenden Verhandlungen bestimmt haben, so würde man
sich irren, denn dieser Status quo ist vielfach gebrochen.

Unter den contrahirenden fünf Mächten war die eine
durch die ältere bourbonische Linie repräsentirt, diese hat
den Thron verloren und ist des Landes verwiesen. Aehn-
liche Regenten-Wechsel haben trotz des Bündnisses, in Spanien, Portugal und selbst in Deutschland stattgefunden.
Belgien, welches Holland zugetheilt und dem Könige von
Holland garantirt war, ist zu einem besondern Königreich
erhoben, und ungeachtet die Integrität Belgiens wiederum
von den fünf Mächten garantirt ist, bleibt dessen Stellung
noch immer eine höchst präcaire. Polen, so war es in Wien
bestimmt, sollte ein besonderes von Rußland getrenntes, mit
ständischen Institutionen versehenes Reich werden; Polen ist
Rußland völlig einverleibt, England und Frankreich vergie-
ßen Thränen darüber, veranstalten Bälle und Concerte zur
Unterstützung der Ausgewanderten, dulden es aber. Wir
möchten fragen: was ist ein solches Bündniß mehr, als ein
Schattenspiel an der Wand? Welches Urtheil wird die

Nachwelt über eine, in ihren Resultaten so erbärmlich aus=
gefallene, Politik sprechen?

Bündnisse können nur bestehen, wo die Verhältnisse sich
gleichen, und die Interessen gemeinschaftliche sind. In dem
Quasi = Bündnisse der fünf Großmächte erblicken wir zwei,
England und Rußland, welche wissen, was sie wollen, und
die, wenn auch auf ganz verschiedenen politischen Polen
stehend, sich in der vollkommensten Consequenz befinden, weil
ihre innere und äußere Politik im Einklange ist. England
verfolgt nur ein Interesse, das des englischen Volks, dort
giebt es keine gesonderte Politik des Hofes, sondern die
äußere Politik geht aus der Ansicht der Majorität der
Kammern, die das Land repräsentiren, hervor und der
Herrscher ist gezwungen, sie als die seinige zu adoptiren. ·

Wie nun die Entscheidung aller großen Fragen in Eng=
land von den Volksrepräsentanten ausgeht, so in Rußland
von dem Selbstherrscher; es giebt dort nur ein en Willen,
nur ein e Stimme und in allen politischen Beziehungen
blinde Unterwürfigkeit von Seiten der Beherrschten. Die
Vox populi der Engländer verwandelt sich in einen Götter=
spruch beim Kaiser der Russen.

Einer dritten der Großmächte, Preußen, fehlt bis jetzt
diese Einheit. Der Monarch ist mit voller Souverainität
bekleidet und hat sich bisher zu den beiden anderen absoluten
nordischen Beherrschern hingezogen gefühlt; allein nur in der
innigen Vereinigung mit seinem Volke und in der Ueber=
einstimmung mit Deutschland liegt seine einzige wahre Macht,
sie sind die Bedingungen seiner hohen Stellung in Europa

und sich von den Volksinteressen trennen wollen, hieße diese
aufgeben. Inzwischen fehlt es für jetzt Preußen an jeder
eigenen Politik; von der einen Seite angezogen, von der
anderen gedrängt, schreitet es noch nicht auf eigener Bahn.

Oestreichs innere und äußere politische Stellung ist die
abnormste, die es nur geben kann. Die Monarchie, zusammengesetzt aus einem Conglomerat der heterogensten Be-
standtheile, zeigt Europa die Extreme; neben der freisten
Verfassung in Ungarn die servilste in den übrigen Landestheilen. Oestreich glaubt, der Absolutismus sei ein Edel-
stein in der östreichischen Krone, der um jeden Preis bewahrt werden müsse, während die Kraft, der eigentliche
Kern der Monarchie in Ungarn liegt und die Zukunft nur
gesichert erscheint, wenn dessen Beherrscher die jetzt getrenn-
ten Interessen der Völker, die seinem Scepter gehorchen,
unter sich und mit dem gemeinschaftlichen Oberhaupt zu verschmelzen versteht. Die gegenwärtige Stellung Oestreichs
ist eine durchaus falsche und eine gefahrvolle.

Der absolute Kaiser von Oestreich steht theils im Bündniß mit Preußen und Deutschland, wo der Absolutismus
nur noch in der Idee und in einzelnen Erscheinungen ver-
kömmt, und auf dem Wege sich befindet, sein Grab in dem
aufgeklärten Geiste des preußischen Königs und der allgemeinen Stimmung seines Volks zu finden; anderntheils im
Bündniß mit Rußland, welches auf dessen notorische Unentschlossenheit rechnend, es immer mehr und mehr umstrickt.
Der Nestor der europäischen Politiker weiß dies, weiß daß
Oestreich seine Anker auf einen lockern Boden geworfen hat,

allein es fehlt die Kraft, der Entschluß zu richtigen Heil=
mitteln zu greifen.

Nachdem die europäischen Vorposten gegen Asien und
gegen die Moscowiter, namentlich Finnland, Liefland, Cur=
land und Polen von Rußland erobert sind, bilden Oestreich
und Preußen die Schutzmauer gegen Rußland. Dies scheint
bei der mehr oder weniger ernstlich gemeinten Vereinigung
der drei absoluten Monarchen, besonders östreichischer Seits,
vergessen zu sein und zugleich, daß Rußlands protegirende
Freundschaft noch gefährlicher sei, als seine offene Feind=
schaft,*) denn welches Volk Rußland bisher unter seinen
Schutz genommen hat, ist auch von ihm verschlungen wor=
den, und wenn Rußland erst den Caucasus überwunden
und die Erbschaft der Osmanen angetreten hat, wird es
seine universalmonarchische Tendenz schon weiter zu verfolgen
wissen. In welche politisch schiefe Richtung daher Oestreich
wie Preußen, sich durch ein blindes Anschließen versetzen
würden, ist nicht zu verkennen.

Das einzige was Rußland Oestreich versprechen kann,
ist seine Hülfe in einem Kriege mit Frankreich, oder seine
Unterstützung zur Sicherung seiner absoluten Stellung; beide
zu gewähren ist Rußland außer Stande, und Oestreich wird
nicht so leichtgläubig sein, darauf zu bauen. Die Politik
des großen Kaiserstaats ist in wenigen Worten, eine rein

---

*) Mehr als irgend eine andere Nation, erinnern die Russen uns
   unwillkührlich an einen bekannten virgilischen Vers: „quidquid
   agunt, timeo Danaos et dona ferentes.“

passive, eine abwehrende und aus diesem Grunde erhält er das Schlechte wie das Gute. Doch genug hiervon für jetzt, da wir auf diesen wichtigen Punkt weiterhin zurückkommen, wo wir ihn in seinem ganzen Umfange gründlicher zu beleuchten im Stande sein werden.

Was nun endlich Frankreich betrifft, so hat dieses Reich sich bis jetzt eine ganz isolirte Stellung in der europäischen Politik gegeben. Die mitunter zwischen Frankreich und England angeknüpften freundschaftlichen Beziehungen sind nie mehr gewesen, als eine gemeinschaftliche Verständigung darüber, daß es auf der einen Seite Ludwig Philipp, auf der anderen England convenire, für jetzt ihre National-Antipathie und alle Rivalität zu unterdrücken.

Die politische Richtung des souverainen Volks ist, wenn man auf den Volksgeist blickt, eine eroberungssüchtige, die des Bürger-Königes und der Majorität der Kammern, eine mehr friedliche. Inzwischen ist diese Majorität eine schwankende und keinesweges eine so starke,*) daß auf ihr ein festes System zu bauen wäre; nur die Klugheit des Königs, der zugleich Partei-Chef ist, vermag eine Quasi-Majorität zusammen zu halten. Da es aber außer jeder Berechnung liegt, wie lange ihm dies möglich sein wird, da König und Kammern zu sehr unter dem Einflusse einer durch National-

*) Die letzten Kammer-Debatten ergaben abwechselnd eine Majorität von einer bis 24 Stimmen, wenn von diesen die der Minister und die der von ihnen abhängigen Staatsdiener abgezogen werden sollte, verwandelt sie sich in einer Minorität.

Eitelkeit geleiteten öffentlichen Meinung stehen, so würde jede andere Macht leicht compromittirt werden, die sich mit Frankreich enger verbinden wollte; daher bestehen denn auch zwischen den übrigen europäischen Mächten und Ludwig Philipp freundschaftliche Beziehungen, aber nur mit ihm persönlich, weil seine Politik ihnen convenirt, nicht aber mit dem französischen Volke, bis dessen politische Ansichten einen friedlichen Character angenommen haben werden.

Das einzige Bündniß, welches gegenwärtig in Europa stattfindet und auf einer richtigen politischen Grundlage beruht, ist das des deutschen völkerrechtlichen Bundes, da es ein gemeinschaftliches Interesse der verbundenen Völker zur Unterlage hat, und die Erhaltung der Unabhängigkeit nach außen und des Rechtszustandes nach innen bezweckt. Nur solche Bündnisse können überhaupt die Wohlfahrt der Völker wahrhaft fördern.

Wenn es aber richtig ist, was wir vorhin behauptet haben, und späterhin noch ausführlicher beweisen werden, daß das Glück und die höhere Wohlfahrt der europäischen Völker in dem bisher verfolgten politischen Systeme der fünf Großmächte keine Bürgschaft für die Bewahrung ihrer heiligsten Interessen findet, so bleibt zu untersuchen, auf welche Weise diese zu erreichen sein wird, und welche Mittel zum Zwecke führen.

Inzwischen, um bei der Vielseitigkeit der Gegenstände zu einem klaren Endresultat zu gelangen, ist es nothwendig, sich eine möglichst vollständige Uebersicht der von einander abweichenden sachlichen und persönlichen Verhältnisse der größeren Volksstämme und ihrer Beherrscher zu verschaffen, aus welcher erst hervorgehen wird, was geschehen müsse und könne, um die höhere Wohlfahrt zu fördern. Wir werden bei dieser Darlegung der bestehenden Verhältnisse zuerst und vor Allem auf die Verfassungsfrage übergehen müssen, welche seit 50 Jahren alle Gemüther bewegt, und die, worüber man sich nicht täuschen darf, in dem Kampfe gegen Willkührherrschaft besteht.

Bei einigen Großmächten und mehreren kleinen Reichen besteht noch der That oder dem Namen nach eine absolute Regierungsform; gegen diese kämpft der Geist der Zeit an, und nachdem er in dem Westen von Europa siegreich gewesen ist, mit so überwiegenden Waffen, daß weniger der Erfolg zweifelhaft ist, als wie groß und schmerzlich die Opfer sein werden, die er fordern wird, wenn die Weisheit der dabei betheiligten Regierungen und der gesunde Sinn im Volke diesen nicht zuvorkömmt.

Der Absolutismus *) oder die Willkührherrschaft ist als der Fluch Asiens und Afrikas zu betrachten, welcher auf jenen größten und schönsten Theilen des Erdbodens haftet; in Europa und in jedem christlichen Reiche dagegen fehlt ihm

---

*) Um Mißdeutungen zu entgehen, bevorworten wir ausdrücklich, daß wir das Wort Absolutismus mit Willkührherrschaft gleichbedeutend betrachten. Die Worte Absolutismus und Souverainität werden dagegen sehr oft im gemeinen Leben als synonym betrachtet, welches ganz unrichtig ist. Nicht gegen die monarchische Verfassung, welche wir vertheidigen, nicht gegen die Souverainität der Fürsten, sondern gegen die Willkührherrschaft und den Despotismus kämpfen wir.

die Legitimität. Die Willführherrschaft hat da, wo sie bestand, seit Jahrhunderten die Welt und ihre Bewohner in unwürdiger Knechtschaft erhalten, Milliarden Geschöpfe Gottes in gränzenloses Elend gestürzt, und die Völker, die sich unter ihm beugen mußten, sind entartet, zu willenlosen Maschinen gemacht. Es giebt kein Wort in unserer Sprache, an welches sich so traurige Erinnerungen knüpfen, als an dieses. Da das Wort „Willführherrschaft" in der öffentlichen Meinung aller civilisirten Völker bereits verdammt ist, so hat die Schmeichelei ihm einen andern Namen beizulegen gesucht und diesen mit dem „des göttlichen Rechts" vertauscht. *)

Bei unseren Betrachtungen über die politischen Zustände der Völker wird es nun zuerst darauf ankommen, zu prüfen, ob einzelnen Menschen, so hoch sie auch in der Welt gestellt sein mögen, von Gott das Recht verliehen sei, nach eigener Willführ die ihrem Scepter untergeordneten Völker zu regieren, und nur Gott und ihrem Gewissen Rechenschaft von dem zu geben, was ihnen zu thun beliebt. Es giebt, wie wir beweisen werden, nichts Trügerischeres und nichts Unchristlicheres, als eine solche Annahme, die gleich verderblich den Fürsten, wie den Völkern werden kann.

Fragen wir nach den Urkunden dieses göttlichen Rechts, so fehlen diese gänzlich. Eine directe Offenbarung darüber

---

*) Auch die Souverainität leitet man von der Gnade Gottes ab. Dies ist nicht derselbe Fall. Die Gnade Gottes hat jedem Menschen seine Stellung in der Welt angewiesen, und wer dieser eine höhere Stufe in der Gesellschaft dankt, thut wohl, darin die Gnade Gottes zu erkennen.

ist den Menschen nicht geworden;*) eine indirecte durch die
Natur noch viel weniger, denn in dieser ist Alles an
feste Gesetze gebunden, nirgend auch nur eine Spur
von Willkühr zu finden. Am allerentschiedensten erhebt
sich aber dagegen der höhere Geist im Menschen, daß von
der Laune, vom Irrthume oder von den zufälligen guten
oder nicht guten Eigenschaften eines Menschen das Schicksal
von Millionen Mitmenschen abhängig gemacht werden soll.

Wollte man nun endlich noch an ein gewisses, aus
Verjährung entsprungenes Recht appelliren, so ist dies in
den christlich europäischen Staaten nirgend nachgewiesen, denn
wo der Absolutismus besteht, ist er mit einer einzigen Ausnahme das Resultat einer äußern Gewalt, die stets nur so
lange bestanden hat und bestehen kann, als diese ausreicht.

In allen europäischen Reichen, von den Säulen des
Herkules bis zum Dnieper, gab es, die Türkei keinesweges
ausgenommen, nirgends absolute Regierungen, sondern freie
ständische Verfassung, in welcher die Macht des Staatsober-
haupts beschränkt, ja in vielen Fällen so beschränkt war,
daß Ohnmacht daraus folgte. Erst durch Einführung der

---

*) Unmöglich kann man die Worte Christi: „Gebet dem Kaiser, was
des Kaisers ist,“ oder die des Apostels Paulus: „Sei unterthan
deinem Herrn, nicht allein dem gütigen und gelinden, sondern auch
dem wunderlichen,“ dahin auslegen. Letzteres sind Ermahnungen
zur christlichen Demuth, bezeichnet aber keine Rechtsbefugnisse,
wunderlich zu sein; übrigens findet diese Stelle des Apostels mehr
Anwendung auf den Brodherrn, von der Politik hielten sich alle
Apostel fern.

stehenden Heere und fast gleichzeitiger geregelter Verwaltung bildete sich die Souverainität der Fürsten in mannigfachen Schattirungen bis zur Willführherrschaft gesteigert aus. Daß dieses faktisch ist, werden wir geschichtlich beweisen, und unmöglich erscheint es, behaupten zu wollen, daß eine, aus der Militairgewalt hervorgegangene Alleinherrschaft ein göttliches Diplom erhalten könne.

Inzwischen hat sich der Absolutismus, nicht bloß auf physische Macht gestützt, in Europa verbreitet, sondern auch auf die geistige Macht. Rom mit seinem Bischof, und Petersburg mit seinem Kaiser, und die beiden Kirchen, deren unfehlbares Haupt sie repräsentiren, haben sich eine absolutistische Gewalt über das Innere der Menschen angemaßt, die, wenn auch theilweise durch die Reformation gebrochen, doch noch eine große Kraft besitzen. Doch sei dies hier nur beiläufig erwähnt, wir werden weiterhin auf den religiösen Absolutismus und seine politischen Folgen zurückkommen.

Da unstreitig von dem Ausgange des Kampfes der Völker gegen die Autocratie das Schicksal Europas und die ganze politische Gestaltung dieses Welttheils abhängt, da Alles darauf ankommen wird, ob die Autocratie, die noch größtentheils die östliche Hälfte Europas beherrscht, dem Drange der Völker und den gerechten Ansprüchen der Zeit nachgeben wird, oder ob es zu einem Kampfe über Sein und Nichtsein kommen wird; ob auf dem Wege einer weisen Reform oder auf dem der Revolution der Streit im Laufe der Zeit entschieden werden muß, so ist es rathsam, sich über diesen Gegenstand aus dem Buche der Geschichte zu belehren;

deshalb werden wir uns denn auch bei dieser Raths erholen und hier eine gedrängte Zusammenstellung der Kämpfe über die Verfassung in den verschiedenen europäischen Reichen jeder weiteren Betrachtung voransenden. Die richtige Würdigung des Gegenstandes und der allgemeine Ueberblick werden davon abhängig sein.

Portugal.

Heinrich, der jüngste Sohn des burgundischen Herzogs, eines Urenkels des französischen Königs Hugo Capet, vermählte sich mit der Tochter des Königs Alfonso VI. von Castilien, und ward von diesem 1094 mit den eroberten Provinzen Entre-Minho e Duero, Trazos Montes und einem Theile von Beira belehnt. Sein Sohn Alfonso I., von den Mauren 1139 angegriffen, erfocht einen entscheidenden Sieg, und ward auf dem Schlachtfelde zum Könige von Portugal ausgerufen. Die zu Lamego im Jahr 1143 (nach Anderen 1145) versammelten Stände (diese bestanden mithin schon vorher) bestätigten diese Wahl der Krieger und gaben dem neuen Reiche seine Gesetze und Verfassung.

Mit Pedro's des Strengen Sohne, Ferdinand dem Artigen, erlosch im Jahr 1383 der Mannsstamm des burgundischen Hauses. Seine Tochter Beatrix, Gemahlin des castilischen Königs, war zwar die rechtmäßige Thronerbin, allein die Stände waren jeder Vereinigung mit Castilien so abhold, daß sie einen unehelichen Sohn Pedro's des Tapfern, Johann I., auf den Thron erhoben.

Johann II., der entschlossenste König, den Portugal beseſſen hat, bändigte den Uebermuth der Stände, ließ den mächtigen Herzog von Braganza öffentlich enthaupten, und ein anderes Haupt der Stände, der Herzog von Viſeo, empfing den Tod von des Königs eigener Hand. Nachdem von 1580 bis 1640 das Reich mit Spanien verbunden worden war, erhoben die Stände den Herzog von Braganza auf den Thron unter dem Namen Johann IV.

Bei den früheren Einberufungs-Decreten der Cortes ward immer geſagt, daß keine Deputirten geſendet werden ſollten, die ein Amt im Heere, in der Flotte, in den Finanzen oder in der Juſtiz bekleideten. Vom Jahre 1687 ab wurden keine Cortes mehr einberufen, die ſtändiſche Verfaſſung ſelbſt aber nicht berührt. Beſonders unter der 25-jährigen Regierung des Marquis von Pombal blieben die Stände ohne allen Einfluß. Die erſte Verſammlung der Stände in neuerer Zeit fand 1808 ſtatt, wo die Junta in Oporto zuſammentrat. Von dieſer Zeit hat Portugal unter mehrfach veränderter Form eine conſtitutionelle Verfaſſung erhalten und behauptet.

Spanien.

In Spanien bildete ſich, wenn auch in Hinſicht der Zeit in den einzelnen Provinzen verſchieden, ſchon zeitig eine reichsſtändiſche Verfaſſung aus, und bekam immer mehr Conſiſtenz, ſowie ſich aus den kleinern Fürſtenthümern durch Vereinigung ein größeres Reich herausbildete. Die Cortes oder Reichsſtände beſtanden aus der Geiſtlichkeit, dem hohen Adel, den Ritterorden und den privilegirten Städten.

Im Königreich Aragonien hob sich unter anderen europäischen Staaten zuerst der dritte Stand und befand sich dort schon vor der Mitte des 12. Jahrhunderts im Genuß ständischer Rechte; in Castilien entbehrte letzterer derselben bis zum Jahr 1325 und blieb in Hinsicht der Vorrechte dem Aragonischen stets nach. Merkwürdig und, so viel uns bekannt, einzig in der Geschichte der Landesverfassungen, war die in Aragonien in damaliger Zeit bestehende Bestimmung, daß ein Oberrichter (Justitia genannt) die Streitigkeiten zwischen den Königen und den Ständen oder dieser unter einander entschied. (Das Aufblühen des Landes war die Folge dieser Einrichtungen).

Im Jahre 1484 ward das Inquisitions-Gericht eingeführt, und gleichzeitig wurden mit der Krone das Großmeisterthum der drei großen castilianischen Ritterorden verbunden, wodurch die königliche Macht ein größeres Uebergewicht den Ständen gegenüber gewann. Von diesem Zeitpunkte an faßte der Despotismus Wurzel in Spanien, die grausamen Verfolgungen der Juden und Mauren, das Sinken des Wohlstandes und des Landes waren die Folgen davon.

Der Aufstand des Volks in Valencia, Majorca und Castilien 1520, wo der dritte Stand eine freiere Verfassung forderte, und welcher mit Hülfe des Adels unterdrückt ward, raubte dem Lande den wichtigsten Theil seiner Nationalrechte, indem zugleich eine Trennung der ständischen Berathung eintrat. Von diesem Zeitraum ab ward Spanien ein Militairstaat, der ohne Rücksicht auf die Wohlfahrt des Volks nur auf Eroberungen ausging.

Im Jahre 1518 war Mexico bereits erobert, 1528 folgte die von Peru und Chili. Der Sieg bei Pavia brachte Franz den I. von Frankreich in spanische Gefangenschaft und führte zum Besitz von Mailand. Allein nicht bloß in Amerika und Europa suchte Spanien zu erobern, sondern ebenfalls auch in Nordafrika, wo Carls V. glorreicher Zug den Ruhm der spanischen Waffen über ganz Europa verbreitete.

Unter Philipp V., welcher nach Beendigung des spanischen Erbfolgekrieges auf Grund des Utrechter Friedens den Thron bestieg, verlor die spanische Nation ihre letzten Verfassungs-Rechte; Aragonien, Catalonien und Valencia wurden als eroberte Provinzen behandelt, und nur Biscaya und Navarra behielten einige altherkömmliche Rechte. (Der letzte Reichstag in Castilien ward 1415, in Saragossa 1420. gehalten.)

So verfiel Spanien, welches früher unter dem Einflusse einer ständischen Verfassung ein glückliches und blühendes Land gewesen war, nach und nach dem Absolutismus und einer doppelten Willkührherrschaft, der seiner Regenten und deren Creaturen und der der Kirche und ihren Inquisitionsgerichten. Das Schicksal hat sich hier wie immer furchtbar gerächt, der Usurpation der weltlichen und kirchlichen Macht ist die gänzliche Ohnmacht beider gefolgt.

Den Thron der stolzen Philippe nimmt in Folge der Erschütterungen, die Spanien erfahren hat, jetzt eine Königin ein, die zur willenlosen Puppe herabgesunken, ein Spielball der Parteien geworden ist, die das Land zerreißen. Der Umsturz des Hauses der Bourbonen durch Bonaparte erweckte das spanische Volk aus der Gleichgültigkeit, in welche es unter dem Absolutismus versunken war, und in dem 7jährigen Kampfe gegen Fremdherrschaft entbrannten alle die wilden Leidenschaften, welche der Spanier in seiner Brust trägt, und welche bei der demnächst folgenden Staatsumwälzung einen so grausamen Character angenommen haben.

Wie in Portugal, so auch in Spanien traten die alten Cortes nach den Stürmen zuerst wieder auf, um die alte Verfassung und eine feste Ordnung herzustellen. Allein nur zu bald erwies es sich, daß die alten Stände nicht mehr in der Gesinnung des Volks wurzelten, und daß die, gleichsam aus dem Grabe auferstandenen Cortes dem Throne, der einst selbst ihre Macht zertrümmert hatte, keine Stütze mehr zu gewähren im Stande waren gegen den losgebundenen Egoismus und gegen die destructiven Elemente einer neueren Zeit. Seit Jahren wüthet der Bürgerkrieg und die Revolution in Spanien und scheint kein Ende nehmen zu wollen; dies kann Niemand wundern, denn wenn ein Volk, welches so lange entwöhnt worden ist, an der Regierung Theil zu nehmen, das Unglück hat, in Anarchie zu verfallen, so bedarf es einer neuen Generation, um zur Erkenntniß ihrer eigenen Interessen zu kommen und einen festen politischen Character mit der Fähigkeit, sich selbst zu regieren, wieder zu gewinnen.

Frankreich.

Es ist eine sehr schwierige Aufgabe, mit wenigen Worten ein Bild der französischen Verfassung von der älteren bis auf die neueste Zeit zu entwerfen. Von dem Zeitraume ab,

von welchem Frankreich ein eigen conſtituirtes Reich bildete,
bis zur Regierung Carls VII. ſtand in Frankreich, wie in
allen übrigen europäiſchen Staaten, zwar ein Monarch an
der Spitze des Reichs, allein bald beſchränkten der Feudal=
Adel, bald die Stände deſſen Macht bis zur Unbedeutenheit,
dann ſiegte wieder die Alleinherrſchaft über beide, und ſchon
die nächſten Nachkommen Hugo Capets bis auf Ludwig XIII.
verſchmähten weder Intriguen noch Gewalt, die Feudal=
Ariſtocratie zu unterdrücken und eine Autocratie zu gründen,
welches ihnen auch nach und nach vollkommen gelang.

Die ganze Sorge der franzöſiſchen Könige war dahin
gerichtet, die Macht der großen Kronvaſallen zu brechen und
ſich in den Beſitz ihrer Güter zu ſetzen. Die ſeit 1108 und
Ludwig VI. erfolgte Einführung von Corporationen in den
Städten verſtärkte bedeutend die königliche Gewalt, noch mehr
war dies der Fall durch die Ertheilung des Brief=Adels von
1285 an und durch die 1314 erfolgte Einführung des drit=
ten Standes (tiers état); von da ab gelang es der Krone,
ein Recht nach dem andern an ſich zu reißen, und durch
Vermehrung der Krondomainen ſich immer unabhängiger zu
machen. Seit 1302 verſammelte ſich die Nation in drei
Claſſen der Reichsſtände, gegen welche die Staatskunſt der
Valois mit abwechſelndem Glücke ankämpfte.

Einer der entſcheidendſten Schritte zur Bildung einer
Autocratie ging von Carl VII. aus, der im Jahre
1444 zuerſt ein ſtehendes Heer einführte. Von
dieſem Zeitpunkte ab ſtrebten die Könige immer erfolgreicher
nach Willführherrſchaft durch völlige Unterdrückung der ſtän=

4

dischen Rechte. Der List und despotischen Staatsklugheit Ludwigs XI., 1461 bis 1468, war es gelungen, einen Stand der Verhältnisse vorzubereiten, welcher es Franz I. erleichterte, die königliche Gewalt völlig unumschränkt zu machen und selbst das Parlament mit seinen Prärogativen allmählig dahin zu bringen, sich seinem Willen zu fügen. Unter der Regierung Ludwigs XIII. und der Verwaltung Richelieu's ward nun jenes System von Treulosigkeit, Grausamkeit und Eigenwilligkeit in Frankreich eingeführt, durch welches die Autocratie ihren Gipfel erreichte und den unabwendbaren Keim zum künftigen Sturz des Thrones legte.

Die Regierungen Ludwigs XIV. und XV. zeichneten sich gleich stark durch Despotismus und Sittenlosigkeit aus, sie richteten Frankreich zu Grunde, erbitterten das Volk und führten eine allgemeine Verwilderung in allen Classen des Volks herbei, welche nur allein den empörenden Character erklärt, den die Revolution demnächst annahm.

Den 1. Mai 1789 sah sich der unglückliche Ludwig XVI., welcher die Sünde der Väter trug, gezwungen, die Reichsstände zum ersten Male nach 175 Jahren wieder zusammen zu berufen. Die Verzichtleistung auf den Absolutismus löste zugleich unaufhaltsam alle Bande auf, welche in einem so langen Zeitraume allein die Staatsmaschine zusammengehalten hatte, und eine Revolution brach aus, beispiellos durch ihre Folgen in der Weltgeschichte und unendlich lehrreich für die Fürsten und Völker.

Holland und Belgien.

Die Niederlande erfreuten sich seit der ältesten Zeit einer sehr freien Verfassung; der Flor des Landes, ein kernhaftes, industriöses und aufgeklärtes Volk waren nebst der Blüthe der Künste und Wissenschaften die schönen Früchte davon. Selbst Carl V., obgleich unter seiner Regierung die blutigsten Verfolgungen der Bekenner der neuen Lehre stattfanden, wagte es aus Staatsklugheit nicht, die Gerechtsame und alle Freiheiten des Volks zu berühren. Sein Nachfolger Philipp II., weniger weise und noch tyrannischer, als sein Vater, mißhandelte die alten heiligen Gerechtsame der Provinzen und sandte den grausamen Granville und demnächst den blutdürstigen Alba in die Niederlande, um dort einen doppelten Despotismus, den weltlichen und religiösen, zu üben. Die freiheitsliebenden Niederländer griffen zu den Waffen, erzwangen nach langem Kampfe die Befreiung vom spanischen Joch und gründeten die Republik der vereinigten Staaten, welche nach der größten Provinz sich von dieser Zeit ab Holland nannte. Seit dem pariser Frieden ist es eine erbliche Monarchie mit constitutionellen Formen. Es gehört zu den wenigen europäischen Staaten, welche nebst England, der Schweiz, Schweden und Ungarn sich, kurze Zwischenräume abgerechnet, vom Absolutismus frei erhalten haben.

Belgien war nicht so glücklich, gleich Holland aus dem Kampfe gegen Spanien als selbstständiges Reich hervor zu gehen. Es blieb noch Jahrhunderte hindurch der Zankapfel zwischen Frankreich und dem Hause Habsburg, bis es durch

4*

den pariser Frieden 1815 von Frankreich getrennt und mit
Holland vereint ward, allein sich schon 1830 von selbigem
losriß und jetzt wie Holland ein erbliches Königreich mit
constitutionellen Formen bildet.

Die Schweizer Eidgenossenschaft.

Die Schweiz war in den frühern Zeiten gleich Deutschland und Frankreich in viele kleine Dynastien getheilt, welche
in ewigen Fehden untereinander verwickelt waren. Der
größere Theil der Schweiz war deutschen Ursprungs und
bildete früher einen Theil des deutschen Reichs. Seit dem
Jahre 1218, nach dem Tode des letzten Herzogs der Zäh-
ringer, fiel Allemanien wieder dem Kaiser anheim, und von
diesem Zeitraume ab erlangten die Habsburger in der nördlichen Schweiz immer mehr Gewalt. Die ewigen Fehden
im Innern des Landes bewogen viele Städte, sich unter
kaiserlichen Schutz zu begeben. Die Städte: Zürich, Bern,
Basel, Solothurn wurden zu Reichsstädten, die Länder: Uri,
Schweiz, Unterwalden zu Reichsländern erklärt.

Graf Rudolph von Habsburg, nachdem ihm die Güter
des Grafen von Tyburg zugefallen und er 1273 Kaiser geworden war, hielt in der Schweiz nach alter deutscher Sitte
Gericht, achtete jedoch die bestehenden wohlerworbenen Rechte
der Stände und Reichsstaaten. Nicht so seine Nachfolger;
und besonders war es späterhin Kaiser Albrecht, welcher
durch Willkührherrschaft den ersten Bund der Eidgenossen hervorrief. Zur Herstellung ihrer Rechte und Freiheiten ergriffen den 1. Januar 1308 die drei Waldstädte die Waffen,

verjagten die Kaiserlichen und gründeten nach dem Siege bei
Morgarten (den 6. December 1315) den ewigen Bund.
Noch Jahrhunderte waren nöthig, bis die Schweiz sich nach
und nach ihre Unabhängigkeit erfocht und der Bund seine
jetzige Ausdehnung erhielt. Die jetzige republikanische Ver=
fassung der Schweiz führt zu heftigen Reibungen und scheint
einer Abänderung zu bedürfen. Die politische Unbedeutenheit
der Schweiz hält uns von einer weiteren Zergliederung der
Mängel ihrer Verfassung ab.

England.

Es giebt kein Blatt in der Geschichte, welches für den
aufmerksamen Beobachter der Völker=Regierung und Völker=
Entwickelung lehrreicher wäre, als dieses. Aber es giebt
keine Geschichte, deren Studium auch den Staatsmännern
und den Fürsten selbst so beherzigungswerthe Lehren ertheilt
und so reichen Stoff zum Nachdenken bietet, als die Englands.
Wir haben schon vorhin darauf hingedeutet, daß die großen
politischen Bewegungen, die sich in allen europäischen Staa=
ten kund geben, in welchen noch die Willführherrschaft besteht,
als ein Kampf gegen diese betrachtet werden müssen, der
um so folgenschwerer werden kann, je länger der Widerstand
dauert, den Regierten gewisse Rechte einzuräumen, auf welche
sie gerechte Ansprüche machen.

Die insularische Lage dieses Insel=Reichs hat es mehr,
wie viele der anderen Continental=Staaten frei gehalten von
dem Einfluß der Nachbaren, daher konnte sich in ihm auch
der Kampf um Macht und Freiheit ungestörter im Innern

ausfechten, als irgend sonst wo; daher finden wir es Hin-
sichts der Verfassung den übrigen europäischen Reichen so
weit voraus.

Schon im Jahre 1215 wurde König Johann von seinen
Unterthanen gezwungen, ihnen den großen Freiheitsbrief
(magna charta, the great charter) zu ertheilen, der in der
Folge noch Erweiterungen erhielt und von dem nachfolgenden
Regenten bekräftigt wurde; durch ihn sind die Freiheiten des
Adels und der Gemeinden, und die völlige Sicherung des
Eigenthums und der Personen jedes Engländers verbürgt.
Da Johann, mit dem Beinamen „ohne Land", demnächst den
Freibrief anders zu deuten versuchte, so ward er entsetzt und
starb in Schottland, wohin er sich geflüchtet hatte. Unter
der unruhigen Regierung seines Sohnes entstand das Haus
der Gemeinen.

Richard II., welcher die Rechte der Nation verletzt hatte, wurde entthront und starb im Gefängniß
1399. Die unheilvollen Folgen dieser Catastrophe waren
Anarchie und lange bürgerliche Kriege, die beinah ein Jahrhundert dauerten und das Land zu Grunde richteten. Mit
der Thronbesteigung Heinrichs VII. begann für England
wieder eine neue glücklichere Zeit.

Nach der durch die Hinrichtung vieler Reformirten
verhaßten Regierung der Königin Maria stieg Elisabeth aus
dem Kerker auf den Thron; ihre Regierung, so wohlthätig
sie auch für England war, ward durch die Hinrichtung der
Königin Maria von Schottland befleckt. Der Sohn der
enthaupteten Maria, Jacob I. von Schottland, folgte der

Elisabeth auf dem Thron. Die Rechte und Freiheiten des Parlaments und des Volks betrachtete er als Anmaßung, und strebte sie zu vernichten; zugleich unterdrückte er die Presbyterianer und reizte auch diese gegen sich. Sein Sohn, Carl I., den despotischen Grundsätzen des Vaters folgend, strebte zugleich die königliche Macht noch weiter auszudehnen und seine kirchlichen Ansichten allgemein geltend zu machen. Das Parlament widersetzte sich standhaft dem Willen des Königs, eigenmächtig Steuern auszuschreiben, und nachdem Cromwell sich an die Spitze der Empörung gestellt hatte, ward er entthront und enthauptet (1649). Unter dem Titel eines Protectors führte jetzt Cromwell ein unumschränktes Regiment und behauptete selbiges so lange er lebte. Sein Sohn dagegen, der ihm gefolgt war, legte die Zügel nieder, die er zu halten sich nicht stark genug fühlte. Ein anarchischer Zustand und alle Uebel, die diesen stets begleiten, trat jetzt ein.

Inzwischen rief die königliche Partei Carl II. auf den Thron, welcher aber dieselben Grundsätze verfolgte, die seinem Vater diesen und das Leben gekostet hatten. Zwar setzte das Parlament die Testacte, wodurch die Katholiken von allen Aemtern ausgeschlossen wurden, und die Habeas Corpusacte gegen ihn durch; das hinderte jedoch nicht, daß er die vier letzten Jahre willführlich und ohne Parlament regierte. Die Nation schien, eine neue Anarchie fürchtend, dies dulden zu müssen.

Jacob II., der seinem Bruder auf den Thron folgte, wollte die königliche Gewalt zugleich unumschränkt machen und die katholische Religion wieder einführen. Die darüber empörten Whigs riefen Wilhelm von Oranien zu Hülfe; Jacob ward verjagt und Wilhelm unter gewissen, durch die **Bill of Rights** (Erklärung der Rechte des Volks) festgestellten Bedingungen auf den Thron gesetzt. Durch diese Regierungsveränderung wurde die alte Verfassung Englands, welche dessen Könige so oft zu ihrem und des Landes Verderben zu vernichten gesucht hatten, glücklich wieder hergestellt, und hat seitdem keine wesentlichen Veränderungen erfahren.

Die hohe Stellung, welche England und seine Beherrscher den übrigen europäischen Fürsten und Staaten gegenüber einnehmen, die Kernhaftigkeit und die Vaterlandsliebe des englischen Volks, der Reichthum und die Wohlfahrt des Landes sind die Früchte dieser Verfassung, und während die beklagenswerthen Schicksale so vieler englischer Könige als Wahrzeichen dastehen, die Rechte der Völker zu achten, laden die segensreichen Folgen einer glücklichen und freien Verfassung, und der Glanz, der auf ihre Beherrscher fällt, diejenigen Fürsten zur Nachahmung ein, die den hohen Beruf, welchen ihnen die Gnade Gottes auferlegt hat, zu würdigen wissen.

Dänemark.

Die Geschichte der früheren Verfassung Dänemarks gleicht der der meisten übrigen Länder in derselben Zeitperiode. Das Land war getheilt unter mächtige Vasallen, die zwar ein gemeinschaftliches Oberhaupt anerkannten, dem sie aber **nur** gehorchten und folgten, wenn es ihnen gut dünkte.

Svend Estridsen bestieg 1047 den dänischen Thron und gründete eine neue Dynastie, die außer Wlademir dem Großen keinen bedeutenden Regenten aufzuweisen hatte. Der Feudalismus hatte unter der Regierung dieser Dynastie alle Macht an sich gezogen, die Souverainität war auf die Stände übergegangen und der Thron abhängig von der Wahl der Bischöfe und des Adels geworden, ja der neue Regent mußte in seinem Handstiegar das Wahlrecht der Stände anerkennen, auch ward ihm zur Seite ein Reichsrath gesetzt, der seinen Willen beschränkte.

Nach dem Absterben mehrerer Fürstengeschlechter wähl=ten die Stände 1443 den Grafen von Oldenburg, Christian I., den Stammvater der jetzigen Regenten, zum Könige, be=schränkten ihn aber durch seine Capitulation, so daß er nur noch das Haupt des Reichsraths blieb; eine noch härtere Capitulation mußte sein Sohn, König Johann, beschwören, auch erfuhr seine Macht gleichzeitig in Norwegen große Be=schränkungen. Christian II. suchte die erniedrigenden Fesseln abzuschütteln, verlor darüber aber nicht allein die dänische, sondern auch die schwedische und norwegische Krone. Zu sei=nem Nachfolger ward Friedrich I., Bruder seines Vaters, er=wählt, während dessen Regierung die Aristocratie immer übermächtiger wurde und die Leibeigenschaft gesetzlich machte. Zu den Leiden, die dem dänischen Volke durch die Verfassung und durch den Uebermuth einer selbstsüchtigen Aristocratie auferlegt waren, kamen noch die hinzu, welche die fortgesetz=ten Kriege über das Land brachten und die fast immer un=glücklich endeten.

Durch den Druck, welchen das unglückliche Land Jahr=
hunderte hindurch erfuhr, war der Muth, der die Dänen
sonst auszeichnete, ganz entwichen, und das Reich schien dem
Untergange nahe zu sein, als Friedrich III. 1660 in Copen=
hagen die Stände zur Abwehr der Noth zusammenberief.
Auf diesem Reichstage improvisirte sich eine merkwürdige
Umänderung der Verfassung, welche in der Geschichte ohne
Beispiel ist. In den übrigen europäischen Staaten hatten
die Fürsten bald mit List und bald mit Gewalt die An=
maßungen eines übermächtigen Adels unterdrückt, hier traten
die Bürger und Gemeinden zum ersten Male mit Erfolg
gegen die Herrschaft der Aristocratie auf, die Geistlichkeit ge=
sellte sich ihnen zu, und da der Adel in Nichts nachgeben
wollte, so proclamirten die übrigen Stände den König zum
Autocraten, hoben die ständische Verfassung gänzlich auf und
erklärten die Erblichkeit der Krone.

Friedrich III., der sich während dieser ganzen unblutigen
Revolution, die in einer Kirche ohne alle Vorbereitungen be=
gann und beendet wurde, passiv verhalten hatte, acceptirte
die ihm angebotene absolute Gewalt. Durch diesen frei=
willigen Act der Stände sind Dänemarks Könige die einzigen
legitimen Autocraten in Europa; inzwischen die Weisheit des
jetzigen Monarchen und die als Herzog von Holstein durch
die Congreß=Acte eingegangenen Verpflichtungen werden ihn
bestimmen, in der begonnenen Entwickelung der ständischen
Repräsentation so weit zu gehen, als das Bedürfniß seines
Volks es fordert und als es nöthig ist, Reactionen auszu=
weichen, die nur zu leicht der Monarchie Gefahr bringen.

Schweden und Norwegen.

Beide jetzt vereinigte Königreiche haben eine freie, aber sehr von einander abweichende Verfassung. Die schwedische spaltet noch die Stände in Curien, die, von einander getrennt, sich jede besonders berathen. Die norwegische kennt keine Stände und hat eine reine Repräsentativ-Verfassung, in welcher dem Könige weit geringere Befugnisse zustehen, als selbst in den neueren Repräsentativ-Verfassungen. Die isolirte Lage beider Königreiche scheint, wie die von England, auf die Entwickelung und Geltendmachung der ständischen Freiheiten wesentlich eingewirkt zu haben, und wie gefährlich es war, diese zu schmälern, davon finden sich in der schwedischen Geschichte mehrere Beispiele; wir brauchen nur an Gustav III. zu erinnern, um dem Leser diese in Erinnerung zu bringen.

Gleich Frankreich hat Norwegen keinen Repräsentativ-Adel; in Frankreich hat die Revolution diesen vernichtet, in Norwegen ist er freiwillig zurückgetreten. Inzwischen ist dennoch in Norwegen die Grundaristocratie sehr einflußreich. Der Absolutismus hat nie, weder in dem einen noch anderen Reiche, eine mehr als momentane Wurzel gefaßt, weshalb wir bei dem Gesichtspunkt, den wir hier verfolgen, auch keine Veranlassung haben, in weitere Details einzugehen.

Deutschland.

Von allen großen europäischen Völkerschaften, selbst England, Schweden und Norwegen nicht ausgenommen, hat keine von den ältesten Zeiten her eine so freie und so zeitig

ausgebildete Verfassung gehabt, wie Deutschland, wenn sie
auch oft durch die Unbändigkeit der Großen unterbrochen
worden ist.

Die Souverainität lag von Conrad I., dem zum König
von Deutschland erwählten Herzog von Franken, ab im
deutschen Volk repräsentirt durch die Wahlfürsten. Den
deutschen Königen und Kaisern war zwar auf Lebenszeit die
Ausübung der Souverainität übertragen, sie fiel aber nach
ihrem Tode an das deutsche Volk zurück, und war durch
die Reichsstände beschränkt. Schon Conrad II. ordnete die
Lehns-Verfassung, und schon unter Friedrich I. und II. bildete
sich die deutsche Verfassung mehr aus. Während Friedrichs II.
Regierung wurde von den reichsfreien Städten der Bund
der Hanse zum Schutze gegen die Raubsucht der Fürsten
und des Adels geschlossen. Friedrich II. sanctionirte die Landeshoheit der Stände in ihren Besitzungen, und setzte zuerst
während seiner häufigen und langen Entfernungen einen
Hofrichter ein, der ihre Streitigkeiten schlichtete. Die nach
und nach ausgebildete reichsständische Rathsversammlung
wurde von den Fürsten in ihren Erbländern nachgeahmt, indem sie zur Berathung aller wichtigen Angelegenheiten des
Landes die Syndici der Städte, die Vorsteher der Klöster
und den Adel beriefen.

Im Jahre 1338 schlossen sechs Churfürsten des Reichs,
Böhmen ausgenommen, einen Churverein, als Gegengewicht
wider die Einmischung der Päpste in die Königswahl. 1356
ward die goldene Bulle ertheilt, durch welche das ausschließ-
liche Wahlrecht den sieben Churfürsten: Mainz, Trier, Cöln,

Böhmen, Pfalz, Sachsen und Brandenburg zugetheilt wurde, zugleich ward diesen das Jus de non appellando bewilligt.

Kaiser Maximilian I. hatte das Verdienst, der bestehenden Verfassung mehr Nachdruck zu verschaffen und dem Faustrecht ein Ende zu machen. Von ihm ward ein Kammergericht organisirt und ein Reichs-Regiment (Reichs-Hof-Rath) constituirt; auch legte er sich den Titel „erwählter" römischer Kaiser bei. Seinem Nachfolger Carl V. wurde eine Wahlcapitulation überreicht, die er zwar beschwören mußte, aber nicht hielt, so wie überhaupt von den ältesten Zeiten her sich die Mächtigen der Gesetze zu überheben gewohnt waren.

Durch den westphälischen Frieden wurde die Macht der Fürsten vermehrt und die Reichsverfassung gelockert; durch ihn ward die Hanse auf Hamburg, Bremen und Lübeck beschränkt, die Beibehaltung eines stehenden Heeres genehmigt und ein Besteuerungs-System eingeführt.

Mehr als andere, trug die wachsende Macht Preußens zur Schwächung des Reichsverbandes bei, welches unter der Regierung Friedrichs II. nicht nur österreichische Provinzen eroberte, sondern aus einem 7jährigen Kriege gegen Kaiser und Reich, Rußland, Frankreich und Schweden glorreich hervorging. Die Uneinigkeit der Reichsfürsten auf der einen Seite und der Mangel ächten deutschen Nationalgefühls auf der andern Seite erleichterten es Frankreich, Deutschland zu erobern und die Mehrzahl der deutschen Fürsten zu Vasallen eines Napoleons zu stempeln.

In dem Kriege gegen Oesterreich 1805, welchen der Preßburger Frieden endigte, kämpften Baiern, Würtemberg und Baden unter den Fahnen Frankreichs. 1806 sagten sich sechszehn deutsche Fürsten vom Reichsverbande los, und errichteten unter dem Protectorate Frankreichs einen Verein, den Rheinbund genannt. Den 6. August erfolgte die Abdicationsacte des Kaisers Franz, durch welche er den Reichsverband für aufgelöst erklärte, die Regierung niederlegte und auf den deutschen Kaiserthron verzichtete. Noch kein Jahr war verflossen, als Napoleon und die Fürsten des Rheinbundes die letzte bis dahin unbesiegte deutsche Macht, Preußen, angriffen und schlugen, und das ganze Land besetzten. Nach dem unglücklichen Frieden von Tilsit verfügte Napoleon über Deutschland nach Willkühr und behielt für sich und seine Brüder, was ihm gefiel. Jetzt traten noch eilf Fürsten dem Rheinbunde bei und der Kaiser Napoleon ertheilte ihnen ebenfalls die Souverainität über ihre Unterthanen, von welcher Verleihung die beiden Herzöge von Meklenburg allein keinen Gebrauch machten, sondern die alte freie ständische Verfassung ihres Landes fortbestehen ließen, und sich dadurch ein ehrendes Denkmal in der Geschichte deutscher Fürsten gesetzt haben.

Daß die auf solche Weise den Fürsten des Rheinbundes übertragene absolute Gewalt sich auf göttliches Recht stützt, wird wohl Niemand behaupten wollen, auch haben die meisten deutschen Fürsten dies gefühlt, und nachdem die französische Zwingherrschaft gebrochen und der deutsche Bund errichtet worden war, nicht unterlassen, ihren Ständen gewisse Rechte einzuräumen, jedoch mit Ausnahme von Oldenburg und der Deſſau-Anhaltiſchen Häuſer, wo dies bis jetzt nicht geſchehen iſt. Außer dieſen beiden haben auch Preußen und Oeſtreich Anſtand genommen, ihren Völkern Rechte einzuräu= men, welche ihre abſolute Gewalt beſchränken. Da beide Monarchen aber, außer ihren Bundesländern auch noch meh= rere Völker beherrſchen, und da beide einen ſo bedeutenden Einfluß auf die politiſche Geſtaltung Europa's haben, ſo werden wir ihnen beſondere Abſchnitte widmen müſſen.

Preußen.

Bis hierher haben wir die Geſchichte der Verfaſſung aller derjenigen großen, mittleren und kleinen Reiche beſprochen, in welchen, Dänemark ausgenommen, keine Willführherr= ſchaft mehr beſteht und die Rechte der Regierer und der Regierten durch eine Verfaſſung geſetzlich beſtimmt worden ſind, die mithin in der großen politiſchen Controverſe, welche Europa bewegt, die Criſis mehr oder weniger überſtanden haben, wenn auch die neue Ordnung in einigen noch nicht auf feſtem Boden ruht. Jetzt wenden wir uns zu denjeni= gen Reichen, in denen nach dem Gange der Entwickelung, den die ſocialen Verhältniſſe genommen haben, eine Um= wandlung in näherer oder weiterer Ferne bevorſteht.

Was Preußen betrifft, ſo läßt die Geſchichte dieſes Reichs keinen Zweifel darüber zu, daß ſowohl in den zum Bunde gehörenden Theile der Monarchie, als auch im Kö= nigreich Preußen und dem Großherzogthum Poſen von den älteſten Zeiten her eine freie ſtändiſche Verfaſſung beſtanden hat, und geſchichtlich ſteht es feſt, wie ſie dieſe durch die

Eingriffe früherer Regenten verloren haben, weshalb wir
uns entheben können, auf so bekannte Thatsachen umständ=
lich zurückzugehen und nur einen Fall herausheben wollen:
„Den preußischen Ständen stand früher das Steuerbewilli=
gungsrecht zu; als nun König Friedrich Wilhelm l. ohne
die Stände zu fragen, dort den Hufenschoß einführte, prote=
stirte der Landmarschall der preußischen Stände dagegen
und bediente sich der Worte „tout le pays sera ruiné!“
Friedrich Wilhelm schrieb am Rande dieser, in französischer
Sprache verfaßten, Eingabe: „tout le pays sera ruiné?
nihil credo; aber das credo, daß die Junkers ihre Autori=
tät, nie po volam (das liberum veto) wird ruinirt werden.
Ich aber stabilire die Souverainität wie ein Rocher von
Bronce!“

Inzwischen hat das preußische Volk keinen Grund sich
deshalb zu beschweren, indem es unstreitig seine politische
Größe, seine Selbstständigkeit und selbst zum großen Theil
seine innere Wohlfahrt der zeitweilen unumschränkten Regie=
rung dankt, da es vom Geschick begünstigt, von so vielen
großen und väterlich gesinnten Königen beherrscht worden
ist, wodurch allein eine so bedeutende Erweiterung seines
Gebiets und eine so rasche Entwickelung nach allen Seiten
hin herbeigeführt werden konnte, wie sie wirklich besteht.

Der große Churfürst war es, der zuerst die Landes=
hoheit begründete; Friedrich der l. folgte ihm; die Beschrän=
kung der Rechte der ostpreußischen Stände und die absolute
Gewalt, die dadurch in die Hände des Monarchen gekom=
men war, machte es diesem möglich, durch die ganze Cen=

tralisirung seiner Kraft in einer Zeit wie die war, in der er regierte, eine so bedeutende Macht zu gründen.

Allein die großen Volksbewegungen, welche zuerst in Frankreich losbrachen, entwickelten Kräfte, welchen, wie die Revolutionskriege beweisen, die isolirten Regierungen nicht zu widerstehen vermochten. Nachdem nun die preußische Monarchie trotz seines mit Lorbeeren gekrönten Heeres und einer geordneten Verwaltung den Waffen Napoleons unterlag, erkannte Friedrich Wilhelm III., daß er nur durch eine Volksbewegung das fremde Joch abzuschütteln und seine Stellung in Europa wieder zu gewinnen vermochte. Der Erfolg hat glänzend die Richtigkeit seiner Ansicht bestätigt. Wo die Regierung sich aber einmal veranlaßt gefunden hat, in den Zeiten der Gefahr an das Volk zu appelliren, da wird es bedenklich dieses in den Zeiten des Friedens zu vergessen. Davon überzeugte sich auch Friedrich Wilhelm III., als er seinem Volke eine allgemeine ständische Repräsentation verhieß; davon scheint der jetzige Monarch Preußens durchdrungen, und daher richteten sich auch die ersten Schritte seiner Regierung auf eine weitere Ausbildung der Verfassung und innigere Verbindung mit seinem Volke. Inzwischen ist seitdem ein Stillstand eingetreten, und von gewissen Seiten her hat man gegen eine Erweiterung der Befugnisse der Stände Bedenken erhoben, deren Beseitigung von der höchsten Wichtigkeit ist, da vielleicht die Sicherung der monarchischen Form in Preußen, die politische Stellung dieses Reichs in Europa und die Wohlfahrt des Landes davon abhängig wird. Dies angedeutete Bedenken besteht darin, daß wenn der König seinem Volke eine Verfassung ertheile, hierin eine Beschränkung seiner absoluten Machtvollkommenheit liege, die ihm doch als göttliches Recht zustehe.

Schon vorhin haben wir nachgewiesen, daß die Autocratie überhaupt kein Recht, am wenigsten ein von Gott hergeleitetes sein könne, sondern nur einzig und allein auf der Macht des Stärkeren beruhe. Wir haben ferner geschichtlich nachgewiesen, welche Gefahr die Willführherrschaft den Fürsten und Völkern gebracht hat, wie viel Heil und Segen im Gegensatz aus freien Verfassungen den Völkern erwachsen sind und welche höhere Macht und welcher Glanz die Beherrscher freier Völker umstrahlt. Doch wir brechen hier ab und werden im Verlaufe unserer Betrachtungen zeigen, welchen wichtigen Einfluß der Gang der Entwickelung der preußischen Verfassung nicht allein auf die Monarchie selbst, sondern auf die künftigen politischen Zustände von Deutschland und von ganz Europa haben kann.

Oestreich.

Die ältere Verfassung der verschiedenen Provinzen, welche das jetzige Kaiserreich Oestreich bilden, war wie in allen übrigen Theilen Europa's eine mehr oder minder freie ständische. Schon bestanden, wie es noch Urkunden darüber giebt, im Jahre 1096 Landstände in Oestreich. Böhmen, welches früher eine so freie Verfassung besaß, ja sich seine eigenen Könige wählte, ward von Carl V. nach dem Siege bei Mühlberg für ein unumschränktes Erbreich erklärt. Von diesem Zeitpunkte, traurigen Andenkens in der Geschichte

Böhmens, ab erblicken wir das sonst so kernhafte Volk, wel=
ches durch geistige und materielle Entwickelung dem übrigen
Deutschland vorleuchtete, in Unterthänigkeit schmachten und
sich nur noch groß im Dulden beweisen. Ungarn war, wie
Böhmen, ein Wahlkönigreich und kam durch die Wahl der
Magnaten 1526 an das Haus Oestreich; die Krönung er=
folgte den 26. November 1526. Westgalizien hatte als ein
Theil von Polen, ebenfalls früher eine sehr freie Verfassung
und die italienischen Staaten bildeten in der Vorzeit Repu=
bliken mit aristocratischen und democratischen Grund=Ele=
menten.

Jetzt ist die Verfassung Oestreichs die einer absolut=
monarchischen, jedoch mit Ausnahme von Ungarn, Sieben=
bürgen und dem Littorale, wo die Stände bedeutende Vor=
rechte besitzen, aber bis jetzt an einer so ganz mittelalterlichen
Verfassung festgehalten haben, daß durch diese die materielle
und geistige Entwickelung des Landes weit zurückbleibt. In
den zum deutschen Bunde gehörenden Theilen der Monarchie
bestehen noch dem Namen nach Stände, allein sie sind völlig
bedeutungslos geworden, und nichts ist geschehen, die Ver=
pflichtungen, die die deutsche Bundesakte in dieser Hinsicht
Oestreich mit auferlegte, zu erfüllen. Galizien und die ita=
lienischen Provinzen werden als eroberte Länder behandelt,
und ein gleiches Schicksal hat Mähren, (welches sich früher
einer so freien ständischen Verfassung erfreute,) bereits seit
dem westphälischen Friedensschluß erfahren.

Unverkennbar ist es, welcher bedenkliche Zustand für die
Monarchie daraus erwachsen muß, daß Oestreich zwischen

Ungarn, welches die allerfreiste Verfassung hat, und dem Westen von Europa eingeengt ist, welches rasch in seiner geistigen und staatlichen Entwickelung vorschreitet, ein politisches System verfolgt, das unhaltbar ist. Inzwischen bei der hohen politischen Bedeutung Oestreichs wollen wir uns jede weitere Beleuchtung bis dahin ersparen, wo wir dem Leser eine vollständigere Uebersicht der östreichischen innern Zustände gegeben haben werden, und uns hier mit der Bemerkung begnügen, daß in den meisten Provinzen Oestreichs der Absolutismus sich auf militärische Eroberungen stützt.

Italien.

Dies von der Natur durch Boden und Klima bevorzugte schöne Land, diese frühere Beherrscherin eines großen Theils der drei alten Welttheile, welches, nachdem es die weltliche Macht verloren, sich durch die römischen Bischöfe nicht allein die geistliche Gewalt anmaßte, sondern Kaiser und Könige ein- und absetzte, ist durch den Absolutismus tief gesunken. Italien, noch im Mittelalter mit mächtigen kleinen Republiken bedeckt, welche das Mittelmeer beherrschten, war der Sitz des damaligen Welthandels, der schönen Künste und Wissenschaften und ist jetzt ein Land geworden, dessen Bewohner unter dem Absolutismus größtentheils so tief gesunken sind, daß die Bevölkerung in manchen Theilen von Italien in moralischer und geistiger Beziehung und in Hinsicht auf Thatkraft jetzt die unterste Stufe in Europa einnimmt. Ja wie tief Italien mit seiner, gegen 20 Millionen Seelen starken Bevölkerung gesunken ist, beweiset der Umstand, daß während

der französischen Revolution und bis zum Sturze des Kaiserreichs Italiens verschiedene Regierungen in 25 Jahren funfzehn Veränderungen geduldig ertragen haben. Am tiefsten
ist die Bevölkerung in den Königreichen beider Sicilien, welche
6,600,000 Einwohner enthalten, und im Kirchenstaat mit
$2\frac{1}{2}$ Million Einwohnern unter dem Druck des Absolutismus
gesunken.

Das kleine Toscana und zum Theil die Lombardei zeichnen sich bis jetzt in jeder Beziehung gegen Unteritalien aus.
Auch der Theil von Oberitalien, der zum Königreich Sardinien gehört, und namentlich Piemont, wird wenigstens noch
von einem tapfern Volke bewohnt, und wenn sein Regent
minder unter dem blinden Einflusse der Pfaffen stände, wenn
der König von Sardinien seinen eigenen natürlichen Ein-
gebungen folgte, die untere Volksklasse durch Schulen und
vor Allem durch Ackerbau-Schulen um einige Stufen höher
zu stellen, so könnte von hieraus dereinst für Italien eine
bessere Zeit erstehen. Italien ist fast als ein verlornes Land
zu betrachten, als ein Glied des europäischen Staatskörpers,
an welchem der Krebs der Autocratie so überhand genommen
hat, daß der Körper selbst nicht mehr die Kraft besitzt, ihn
auszustoßen.

Den Bekennern der Lehre vom göttlichen Recht empfehlen wir, auf die Früchte zu sehen, die der Baum getragen
hat, denn es steht in der heiligen Schrift: an den Früchten
sollt ihr den Baum erkennen, denn ein guter Baum trägt
keine faulen Früchte, und ein fauler Baum keine guten Früchte.
Das brittische Reich mit seiner freien Verfassung und das

Königreich) beider Sicilien mit seinem Absolutismus gewähren, mit Bezug auf die Früchte, welche der Verfassungsbaum getragen hat, eine passende Gelegenheit zur Vergleichung. Ersteres ist an Fläche etwas größer als letzteres, dies wird aber durch die größere natürliche Fruchtbarkeit des Bodens und die Milde des Klima's vollkommen ausgeglichen. Neapel und Sicilien waren zu einer Zeit bevölkert, wo England noch entvölkert war; Künste und Wissenschaften blühten in jenem, als dieses noch von rohen, unwissenden Horden bewohnt ward; Sicilien war die Kornkammer Roms, als England noch kaum einen Begriff vom Ackerbau hatte; jetzt stehen beide auf den umgekehrten Polen. England vielleicht das mächtigste Reich auf Erden und zugleich das reichste, von dem kernhaftesten Volke bewohnt; die beiden Königreiche Sicilien ohnmächtig und arm, der fruchtbare Boden unbebaut, die Bevölkerung verderbt, faul, dumm und feige. Was hat diese Veränderung hervorgebracht? — der doppelte Absolutismus, der der Kirche und des Staats.

Griechenland.

Die Täuschungen, welchen man sich in Beziehung auf Griechenland hingegeben hat, sind verschwunden; dieser geglaubte Ichneumon der Türkei, bei dessen Geburt drei Großmächte die Gevatterschaft übernommen haben, ist eine neue Auflage des bekannten Verses von dem Berge und der Maus geworden. Der Geist der alten Athenienser und Spartaner lebt zwar noch in der Erinnerung, aber nicht in Neugriechenland. Die aus dem türkischen Druck und dem

Zustande der Anarchie, die in diesem Reiche herrschte, hervorgegangenen griechischen Rotten = Anführer, welche das Land beherrschen, sind ganz geeignet, den gutmüthigen König Otto zu verjagen, schützten ihn Rußland, Frankreich und England nicht, aber keinesweges den halben Mond vom europäischen Boden zu vertreiben.

Doch wir haben keine Veranlassung, über diesen, aus der Politik der Großmächte hervorgegangenen Embrio viele Worte zu verlieren, da wir trotz der Autorität eines Guizot, Peel und Nesselrode Griechenland für politisch höchst unwichtig halten und in diesem nur eine von den Puppen erblicken, mit welcher die heutige Diplomatie sich die Zeit vertreibt.

Die Türkei.

Ob, und welche Verfassung dieses Reich habe, scheint höchst gleichgültig zu sein. Die Türken betrachten wir als Fremde, die vollkommen reif sind, von Europa Abschied zu nehmen, und die schon längst abgereist sein würden, wenn sich die großen Mächte darüber einigen könnten, wer ihre Pässe visiren sollte. Wir werden aber weiterhin, bei Beleuchtung der künftigen politischen Entwickelung Europa's uns um so umständlicher über den halben Mond zu verbreiten Gelegenheit finden.

Rußland.

Wir wenden unsern Blick zuletzt auf die Verfassung Rußlands, dieses Reichs, dessen rechter Arm Deutschland, dessen linker die amerikanischen Freistaaten berührt, dessen

rechter Fuß auf dem Nacken der Türken, der linke auf dem
der Perser ruht, und dessen kaltes Haupt nur noch die Eis-
bären über sich geduldet hat. Rußland, dieser Riese des
Nordens, der zugleich in Europa und Indien mehr gefürchtet
wird, als er beiden gefährlich ist, gewährt uns das Bild
der vollendetsten Autocratie. In dem Selbstherrscher Rußlands besteht die vollkommenste Uebereinstimmung des Namens
und der That, ja was am allermerkwürdigsten erscheint, die
Autocratie beherrscht den Autocraten selbst, so daß er sich
nicht von ihr lossagen kann, auch wenn er es wollte. Jedenfalls würde ein zweiter Peter der Große, unterstützt von
einem zweiten Richelieu, dazu gehören, sich von der Last frei
zu machen, ein Autocrat zu sein.

Wenn wir auf den Ursprung und Wachsthum Rußlands
zurückgehen und auf die Verfassung seiner verschiedenen
Theile, so bestand in dem alten Kern Rußlands eine Regierung, welche durch den Einfluß der Bojaren bedeutend beschränkt wurde. Schon der Großfürst Jaroslaff, welcher von
1016 bis 1045 regierte, suchte in der Ausbildung der Städte
sich ein Gegengewicht gegen das Uebergewicht der Großen zu
schaffen, daher gründete er mehrere derselben, ertheilte den
Bürgern von Nowogrod ein Stadtrecht und verlieh ihnen
bedeutende Privilegien.

Im Jahr 1114 ward Wladimir II. von den Bojaren
zum Großfürsten erwählt und von dem byzantinischen Kaiser
Alexius Comnenus als Czar anerkannt. Unter Iwan I.,
welcher die Einheit und Untheilbarkeit des Reichs zum Lan-
desgesetz erhob, und unter seinem Sohne Wasily wurde der

Einfluß der Großen weiter beschränkt. Erst der Czar Nikitzi, aus dem Hause Romanow, ward 1613 von den Russen mit erblicher und unumschränkter Gewalt erwählt. Feodor III. vernichtete die Ansprüche des Adels auf den erblichen Besitz hoher Stellen und ließ die Geschlechtsregister derselben verbrennen, (wahrlich, eine ächt russische Procedur). Sein Halbbruder, Peter I., gewöhnlich der Große genannt, zeichnete noch in den ersten Jahren seiner Regierung seine Ukase mit dem Zusatz: „nachdem Wir den Rath der Bojaren vernommen." In derselben Zeit seiner Regierung wurden noch von Seiten der Bojaren mehrere Pläne gemacht, durch Empörung der Autocratie entgegen zu treten; allein diese und die der Strelitzen wurden stets so blutig unterdrückt, daß die Selbstherrschaft sich eben dadurch immer weiter befestigte. Dies hinderte Peter jedoch nicht, seinen eigenen erstgebornen Sohn Alexei durch die Stände zum Tode verurtheilen zu lassen. Aber nicht allein die unumschränkte weltliche, sondern auch die geistliche Macht hat Peter usurpirt, und sich zum Haupt der griechischen Kirche, in Rußland zum Erdengott selbst erhoben. Allein selbst dieser Heiligenschein, mit welchem man das Haupt der Kaiser umgiebt, schützt diese nicht vor Meuchelmord. Die Geschichte der alten und neueren Zeit, die der römischen und byzantinischen Kaiser, der türkischen Sultane und der russischen Selbstherrscher belehrt uns darüber, daß, wo die Willkühr von oben herrscht, auch der Meuchelmord eine Gegenwaffe wird und oft den besten der Fürsten mit dem schuldigen trifft. Es belehrt uns ferner darüber, daß eine Autocratie sich immer nur auf eine Leibwache stützen könne, sowie daß eine solche dem Throne jeden Augenblick den Umsturz droht.

In dem Vorhergehenden haben wir nun nachgewiesen, daß selbst in den alten Stamm-Provinzen des russischen Reichs früher eine Einwirkung der Stände bestand und wie sich unter Peter dem Großen die Autocratie und Hierarchie in Rußland gleichzeitig ausgebildet hat, und wie beide, von dem Gesichtspunkte des Rechts betrachtet, nur eine Usurpation sind. Wenn wir uns nun vollends den Eroberungen Rußlands in Europa zuwenden, so erfreuten sich sowohl Polen, als Curland, Liefland und Finnland früher einer sehr freien ständischen Verfassung, während sie jetzt als eroberte Provinzen behandelt werden.

———————

Nachdem wir uns bemüht haben, durch diese gedrängte geschichtliche Darlegung der früheren Verfassungen der bedeutendsten europäischen Reiche nachzuweisen, daß die Autocratie, wo sie in Europa besteht, größtentheils nothwendig war, um dem mangelhaften Zustande der früheren ständischen Verfassung abzuhelfen, und der noch viel unerträglicheren Willkührherrschaft der Einzelnen Gränzen zu ziehen, so wird es keinem Beobachter der allmählichen Entwickelung der Civilisation entgehen können, daß der Zeitabschnitt der unumschränkten Fürstenherrschaft einen nothwendigen Uebergangspunkt aus der älteren Zeit in die neuere gebildet hat, und wie viel die meisten europäischen Völker diesem zu verdanken ha-

ben. Die ganz alte Verfassung beschränkte zwar die Macht
der Fürsten, aber desto nachtheiliger wirkte die Uebermacht
der Vasallen durch die Unterdrückung der übrigen Volksklassen auf jede allgemeine Entwickelung.

Statt der nachfolgenden Willführherrschaft der Fürsten,
also eines Einzigen, wurde diese damals von Tausenden geübt, und so lange die Uebermacht des Adels nicht gebrochen,
das Faustrecht nicht abgeschafft war, konnte unmöglich eine
geordnete Staatsverwaltung eintreten. Ein nothwendiger und
entschiedener Schritt zur weiteren staatlichen Entwickelung
war es mithin, wenn die Fürsten die Macht der Großen
einschränkten und diese nöthigten, sich den Gesetzen zu unterwerfen.

Von jetzt ab ward es möglich, eine geregelte Verwaltung
einzuführen, den Rechtszustand der verschiedenen Volksklassen
zu sichern, den Handel und die Gewerbe zu beleben, den
Staatshaushalt zu ordnen und der geistigen Ausbildung mehr
Aufmerksamkeit zuzuwenden. Besonders erwies sich die Centralisation der Regierungsgewalt da am segensreichsten, wo
der Herrscher einen weisen Gebrauch seiner Befugnisse machte
und das Reich nicht zu groß, die Verhältnisse nicht zu verwickelt waren, um mit eigenen Augen die Bedürfnisse des
Volks übersehen zu können. Manche Beispiele letzterer Art
haben zu der Ansicht geführt, daß es keine für die Völker
glücklichere Verfassung geben könne, als die rein monarchische;
dies hat viel für sich, wenn nur eine Bürgschaft vorhanden
wäre, daß immer edel denkende, mit den höheren Herrscher-
gaben ausgestattete Fürsten das Regiment führten; allein

eine solche kann es nicht geben, und da der Mißbrauch der
unumschränkten Gewalt, gleichviel, ob vom Herrscher oder
von seinen Dienern ausgehend, und der Mangel an Einsicht
zu großes Verderben über die Völker bringt, so handelt es
sich um die wichtige Frage: „sollte nicht eine Verfassungsform
aufzufinden sein, welche die Vorzüge der monarchischen Regie=
rung bewahrte und doch einen Schutz gegen Willkühr ge=
währte?“ — Die Lösung dieser Frage scheint practisch noch
nicht gefunden zu sein; wenn aber ein Staat dazu berufen
ist, sie zu versuchen, so ist es der preußische.

Sowie sich früher der Strom der Völker von Osten nach
Westen unaufhaltsam fortbewegte, so jetzt der der Ideen von
Westen nach Osten mit gleich unwiderstehlicher Kraft; Preu=
ßen ist von den drei absoluten Großmächten diejenige, die
von ihm bereits ergriffen ist, und Preußen befindet sich in
jeder Beziehung vorbereitet, ihn aufzunehmen, und der Glücks=
stern Preußens wolle es so lenken, daß es auch in der Ord=
nung der Verfassung, wie in vielen anderen Punkten, ein
Vorbild werde. Schwieriger wird es für Oestreich sein, auf
den Absolutismus zu verzichten; noch träumen seine Staats=
männer sich durch ein Abschließungs=System dem Drange der
Zeit entziehen zu können, allein seine politische Stellung gegen
Rußland, sein Verhältniß zu Italien und selbst zu Deutsch=
land, würde es dazu zwingen, wenn nicht die inneren un=
haltbaren Zustände es thun sollten.

Kein Gegenstand von allen denen, die wir zu berühren
haben, ist für den größeren Theil von Europa so wichtig,
als der:

„ob Preußens und Oestreichs Beherrscher auf dem Wege
einer weisen, den Geist der Zeit erfassenden Reform
dem Bedürfniß der, ihrem Scepter unterworfenen
Völker entsprechenden Verfassung ertheilen werden,
oder nicht."

Oestreich und Preußen mit Deutschland sind durch ihre
geographische Lage, durch ihre kernhafte Bevölkerung und
durch die geistigen und materiellen Mittel, die ihnen zu Gebote stehen, als die Beschützer des europäischen Friedens zu
betrachten und vollkommen im Stande, durch eigene Kraft
sich dem Andrange des Ostens und der etwanigen Eroberungs-
lust Frankreichs entgegen zu stellen, wenn ihre Beherrscher
sich mit ihren Völkern auf das Innigste zu verbinden verstehen, und wenn Oestreich bessere Verwaltungs-Maximen annimmt, als die jetzigen sind. Wenn aber beide beschließen
wollten, sich dem unaufhaltbaren Strome der Zeit entgegen
zu stellen, wenn sie unbeachtet lassen sollten, daß in der Entwickelung vorgeschrittene Völker nicht ohne Hülfe von ständischen Institutionen zu regieren sind, so liegt es außer aller
Berechnung, wohin das führen könnte, und die Ruhe in
Europa erscheint nicht eher gesichert, bis diese beiden Mächte
die Zeit, die wahren Interessen ihrer Häuser und die der
ihrem Scepter unterworfenen Völker vollkommen begriffen
und vollständig geordnet haben werden.

Doch wir brechen hier den bisher verfolgten Ideengang
ab, um ihn demnächst weiter fortzusetzen, nachdem wir uns
mit dem gegenwärtigen innern und äußern Stande der Verhältnisse der einzelnen großen Staaten näher bekannt gemacht,

welches nöthig ist, um beurtheilen zu können, ob und wie weit sie in der socialen Entwickelung vorgeschritten sind, welches das Maaß ihrer physischen und moralischen Kräfte sei, und welche Besorgnisse sie Europa einflößen, oder welche Hoffnungen auf sie zu bauen sein möchten.

Rußland.

Dieses Reich, welches ein halb europäisches, halb asiatisches in mehrfacher Beziehung genannt werden kann, hat eine solche Bedeutung in der europäischen Politik bekommen, daß wir mit dieser Macht beginnen werden, die dem übrigen civilisirten Europa, und mit Recht, Besorgnisse einflößt, da sie bei einer eroberungssüchtigen Tendenz die Fortschritte einer richtig verstandenen Civilisation unbeachtet läßt, ja dieser feindlich entgegen tritt und dabei stets mit der feinsten Diplomatie und größten Consequenz ihre Pläne verfolgt.

Wenn es eines Beweises bedürfte, wie kurzsichtig die europäische Politik mit Beziehung auf Rußland gewesen sei, so würde man ihn darin finden können, daß es dieser Macht gestattet worden sei, nicht allein seine Eroberungen bis an die Gränzen Deutschlands und nicht allzufern der Hauptstadt Preußens auszudehnen, sondern dem Wiener Tractat entgegen die polnische Verfassung wieder umzustoßen, die Polen dem russischen Reiche einzuverleiben. Oestreich und Preußen, welche zunächst dadurch bedroht werden, sind diejenigen Mächte, besonders letzteres, welche sich den Plänen Rußlands früher stets günstig gezeigt haben.

Rußland war es, welches, durch Familienbande enger mit der preußischen Dynastie vereinigt, Preußen in dem Kriege mit Frankreich am entschiedensten unterstützte; dies und die Eifersucht der übrigen Mächte, selbst Oestreich nicht ausgenommen, dessen Eifersucht gegen Preußen einschläft, zwangen den König von Preußen, sich seinem einzigen Freunde Alexander anzuschließen; eine gegenseitige Unterstützung war die natürliche Folge davon. Inzwischen bestanden preußischer Seits noch andere wichtige politische Gründe, das von Rußland wiedereroberte, früher von Preußen in Besitz gehabte Großherzogthum Warschau dieser Macht zu überlassen. Während des preußischen Besitzes des Großherzogthums hatte man die Erfahrung gemacht, daß die polnische Nation, selbst durch die beste Behandlung, sich nicht mit der preußischen Regierung versöhnen ließ, und da die Polen große Sympathie für Frankreich haben, und diese Macht nie aufgehört hat, sich derselben zu ihren Zwecken zu bedienen, so fürchtete Preußen, die Polen stets als Feinde in seinem Rücken zu behalten, wenn es wieder in Krieg mit Frankreich gerathen sollte. In Rußlands Händen hörte die Sorge wenigstens für den Augenblick auf und schwächte überdem noch Rußlands Macht Preußen gegenüber.

So unendlich wie der Umfang des russischen Reichs erscheint, so liegt doch eben in diesem seine jetzige Schwäche. Nichtsdestoweniger bleibt gewiß, daß wenn es dem Schicksal entgeht, in sich zu zerfallen, und wenn Europa es Rußland wie bisher gestattet, seine fein ausgedachten Pläne weiter zu verfolgen, es nicht immer so schwach bleiben wird, und daher aller Grund vorhanden ist, gegen diesen Coloß, mit asiatischem Typus, auf der Hut zu sein.

Um die Gefahr zu kennen, welche zunächst Oestreich und zugleich Preußen und Deutschland droht, wenn Rußland sein jetziges inneres politisches System immer weiter ausbreitet, wenn es in seinen Bestrebungen fortfährt, die griechische Kirche mit ihren dummen Pfaffen, den weltlichen Kaiser als Papst an der Spitze, in dem weiten Umfange seines Reichs zur allgemeinen zu machen, und seine eroberungssüchtige Politik fortsetzt, und um die jetzigen Zustände Rußlands überhaupt richtig zu würdigen, müssen wir nothwendig auf die Geschichte dieses Reichs und auf Peter den Großen zurückgehen, den Schöpfer des Systems, aus welchem sich dieses Riesenreich entwickelt hat.

Unter allen Stiftern großer Reiche, von welchen die Geschichte uns das Andenken aufbewahrt hat, steht Peter der Große von Rußland mit in der obersten Reihe, und wenn seine Nachfolger seine Bahn verfolgt und sie da ergänzt hätten, wo es für ihn noch zu früh war anzufangen, wenn Rußland den Geist dieses großen Mannes richtig erfaßt und es begriffen, daß Peter Tyrann sein mußte, um sein Volk zur Aufklärung zu führen, daß letzteres aber der Zweck, ersteres nur unter den gegebenen Verhältnissen das Mittel war, so würde Rußland bereits in die Reihe der civilisirten Länder Europa's eingetreten, das russische Volk ein glückliches sein, Rußland innerlich so groß und mächtig dastehen, als es jetzt äußerlich erscheint und Europa weit weniger mißtrauisch), Rußland vielleicht schon als ein Glied der europäischen Volksstämme begrüßen.

Um Peter und seine kühnen, Rußlands Größe und die Wohlfahrt seines Volks bezweckenden Pläne ganz zu würdigen, muß man vor Allem nicht vergessen, in welchem Zustande sich das Reich und dessen Bevölkerung befand, als er das Regiment übernahm. Durch die Sorge seiner Mutter geistig ausgebildet und von ausgezeichneten Ausländern unterstützt, war es seine erste Sorge, nachdem er sich selbst auf den Thron gesetzt, und in dem Kampfe mit den Großen und den aufrührerischen Strelizen befestigt hatte, die Unabhängigkeit seines Reichs mächtigen Nachbaren gegenüber zu sichern.

Wie wenig Soldaten seine Russen damals waren, bevor er sie dazu ausgebildet, beweiset die Schlacht bei Narwa, (den 30. November 1700) wo Carl XII. mit 8000 Schweden das von Peter neu geschaffene Heer von 38000 Mann schlug; aber schon etwa ein Jahr später, den 1. Januar 1702, erfocht er einen Sieg über die Schweden und im Jahr 1709 gelang es ihm seinen furchtbaren Gegner Carl XII. unter den Mauern von Pultawa zu schlagen und sein Heer zu vernichten. Jedoch noch einmal stand er in großer Gefahr das ganze, von ihm geschaffene, Gebäude zusammenstürzen zu sehen, als ihm im Kriege gegen die Türken, von diesen eingeschlossen, kein anderer Ausgang blieb, als der Tod oder die Gefangenschaft. Inzwischen rettete ihn seine Gemahlin Catharina, indem sie, unterstützt von dem Feldmarschall Scheremetieff, mit dem Großvezier Friedensunterhandlungen anknüpfte, in Folge deren den 23. Juli 1711 der Huszhiner Frieden zu Stande kam, der Peter aus seiner Noth befreite.*) Von diesem Zeitpunkte an war das Reich äußerlich befestigt, denn da Peter Rußland war, so wäre mit ihm das Reich gefallen.

Wenn der Czar durch diese und viele andere Kriege und Eroberungen die Selbstständigkeit und äußere Macht und Größe des Reichs begründete, so erkannte er es doch nur zu gut, daß seine Hauptsorge dahin gerichtet sein müsse, sein rohes, wildes, auf einer niederen Stufe der Cultur stehendes Volk zu erheben, zu belehren und es mit den Segnungen der Civilisation bekannt zu machen. Von dieser Ueberzeugung ausgehend, und um sich mit Europa in näherer Berührung zu bringen beschloß er, seine Residenz an dem Ausflusse der Newa in den finnischen Meerbusen, zu verlegen, mithin nahe der Gränze seines gefährlichsten Nachbarn, Carls XII. Mit einer beispiellosen Geschwindigkeit und mit Mitteln, die nur einem Autocraten zu Gebote stehen, dessen rücksichtsloser Wille Alles durchzusetzen vermag, erhob sich Petersburg aus den Sümpfen der Newa und zu seinem Schutz die Festung Cronstadt.

---

*) Fälschlich ist behauptet worden, Catharina habe durch Bestechung den Großvezier zu diesem Abschluß bewogen. Der Hauptbeweggrund lag wohl in dem Hasse des Großveziers gegen Carl XII., der, als des Königs Abgeordneter, Graf Poniatowski, Vorstellung gegen den Friedens = Abschluß machte, ihn mit höhnender Stimme und türkischer Gleichgültigkeit fragte: „wer soll, wenn ich den Czar gefangen nehme, das Land der Moscowiten regieren?"

Gleich nach Antritt der Regierung Peters, zog dieser eine Menge Ausländer an sich, die er zur Ausführung seiner militairischen, administrativen, technischen und gewerblichen Zwecke brauchte; allein er selbst begab sich auch oft und längere Zeit zu seiner eigenen Belehrung nach Europa, um dort durch eigene Anschauung zu lernen und zugleich an Ort und Stelle die, für seine Zwecke geeignetsten Männer kennen zu lernen und in seine Dienste zu nehmen. Hierdurch allein ward es ihm möglich, so Großes zu schaffen, als es der Fall war; dabei verlor er es nicht aus den Augen, seine Russen selbst zu höherer Befähigung auszubilden. Ganz im Gegensatz mit den jetzigen Staats-Maximen Rußlands, wo das Reisen ins Ausland so sehr erschwert und die Erlaubniß dazu mit bedeutenden Geldabgaben belegt wird, machte er das Reisen seiner Russen in's Ausland zur Bedingung seiner Gunst, auch sandte er selbst eine Anzahl junger Edelleute nach Italien und Holland, um den Schiffbau, nach Deutschland, um die militairische Disciplin zu erlernen. Ganz in demselben Geiste sorgte er für Anlegung von Buchdruckereien, beförderte die Einbringung ausländischer Schriften, errichtete eine Akademie der Wissenschaften und legte in allen bedeutenden Städten Schulen an, mit einem Worte, er unterließ Nichts, was zur Beförderung der Aufklärung seines Volks und dahin führte, sie für Civilisation empfänglich und für technische Gewerbe geschickter zu machen.

Ja selbst die fast ununterbrochenen Kriege, welche Peter führte, hinderten ihn dennoch nicht, seine Aufmerksamkeit

auch auf die innere Verwaltung zu richten. Um den ewi=
gen Bedrückungen der unteren Volksklassen durch die Beam=
ten ein Ende zu machen, ernannte er eine Commission, um
diese zu richten, und hielt ohne Unterschied des Ranges ein
schreckenerregendes Strafgericht über die Schuldigen. Scharfe
Verordnungen gegen künftige Bedrückungen wurden erlassen,
und wie er die Nichtachtung derselben strafte, beweiset, daß
er unter Anderem selbst den Gouverneur von Archangel,
Fürst Wolkonski, deshalb erschießen ließ. Mit gleicher
Strenge verfuhr Peter gegen die Großen, die sein Volk
drückten und selbst seine Lieblinge fühlten seine Strenge.
Einer von diesen, der Kanzler Schafstirow, wurde zum Tode
verurtheilt, die Strafe jedoch in Verbannung verwandelt,
ja selbst Menzikof wurde an Geld und durch allergnädigste
Stockprügel, von der Hand Peters selbst, bestraft. Durch
Regierungs=Collegien und Gesetz=Commissionen suchte er ei=
nen Rechtszustand vorzubereiten und zu begründen, auch
wurden Commerz=Collegien errichtet, und der Handel un=
gemein befördert, dessen Werth er vollkommen erkannte.

Den kirchlichen Angelegenheiten widmete Peter zwar
ebenfalls einige Aufmerksamkeit; inzwischen scheint sein, sonst
so scharfer Geist hier die Gränze seiner Tiefe erreicht zu
haben, indem er es übersah, daß eine geistige und mate=
rielle Entwickelung, ohne gleichzeitige innere religiöse Aus=
bildung dahin führe, daß die Menschen, welche sie erhalten,
die empfangene geistige Bildung nur verwenden, ihren
schlechten Leidenschaften zu dienen.

Alle Maßregeln dieses großen Kaisers beweisen es, daß

er sowohl durch organische Gesetze, als durch Lehre und Beispiel die materiellen Zustände seines Volks verbessern und sie auf einen äußerlich höheren Culturzustand erheben wollte und dadurch seine Russen zu Menschen auszubilden hoffte; indem er aber den Einfluß, den die Religion auf die moralischen Zustände der Menschen übt, übersah, ohne welche keine wahre Veredlung des Volks möglich ist, so untergrub er sein eigenes Werk.

Peter lebte in einem Zeitalter, wo die Religion, man möchte sagen, in den Hintergrund getreten war, und wo sie den politischen Zwecken der Großen diente. Peter empfing seine Eindrücke von den übrigen, im Vergleich zu Rußland, in der Civilisation weit vorgeschrittenen Europäern. Für Peter den Großen war Europa ein schönes, großes, lebendiges Gemälde, welches er zu copiren suchte, dieses zu idealisiren, in dem Irdischen das Göttliche zu verweben, war seinem Geiste nicht gegeben. Peter war ein großer Selbsteinrichter, Feldherr und Staatsmann, allein er war zugleich sein eigener Gott, einen höheren Willen als den seinigen kannte er nicht, er war immer Peter, der selbst seinen eigenen Sohn hinrichten ließ, wenn es nur seine Zwecke förderte, der Menschenleben als Opfer eines knechtischen Gehorsams forderte, der heute grausamer Despot und morgen gefühlvoller Mensch war, je nachdem seine Leidenschaft, seine kalte Berechnung oder sein Gemüth sprachen. Die Religion betrachtete er wie sein Zeitalter, nur als Mittel seinen Zwecken zu dienen, die dumme Masse in Unterwürfigkeit zu erhalten, und da von ihm Alles ausging, so wollte er auch in sich alle Macht concentriren, mithin nicht nur die weltliche Gewalt, sondern auch die kirchliche.

In der griechischen Kirche war der Patriarch von Moskau, seitdem Constantinopel von den Türken besetzt war, das allmächtige Oberhaupt der griechischen Kirche im russischen Reich geworden. Als diese Stelle nun im Jahre 1700 durch den Tod erledigt ward, ließ Peter sie anfänglich unbesetzt, und als im Jahre 1702 die versammelten Bischöfe auf herkömmliche Weise zur Wahl eines neuen Patriarchen schreiten wollten, trat Peter mit den Worten unter sie: „ich bin Euer Patriarch,“ und usurpirte dadurch die höchste geistliche Würde in seinem Reiche und alle mit selbiger verbundene Gewalt. In Folge dessen errichtete er im Jahr 1721 die heilige Synode, bestehend aus Bischöfen und weltlichen Räthen, und legte in ihre Hände das, nach dem Ritus der griechischen Kirche den Bischöfen zustehende geistliche Regiment in seinem Reich.

Außer bei Peter zeigt uns die Geschichte noch ein zweites Beispiel, daß der Gründer eines mächtigen Reichs die weltliche und geistliche Macht in sich vereinigte.*) Mahomed war es, der es Peter vormachte, allein Mahomed wußte seine Anhänger glauben zu machen, daß er der göttliche Prophet sei. Mahomed leitete von Allah seine Vollmacht

---

*) Auch in den protestantischen Kirchen ist dies, wenn man es so nehmen will, mehr oder weniger der Fall, und vielleicht zu bedauern, daß dem so ist, inzwischen von keiner großen Bedeutung, eben weil es eine protestantische Kirche ist.

her, Peter nur von sich, und während ersterer wenigstens seine Gläubigen betrog, hielt letzterer dies nicht der Mühe werth. Indem Peter der Große sich zum Oberhaupt auch der Kirche, vermöge der angemaßten, unumschränkten Gewalt, erhob, machte er diese zu einem Staatsinstitut, zu einer Dienerin der Willführherrschaft seiner und aller nachfolgenden Regenten. Wollte Peter auf den moralischen und sittlichen Zustand seines Volks einwirken, so mußte er vor Allem den elenden Zustand der Diener der Kirche in's Auge fassen.

Bei allen Vorwürfen, die der katholischen Kirche gemacht werden, hat sie das große Verdienst, nicht allein die heilige Schrift unverfälscht erhalten, sondern in früheren Zeiten viel für die Bewahrung der alten Sprachen und wenn man es so nennen darf einer wissenschaftlichen Grundlegung gethan zu haben; es giebt in der Entwickelungs-Periode der Völker eine Zeit, in welcher von den Priestern die Volks-Erziehung und geistige Bildung ausgehen muß, um demnächst schulgerecht zu werden. Diese Aufgabe hat die katholische Geistlichkeit besser zu lösen verstanden wie weiland die ägyptischen Priester. Ferner ist anzuerkennen, daß, besonders seit der Reformation, die katholische Geistlichkeit durch eifrige Seelsorge und Sittenreinheit, sich in manchen nicht rein katholischen Ländern ausgezeichnet, und zwar bis zu den untersten Stufen herunter. Ganz im Gegensatz mit der geistigen und religiösen Ausbildung der katholischen Geistlichkeit und ihren sonstigen Befähigungen als

Priester, steht die griechische Geistlichkeit. So war es zu Peters Zeiten, so ist es noch jetzt.

Wollte Peter außer der materiellen Entwickelung auch die moralische Veredlung seines Volks, so mußte er auf besere Ausbildung der Geistlichkeit, und dafür sorgen, daß diese dem Volke mit Lehre und Beispiel vorging. Die griechische Kirche ist eine äußerliche, mit asiatischen Formen, wie z. B. das auf den Bauchwerfen beweist. Die römische ist auch eine mehr äußerliche, für das Volk, nur bei ihrer Geistlichkeit eine innerliche. In welcher Achtung in Rußland die Priester stehen, geht daraus hervor, daß die Redensart: „ein besoffener Pope," seit Peters Zeiten sprichwörtlich geblieben ist, und der Pope wie jeder andere Russe die Knute empfängt.

Abgesehen von dem innern und äußern politischen Einfluß den die Vereinigung der Autocratie mit der Hierarchie hat, abgesehen von den Besorgnissen, welche diese Verbindung der höchsten geistlichen und weltlichen Macht in einer Person, die 62,000,000 Individuen beherrscht, dem übrigen Europa einflößt, so liegt darin, daß die Religion in Rußland ein Staatsinstitut geworden, ihre Geistlichkeit roh und unwissend geblieben und die Religion in eine äußere, mit knechtischen Formen verbundene, Anbetung ausgeartet ist, der Grund zur Demoralisirung, welche den Russen vorgeworfen wird, und wenn die Hauptrichtung, welche Peter der Große verfolgte, um die Wohlfahrt seines Volkes zu

begründen, verfehlt scheint, glauben wir hierin einen Haupt-
schlüssel dazu zu finden.*)

Gehen wir nun von dem, was Peter bezweckte, zu dem
über, was Rußland geworden ist, betrachten wir es, wie
es jetzt vor uns steht, so müssen wir zuvörderst einräumen,
daß es in einer Beziehung, in der Erweiterung des Umfangs
des Reichs und seiner politischen Bedeutung unter den europäischen Mächten gewiß die kühnsten Erwartungen Peters
weit übertroffen hat; in anderen Beziehungen dagegen, fast
auf demselben Punkte stehen geblieben ist, auf welchem es
sich bei Peters Tode befand, und daß, wenn es auch in
gewerblicher und wissenschaftlicher Beziehung unläugbar einige
Fortschritte gemacht hat, es dagegen in Hinsicht der Förderung der Volkswohlfahrt und wahren Bildung, weit hinter
dem Ziele zurückgeblieben sei, welches der große Stifter des
Reichs ins Auge gefaßt hatte.

Peter war, wie schon gesagt, ein Despot und oft ein
grausamer, Peter konnte jedoch fast nicht umhin es zu sein,
wenn er seinen Russen gegenüber, seine Pläne durchführen
wollte; allein er duldete wenigstens nicht ungestraft den Des-

---

*) Man wirft Peter vor, daß er nicht mehr Sorgfalt auf die Bil-
dung eines Mittelstandes verwandt habe. Man vergißt dabei,
daß Peter nur ein Copiist war und daß der Mittelstand in Europa
erst später seine Ausbildung erhalten habe. Noch mehr wird ihm
vorgeworfen, daß er nicht eine geordnete Rechtspflege eingeführt
habe; aber wo die Gewalt regiert, giebt es kein Recht und keinen Rechtszustand und in Folge dessen keine Rechtspflege; so war
es zu Peters Zeiten und so ist es noch.

potismus und die Bedrückungen Anderer, namentlich der Großen und Staatsbeamten, wenn er sie erfuhr. Der Despotismus ist in Rußland ganz stabil geblieben, hat sich dort eingebürgert und vervielfältigt; die Willkührherrschaft ist nicht mehr ein Monopol des Autocraten, sondern zugleich der Großen und der Civil= wie Militairbeamten geworden; Nichts hindert sie diese ungestraft zu üben, es sei denn ihr eigener edler Sinn und menschliches Gefühl. Zu Peters Zeiten wurden die Empörung und die Verbrechen mit dem Beil oder Strick bestraft, auch zur Abwechselung mit der Kugel. Diese blutigen und raschen unmenschlichen Execu= tionen haben aufgehört, die Criminal=Justiz ist eine brutale geworden und wird zu staatsöconomischen und finanziellen Zwecken ausgebeutet, denn gegenwärtig werden die Ange= klagten mit und ohne Urtheilsspruch todt geprügelt, oder in die Bergwerke von Sibirien gesandt und dort einem qual= vollen Leben aufgespart, durch welches sie einen zehnfachen Tod erleiden. Zu Peters Zeiten wurden Strafgerichte und sehr harte, gegen Bedrückung, Bestechung der Beamten ge= halten, jetzt ist das Reich so groß und Alles so organisirt, daß der Kaiser nicht erfährt, was im Reiche geschieht, und wenn er es erfährt, so fehlen ihm die Mittel zu jeder gründlichen Abhülfe.

Peter der Große war wirklicher Selbstherrscher, der jetzige Kaiser ist es dem Namen nach auch, aber der That nach keinesweges unbedingt; er kann, wenn er will, viel Böses thun, aber nicht viel Gutes. Dem Kaiser von Ruß= land fehlt die Macht durchzuführen, was er für das Wohl seines Reichs, für die Verbesserung seiner Unterthanen vermöge seines natürlichen edlen Gemüths gern thun möchte, ja es läßt sich die Behauptung durchführen, daß der Bürger-König Ludwig Philipp einen viel größeren Wirkungskreis auf Frankreich habe, wie Nicolaus der Selbstherrscher, in Rußland.

Da man die eigentliche Stellung des russischen Kaisers zu seinen Unterthanen in Europa zum Theil verkennt, so beurtheilt man das, was dort geschieht, oft falsch und täuscht sich über die wahre Sachlage. Unläugbar beherrscht Rußland ein Kaiser von edelen Gesinnungen, von Muth und mehr als gewöhnlichem Geiste, aber nicht frei von autocratischen Mißgriffen. Nikolaus hat, wie manche seiner Handlungen beweisen, den Willen die Lage seiner Russen zu verbessern; allein eines Theils verkennt er die rechten Mittel, anderntheils wird, so unumschränkt er herrscht, wenn es sich von der äußeren Politik, von Krieg und Frieden, von der Verwendung der Staatseinnahme, von der Religion und Polizei, oder von dem Schicksal der Einzelnen seiner Unterthanen handelt, seine Macht bei allen inneren Einrichtungen durch die Großen und Beamten beschränkt, und ist das Schicksal des Herrschers selbst von der Stimmung der Cohorten der Prätorianer, die ihn umgeben, und welche dennoch der Autocratie unentbehrlich sind, abhängig.

Eine der vielen Krankheiten, an der Rußland seit jener Zeit leidet, ist, daß die Nation nur aus Großen und aus Leibeigenen besteht, und fast ganz eines Mittelstandes entbehrt, welcher größtentheils nur durch fremde Handwerker

und Industrielle repräsentirt wird, die nach Rußland ein=
wandern, um dort ihr Glück zu versuchen, und selten finden.
In dieser Zusammensetzung der russischen Volksklassen liegt
nun der Hemmungsgrund, daß der Kaiser so wenig für den
Fortschritt und für die Wohlfahrt des Landes thun kann,
denn bei allen wirksamen und durchgreifenden Verbesserungs=
plänen befindet er sich isolirt, dem Egoismus der Großen,
dem Plünderungs=System seiner Beamten gegenüber; ein
eigentliches Volk und eine Volksstimme, auf welche er sich
stützen könnte, giebt es nicht, denn die Masse seines Volks
sind die Leibeigenen der Großen.

Nicolaus ahnet das Uebel, und so unerschrocken er sich
auch in großer persönlicher Gefahr gezeigt hat, so fehlen
ihm doch der Muth bestimmt einzuschreiten und die Personen,
die ihm dabei unterstützen könnten; dies zeigt sein leises Auf=
treten bei jedem Versuche Verbesserungen einzuführen. Ein
erstes Zeichen für die Richtigkeit dieser Behauptung findet
sich in der Verkürzung der Dienstzeit der Soldaten. Bei
jeder Rekrutirung, die das Heer fordert, werden Leibeigene
nach der Seelenzahl ausgehoben. Ehemals diente der rus=
sische Soldat gezwungen 25 Jahre, freiwillig so lange er
dienstfähig war, da er sich in der Regel schon in einem
Alter befand, wo sich ihm keine Aussichten zum Fortkommen
darboten; jetzt ist die Dienstzeit nach und nach auf einen
Zeitraum von zehn Jahren heruntergesetzt. Wer aber in
Rußland aus dem Militairdienst entlassen ist, hört auf Leib=
eigener zu sein. So lange der Soldat bis an das Ende
seines Lebens diente, blieb dies ohne Einfluß, wenn er aber

nach zehn Jahren entlassen wird, so ist er noch in dem Alter, sich verheirathen und eine selbstständige Wirthschaft unternehmen zu können; unverkennbar liegt hierin der Anfang zur Bildung eines Mittelstandes. Inzwischen sind die Herren der Leibeigenen mit dieser Einrichtung schon sehr unzufrieden, weil sie ihnen mehr Leibeigene kostet, die den Haupttheil ihres Vermögens ausmachen und weil sie überdem auch keinen Mittelstand wollen.

Einen zweiten Beweis der obigen Behauptung gewährt das Gesetz vom 2/14. April 1842, durch welches die Gültigkeit von Pachtverträgen über die Bewirthschaftung von Bauerhöfen ausgesprochen wird, und in welchem der erste Anfang zu einer Emancipation der Bauerhöfe liegt.*) Allein wie wenig Beifall dieses Gesetz bei den Großen, in deren Belieben es gestellt ist, davon Gebrauch zu machen, gefunden hat, beweiset der Umstand, daß es erst in nicht zu häufigen Fällen zur Ausführung gekommen ist; zugleich beweiset die leise Art und Weise, wie der Kaiser seine Zwecke zu verfolgen sucht, und wie wenig er sie direct durchsetzen zu können glaubt.

---

*) In der preuß. Staatszeitung vom Juli 1842 ist über diesen Ukas ein geistreicher Aufsatz von A. v. H. enthalten, in welchem unter Anderem nachgewiesen wird, daß der Kaiser Nicolaus durch diese auch der Zusammenlegung der Bauern, welche in einzelnen Theilen schon beginnt, vorgebeugt habe, und daß in dem Versprechen auf Güter, wo die Bauern Pächter geworden wären, den Gutsbesitzern einen größeren Credit zu bewilligen, ein großes Reizmittel liege, darauf einzugehen.

In dem Umstande, daß das russische Volk nur aus Großen und Leibeigenen besteht, liegt nun auch ferner der Behinderungsgrund, daß die Einnahmen des Kaisers sich fast nur auf die von seinen Kronbauern, aus den Gränzzöllen und Bergwerken, dem Brandtweins=,*) Tabacks=, und Salz=Monopol beschränken, und bei dem großen Aufwande für das Heer und für einen prachtliebenden Hof die Mittel fehlen, eine ganz geregelte Verwaltung in einem Reiche von so unermeßlichem Umfange einzuführen, und die dabei angestellten Beamten so zu besolden, daß sie nicht wie jetzt, ihrer Existenz wegen darauf angewiesen sind, das Land zu bedrücken und den Kaiser selbst mit zu betrügen.

In einer guten Verwaltung liegt, ganz besonders in einem rein monarchischen Staate, zugleich die Macht der Regierung und die Bedingung der allgemeinen Wohlfahrt. Rußland entbehrt diese nun ganz, ja was noch mehr ist, die, unter den Beamten in Rußland fast allgemein gewordene, Sitte der Bestechlichkeit und des Betruges, zeigt dem Lande ein böses Beispiel und macht die Regierung verhaßt. Diesem großen Uebelstande abzuhelfen, wäre das einfachste Mittel: dem Volke so viel Abgaben mehr aufzulegen, um die Beamten besser salariren zu können. Allein da sich die Bevölkerung nur in Große theilt, die wohl Steuern zahlen könnten aber nicht wollen, und in Leibeigene, welche, die

---

*) In einzelnen Theilen der Monarchie besteht ein solches Monopol nicht, da in diesen die Gutsbesitzer das Brennerei=Privilegium besitzen.

Kronbauern abgerechnet, nicht der Regierung, sondern ihren Herren zahlungspflichtig sind, so ist dieses Mittel unausführbar, so lange die jetzigen Verhältnisse bestehen.

Um diesem, in der schlechten Verwaltung liegenden, Hauptübel Rußlands, durch welches die Regierung ohnmächtig, das Volk gedrückt und der Betrug und die Bestechung systematisirt werden, abzuhelfen, gäbe es freilich noch ein anderes Mittel. Dieses wäre: den Aufwand für das Heer einzuschränken, den Eroberungs-Plänen zu entsagen und statt Palläste und unnütze Kriegsflotten zu bauen, für welche die Matrosen fehlen, da Rußland keine Handels-Marine hat, für eine wohl organisirte, ehrliche und intelligente Verwaltung zu sorgen. Allein ganz unbegreiflicher Weise verkennt Rußlands Beherrscher noch so sehr sein, seines Hauses und seines Reiches wahres Interesse, um es nöthig zu finden, in einem guten Verwaltungs-Organismus die Sicherheit des Reichs, die Wohlfahrt des Volks und die Stütze des Thrones zu suchen. Ob ein Reich wie das russische möglicher Weise lange fortbestehen könne, ohne sich auf Landstände zu stützen, wagen wir nicht zu entscheiden; allein, daß eine Verwaltung wie die russische zu Erschütterungen führen müsse, ist außer Zweifel. Uebrigens auf die Haltung eines großen Heeres zu verzichten, möchte auch wiederum so lange bedenklich erscheinen, als das System, Polen *) und andere eroberte Provinzen zu russificiren, Ruß-

---

*) Ganz im Widerspruch mit den sonst edlen Gesinnungen des Kaisers scheint das Verfahren gegen die Polen und seinen katholischen

land von dem übrigen Europa zu isoliren und das ganze Reich mit der Knute zu regieren, beibehalten wird. Aber in einem wichtigen Punkte, wo es dem Kaiser gestattet scheint frei zu handeln, wo sein Wohlwollen ihn auffordert das Loos eines großen Theils seiner Unterthanen zu bessern, wo die Befestigung des Thrones und die Förderung des allgemeinen Wohlstandes des Landes ihn dringend mahnen vorzuschreiten, wo es ihm möglich ist einen Mittelstand zu schaffen, dem Riesengebäude mit einem großen Schlage einen Unterbau zu geben, geschieht es bis jetzt nicht.

Der Gegenstand ist für ein richtiges Erkennen des Zustandes Rußlands zu wichtig, um ihn nicht näher zu berühren. Vorhin ist bereits gesagt, daß auch in Rußland die Leibeigenschaft erst in neuerer Zeit eingeführt worden sei. In Alt= wie in Neu=Rußland gab es früher eine freie ländliche Bevölkerung, und die Leibeigenschaft ist in Rußland selbst später eingeführt als in Polen, Deutschland, Frankreich, Dänemark u. s. w., wo ebenfalls in den ältesten Zeiten ein so unwürdiges Verhältniß nicht bestand; allein in Rußland hat sich merkwürdiger Weise noch in den ländlichen Gemeinden ein freier Communal=Verband erhalten, welcher sich in den übrigen, vorhin genannten, Reichen ganz verloren hat.

In dem eigentlichen Rußland bestehen die Domainen

Unterthanen zu stehen, inzwischen wollen wir glauben und hoffen, daß die darüber gemachten Mittheilungen der Presse unrichtig, jedenfalls übertrieben sind.

der Krone und die Güter der Großen größtentheils nicht
aus Vorwerken, wie bei uns, sondern aus Bauerdörfern,
und die Einnahmen aus diesen wird nicht als eine Pacht
von dem Boden, sondern durch ein festes Kopfgeld von jedem, das 20ste Jahr überschreitenden, männlichen Einwohner erhoben. Diese Summe wird nun von der ganzen
Commune aufgebracht und von den Gemeindevorstehern, (den
ältesten) nach Verhältniß der Grundstücke, die jedes Glied
benutzt, oder sonstigen Vortheilen, welche den Einzelnen in
der Commüne zufließen, vertheilt. Wie diese Abgaben an
den Grundherrn von ihnen repartirt, so werden überhaupt
alle Communal-Angelegenheiten der Dorfbewohner von ihnen selbstständig verwaltet, und da ganz besonders die Krone
wie auch viele der Gutsherren im Allgemeinen ihre Bauern
nicht drücken, so befindet sich die große Masse der ländlichen
Bevölkerung in Rußland weit glücklicher, als in vielen anderen Ländern, und namentlich in Polen, Galizien und den
deutschen Provinzen Oestreichs. Nachdem wir dies voraus-
geschickt, und nun den Blick auf die Domainen des Kaisers
zurückrichten, so sind diese als unermeßlich zu bezeichnen.

Nach der Angabe des so eben erscheinenden Werks des
Herrn von Killisch: „Rußlands national-oeconomische Verhältnisse" beträgt die Bevölkerung derselben, einschließlich
der, von der Kaiserin Catharina eingezogenen, Klöster-Güter
21,463,993 Köpfe, worunter sich 800,000 Kronbauern befinden, die mit 35 Millionen Dessätinen Grundstücken, oder
circa 105 Mill. preußischen Morgen (5000 Qt.Meilen) ausgestattet sind.

Wenn nun der Kaiser diese (da die hier zum Grunde
gelegte Zählung nicht ganz neu ist), sich jetzt wahrscheinlich
schon auf 22 bis 24 Millionen belaufende, Bevölkerung der
Unterthänigkeit entließe und sie zu freien Eigenthümern ihres
Grund und Bodens machte, so wäre dadurch ein freier
Bauernstand geschaffen, aus welchem sich ein Mittelstand sehr
bald entwickeln würde, der mit diesen ein Gegengewicht gegen das Uebergewicht der Großen zu bilden geeignet wäre.
Außerdem würde ein freier Bauernstand sehr bald die, jetzt
wüstliegenden, Ländereien bebauen und den Bodenertrag ver-
doppeln und verdreifachen. *) Eine solche durchgreifende
Maßregel würde aber auch nicht allein einen großen politischen Einfluß üben, sondern auch zur Vermehrung der Einnahmen des Staats beitragen, und den Kaiser in die Lage
versetzen, die Beamten so besolden zu können, daß sie, ohne
auf Betrug angewiesen zu sein, leben könnten. (Daß dem
Kaiser Nicolaus solche Gedanken nicht fremd sind, ist übrigens notorisch. **)

Von der ganzen Wichtigkeit einer solchen Emancipation

----

*) Welche Wunder freies Eigenthum zuwege bringt, hat die Erfah-
rung in Preußen bewiesen; seit in den alten Provinzen der Monarchie die Erbunterthänigkeit aufgehoben und ein eigenthümlicher
Besitz eingetreten ist, hat sich der Nutzen und der Werth der
Bauergüter verfünffacht.

**) Schon Kaiser Alexander hatte die Absicht das zu thun; in einem
Gespräch mit der Frau von Staël zu Paris 1814, erklärte er
ihr dies auf das Bestimmteste, nachdem er sich vorher dafür ver-
wahrt hatte, daß die Leibeigenschaft keine Sclaverei sei.

der Bauern wird die nachfolgende kurze statistische Uebersicht den Leser überzeugen.

Nach der Zählung von 1836 bestand die Bevölkerung von Rußland mit Einschluß Polens aus 62 Millionen Menschen; in Rußland ohne Polen, welches 4,022,335 Einwohner hat, vertheilt sich die Bevölkerung etwa wie folgt:

0,12 pro Cent städtische Bewohner, von welche der bei weitem größere Theil leibeigen ist.

0,06 ⸗ Industrielle, Commerzielle und theilweise Fabrikanten.

0,79 ⸗ mit der Landwirthschaft Beschäftigte.

0,03 ⸗ die sich verkrümelt haben.

Ländliche Bewohner in den Krondomainen . 21,463,993.
in den Gütern des Adels . . . . . . 23,362,595.

in Summa 44,826,588.

Städtische Bewohner, etwas über . . . 4,500,000.
transcaukasische Volksstämme, circa . . . 1,500,000.
Nomadisirende . . . . 500,000.
Geistlichkeit, circa . . . . 550,000.
Erbadel   538,160 ⎫
Dienstadel 135,195 ⎭ . . . . 673,355.
Bürgerstand, mit Einschluß der verabschiedeten Soldaten . . . . 424,490.

Unter den circa 58,000,000 Russen befinden sich mithin nur 424,490 Bürger, wohl aber 673,355 Adliche, mithin 248,865 Adliche mehr, als Bürger.

Welchen Einfluß es nun haben würde, wenn der Kai=
ser durch die Emancipation der Kronbauern den Stand der
Freien um circa 21½ Millionen vermehrte, ist leicht zu be=
rechnen, das ganze Reich bekäme dadurch eine Festigkeit,
die ihm jetzt fehlt.*)

Wenn wir uns von diesen Betrachtungen über die, in
Europa wenig bekannten Verhältnisse der großen Masse der
ländlichen Bevölkerung Rußlands wieder einer allgemeinen
Uebersicht der Gesammt=Verhältnisse zuwenden, so ergiebt sich,
daß die Regierung die Pläne Peters oft ganz verlassen hat

---

*) Wir können hier einen Umstand nicht unberührt lassen, der
einen tieferen Blick in den Absichten des Kaisers erlaubt. In
Petersburg besteht eine kaiserliche Hypotheken=Bank, aus welcher
den Grundbesitzern nach gewissen Taxprincipien Capitalien geborgt
werden. Denjenigen Grundbesitzern aber, welche vor Ausnahme
solcher Darlehne das Gesetz vom 2/14. April 1842 wegen Ver=
pachtung der Bauernhöfe auf ihre Güter zur Ausführung ge=
bracht haben, erhalten eine bedeutend höhere Anleihungs=Summe,
wodurch manche bewogen werden in die Absichten des Kaisers in
dieser Beziehung einzugehen. Außer diesem sehr verständigen in=
directen Zwang verbindet der Kaiser mit den Darlehns=Gewäh=
rungen noch ganz andere Zwecke und mit glücklichem Erfolg. Es
wird nämlich bei der Ausstellung der Schuld=Documente festgesetzt,
daß bei nicht prompter Erfüllung der Schuldverpflichtung der
Kaiser gleich einzuschreiten befugt sei; da nun solche Fälle sehr
häufig vorkommen, so wird dies ein Mittel die Zahl der Ritter=
gutsbesitzer immer mehr zu vermindern, und die Domainen zu
vermehren. Bei dem großen Luxus der in Petersburg herrscht,
und bei dem Hang der Russen zu diesem ist der Plan gut be=
rechnet.

und jedenfalls nicht in deffen Geist vorgeschritten ist. Peters des Großen entschiedene Absicht ging dahin, daß in der Folge ein geordneter Rechtszustand eintreten und die Russen selbst auf eine höhere Stufe der Bildung versetzt werden sollten. Die ganze Richtung der jetzigen Regierung geht dahin: höhere Bildung vom Volke entfernt zu halten, die Russen von Europa abzuschließen. Zwar möchte der Kaiser Nicolaus gern Rußland zum Sitz der Künste und Wissenschaften machen, daher unterstützt er die Gelehrten, verwendet bedeutende Summen an eine Menge von Institutionen, an Sammlungen aller Art, woraus der Schein einer gewissen wissenschaftlichen Cultur entspringt, die aber keine erheblichen Früchte tragen können, so lange dem Geiste Fesseln angelegt sind und Schweigen die Haupttugend der Russen bleibt.

Die vorzüglichste Ursache, weshalb die russische Regierung sich immer mehr abzusperren strebt, liegt ohne alle Frage in der Sorge, die blinde Unterwürfigkeit könnte abnehmen, und in dem Gefühl, daß, nachdem man den Geist wie den Leib in Fesseln geschlagen, es gefährlich sei, diese zu lösen. Sehr würde man sich aber täuschen, wenn man annehmen wollte, daß, weil in Rußland das ganze System schlecht sei, nun auch das ganze Volk unglücklich wäre, oder wenn man glaubte, in Rußland gebe es keine mit der Zeit vorgeschrittenen Männer. Beides ist der Fall, denn das menschliche Gefühl und der Geist verschaffen sich auch in Rußland Geltung, und leuchten dort um so heller, da sie rein aus dem Innern hervorgehen.

Sowie Rußland in vielen andern Punkten die Bahn Peters verlassen hat, so auch noch ganz besonders in Beziehung auf den Handel und auf Fabrikation; ersteren vernachlässigt es sichtbar, und letztere möchte es gern beleben, hat aber einen verkehrten Weg gewählt, indem es sich gegen das Ausland fast ganz abschließt. Auch viele andere Staaten sind in einen gleichen Irrthum des Systems verfallen, aber es wirkt besonders verderblich auf Rußland unter den dort bestehenden Verhältnissen.

Rußland ist ein Reich, welches für jetzt noch seine Capitalien und Menschen der Cultivirung seines wüstliegenden Bodens und der Erleichterung der inneren Communication vorzugsweise zuwenden sollte, weil sich in dieser die Thätigkeit am lohnendsten verwenden läßt. Durch die Einführung eines Prohibitiv-Systems zu Gunsten der inländischen Fabriken*) werden diese einmal nicht gehoben, sondern wegen mangelnder Concurrenz mit dem Auslande, und wegen des ihnen zuerkannten Monopols der Fabrikation bleiben sie auf der Stufe stehen, auf welcher sie sich befinden, und vertheuern nur den Consumenten ihre Lebensbedürfnisse; zum Andern hilft diese Absperrung den Fabrikanten nichts, denn sie be-

---

*) Fast muß man annehmen, daß dieses System von der Regierung erzwungen ist, denn sie wird doch so umsichtig sein, einzusehen, daß wenn sie einen mäßigen Schutzzoll einführte, sie dem Lande nützen und selbst weit mehr einnehmen würde, als jetzt. Der Zwang erklärt sich dadurch, daß, da in Rußland kein wohlhabender Mittelstand besteht, die Großen die Fabrikanten sind, und diese einen überwiegenden Einfluß auf die Regierung üben.

wirkt nur eine großartige Defraude, die in Rußland um so
ausgedehnter ist, je weniger zuverlässig und tüchtig das, die
Gränze schützende Verwaltungs-Personal ist.   Die Gränze
des russischen Reichs ist gegenwärtig mit einem dichten Cordon von Soldaten und Mauthbeamten umzogen, um das an-
genommene System durchzuführen, aber vergebens, denn die
Defraude ist nicht zu unterdrücken.   Dem Kaiser ist dieser
Zustand der Verhältnisse wohl bekannt, aber es fehlen ihm
die Mittel, seinen Ukasen Nachdruck zu geben und den Be-
trügereien und Defrauden Gränzen zu ziehen.   Schon hat er
durch Militair zur Unterstützung der Mauthbeamten die
Gränzen besetzt, dadurch jedoch die Zahl der Hehler und derer vergrößert, die von diesem Gewerbe leben wollen, und
wenn er, entrüstet über die Bestechlichkeit selbst des Militairs,
diese durch andere Regimenter ersetzen läßt, so betrachten die
dazu Bestimmten es als ein von der Gnade des Kaisers
ihnen ertheiltes Commando, um sich zu bereichern.*)

---

*) Wir glauben, diese Behauptung durch ein Factum belegen zu
müssen. „Ein genauer Bekannter von uns, ein höherer preußischer
Offizier, befand sich in einer preußischen Gränzstadt, als vor einigen Jahren eine solche Ablösung erfolgte. Wenige Tage darauf
kamen mehrere russische Offiziere nach dieser Stadt, um Waaren
einzukaufen und über die Gränze zu senden; sie blieben in der
preußischen Stadt im Gasthofe versammelt, bis ihnen einer ihrer
Leute berichtete, daß der Transport die Gränze passirt und die
Waaren in Sicherheit gebracht seien.   Dies erweckte unter ihnen
lauten Jubel, und Alle schrieen wie aus einer Stimme: „„Cham-
pagner her.""

Daß der Selbstherrscher Rußlands so machtlos ist, liegt darin, daß ihm zwar jede physische Gewalt zu Gebote steht, allein nicht die moralische, und daß die erstere eine völlig unwirksame bleibt, wenn die letztere fehlt, ja selbst die allerdespotischsten und grausamsten Maßregeln versprechen unter solchen Verhältnissen keinen Erfolg; wenn daher auch der Plan zur Ausführung kommt, alle Juden von der Gränze zu vertreiben, oder, wie auf der russisch-chinesischen Gränze, die Wälder abzuhauen, eine Wüste längs der Gränze zu bilden und allenfalls noch von den abgehauenen Bäumen lauter Galgen zu errichten, so wird dies keine andere Wirkung haben, als höchstens die, daß dann die Mauthbeamten und das Gränzmilitair das alleinige Monopol der Defrauden erhalten,*) und wollte der Kaiser selbst eine chinesische Mauer ziehen, so würde man mit einem Tunnel unter ihr durchgehen, oder mit Luftballons über sie hinwegschiffen.

Daß ein Kaiser, wie Nicolaus, der die unumschränkte Staats- und Kirchengewalt über 62 Millionen Russen auszuüben berechtigt ist, durch die Ohnmacht, in welche er sich in seinen Wirkungen nach Innen versetzt sieht, dahin kömmt, seine besondere Aufmerksamkeit dem Militair und der auswärtigen Politik zuzuwenden, und daß er sich zugleich ebenso unheimlich in Rußland fühle, wie viele andere Russen, und

---

*) Als die Kunde davon an die preußische Gränze kam, der Kaiser von Rußland wolle die Gränze mit einem dreifachen Cordon absperren, sagten die Schmuggler: das ist sehr angenehm, denn dadurch wird die Concurrenz größer.

sich daher gern im Auslande zerstreut, ist Alles leicht zu begreifen.

Um die Abneigung zu erklären, welche sich ohne Ausnahme in ganz Europa gegen Rußland ausspricht, bedarf es nichts weiter, als sich daran zu erinnern, daß es ein Reich mit asiatischen Institutionen, von Außen mit europäischer Cultur übertüncht, sei. Der asiatische Typus ist es, der, so lange er besteht, Rußland von Europa, und zunächst von Deutschland trennt. Was wir unter dieser Bezeichnung verstehen, darüber wollen wir uns erklären. Vorhin haben wir schon darauf aufmerksam gemacht, daß der Absolutismus der Fluch sei, der auf Asien ruhe, und nachgewiesen, daß er auf europäischem Boden, Rußland nicht ausgenommen, als eine Usurpation betrachtet werden müsse. Die Folgen des Absolutismus sind aber Rechtslosigkeit Aller, Unsicherheit des Zustandes der Gesetze und daher des Vermögens, der persönlichen Freiheit der Einzelnen, Militair-Herrschaft und Pallast-Revolutionen, die von dem Volke kaum beachtungswerth gefunden werden.

Ein anderes Zeichen des asiatischen Typus findet sich in der Beamten-Willführ, die dort besteht, in der Mandarinen-Verwaltung, welche nach oben blinde Instrumente abgeben, nach unten Despoten sind. Nicht minder zeigt sich dieser in der barbarischen Art zu strafen, *) und in dem Stumpf-

---

*) Schon vorhin ist erwähnt worden, daß in Rußland die Verbrecher theils zu Tode geprügelt, theils in die Bergwerke und Eisgefilde Sibiriens verbannt werden; so empörend jedem Europäer diese

finn, in welchen das Volk versunken ist; endlich darin, daß
jeder Befehl des Herrschers blind ausgeführt wird, und selbst
dann, wenn er großes Verderben über Andere bringt, so
wird doch dieses nicht so viel werth gehalten, als die Erfül=
lung jeder Laune.*)

Was aber die üble Stimmung gegen Rußland noch
mehr steigert, ist die Behandlung, welche die Bewohner der
eroberten europäischen Provinzen erfahren. Wenn die Sym=
pathie für die Polen auch nicht sehr allgemein verbreitet ist,
und die deutschen Ostseeprovinzen Curland und Liefland, so=
wie Finnland, mit den übrigen europäischen Völkern in kei=
ner engeren Verbindung gestanden haben, so beklagt man doch
nicht allein ihr Schicksal, einer solchen Herrschaft anheim ge=
fallen zu sein, sondern man ersieht daraus, welches das Loos

Strafart schon ist, so spricht sich der despotische Geist noch beson=
ders dadurch aus, daß man ihnen selbst ihre Familien = Namen
raubt, und sie und ihre Nachkommen mit einer Nummer bezeichnet.

*) Herr von Custine theilt uns mit, wie viele Menschenleben der
schnelle Bau des Winter=Pallastes, der nach dem Willen des Kai=
sers bis zu einer gewissen Zeit vollendet sein sollte, gekostet habe,
und wie dies zugegangen sei. Wir erblicken hierin nichts weiter,
als die natürlichen Folgen der Autocratie. Hätten Diejenigen,
welchen die Ausführung des Baues übertragen worden war, und
die die Gefährlichkeit der Mittel kannten, durch welche es nur
möglich war, den Willen des Kaisers auszuführen, und hätten
diese das Leben von einigen hundert Menschen gegen eine Laune
des Kaisers in Anschlag bringen zu dürfen geglaubt, so würde
man es der Mühe werth gehalten haben, den Kaiser darauf auf=
merksam zu machen, und der Bau wäre langsamer vollführt.

der Völker sein würde, wenn Rußlands Macht in Europa sich weiter verbreiten sollte.

Allein es ist nicht bloß der weltliche Absolutismus, sondern auch der kirchliche, der sich in der Person des Kaisers vereint, und dadurch die Besorgnisse gegen Rußland immer höher steigert. Nicht zu läugnen ist es, daß diese Vereinigung der doppelten Gewalt im Kaiser, so lange der Glaube unter den Griechen besteht, er sei auch das geheiligte Oberhaupt ihrer Kirche, den rohen Haufen im Zaume hält und duldsamer gegen jeden Druck macht; zugleich steigert dies das Ansehn des Kaisers bei den griechischen Christen in anderen Ländern um so mehr, wenn sie sich des Schutzes des Kaisers gegen den Despotismus ihrer Regierungen erfreuen. Ob die kirchliche Würde des Kaisers auf die höheren Stände von Einfluß sei, ist schwer zu glauben, dagegen gewiß, daß sie dem Kaiser Nicolai bei Dämpfung von Militair-Aufständen sehr nützlich gewesen ist. *)

Da die Stellung des russischen Kaisers zur griechischen Kirche von wesentlichem Einfluß nicht allein auf die inneren Verhältnisse des Reichs und des russischen Volks ist, sondern ganz besonders eine hohe politische Bedeutung hat, und wegen der Intoleranz, welche sich in neuerer Zeit zeigt, auf beson-

---

*) Es bestehen in Rußland weit verbreitete Secten, die in dem Kaiser nicht ihr Oberhaupt erkennen, und ihm, wie es scheint, große Besorgnisse einflößen, denn sonst wäre die Anwendung so harter Maßregeln in Religionssachen, wie wir täglich erleben, nicht erklärbar.

dere Absichten schließen läßt, so werden wir sie hier nicht unbeachtet lassen dürfen.

Die griechische Kirche trennt sich in dogmatischer Beziehung eigentlich nur in einem Punkte von der römischen, indem sie annimmt:

> „der heilige Geist gehe vom Vater, die römische dagegen, der sich auch die protestantische anschließt, vom Vater und Sohne aus.“

Alle weiteren Abweichungen von der römischen sind unwesentlich und bestehen nur darin, daß sie die Lehre vom Fegefeuer verwirft, nichts von überverdienstlichen Werken, von Ablaß und dergleichen hören will; dazu kommt noch, daß sie mit Ausnahme der Klostergeistlichkeit, aus welcher die hohen geistlichen Aemter hervorgehen, unter gewissen Bedingungen die Ehe der Priester gestattet. Gleich der katholischen Religion nimmt sie übrigens sieben Sacramente an: Taufe, Firmelung, Abendmahl mit vorhergehender Ohrenbeichte, Buße, Priesterthum, Ehe und heiliges Oel. Sie weicht jedoch von der römischen Kirche darin ab, daß sie Ehescheidungen duldet, bei der Taufe den zu Taufenden ganz unter das Wasser taucht und die Firmelung (Chrisma) als die Vollendung der Taufe gleich mit diesen Ceremonien verbindet und beim Abendmahle gesäuertes Brot und mit Wasser vermischten Wein reicht.

In diesen Abweichungen liegt bei einer höheren und richtigen Auffassung des Christenthums unmöglich etwas Beunruhigendes, denn ob der heilige Geist vom Vater allein, oder vom Sohne mit ausgegangen sei, verändert Nichts am We-

sen des Christenthums, und die Stelle: Johannis Cap. 15,
Vers 26, — scheint sich überdem noch nebst mehreren anderen für die Ansicht der griechischen Kirche zu erklären.

So wenig nun in dem Dogmatischen etwas Beunruhigendes liegt, eben so wenig ist so etwas in der abweichenden
kirchlichen Praxis enthalten, welche wir eben mitgetheilt haben, und wenn es auch den Anhängern der verschiedenen
Kirchen nicht zu verdenken ist, ihre Gebräuche beizubehalten,
so müssen wir doch den Grund zur wechselseitigen Befeindung,
sowie die große Verschiedenheit, welche sich in Hinsicht der
sittlichen und moralischen Zustände der Anhänger der drei
Hauptkirchen zeigen, in anderen Gründen suchen. Daß die
ganze Spaltung der griechischen und römischen Kirche theils
von Hause aus in der Herrschsucht der römischen Oberpriester
ihren Grund hatte, ist eben so bekannt, als daß später alle
Bemühungen der griechischen Kaiser, welche Hülfe von dem
Occident gegen den Andrang der Türken suchten, und diese
durch die Vereinigung der beiden Kirchen zu erlangen hofften, vergeblich waren. Nach dem Falle des byzantinischen
Reichs standen die griechischen Christen unter dem harten
Druck und der Verfolgung der Türken, weshalb sie sich fest
aneinander und an die einmal eingeführten Gebräuche hielten.

Während nun im Occident das Christenthum unter dem
doppelten Kampfe der geistlichen und weltlichen Macht und
der geistigen Freiheit gegen die Bestrebung zur Unterdrückung
der höheren göttlichen Natur im Menschen, die Entwickelung
des Christenthums förderte, der christlichen Moral Anerkennung verschaffte und eine allgemeine Veredelung der Sitten

zur Folge hatte, erfreute sich die griechische Kirche keiner inneren Entwickelung, sondern gestaltete sich, der niedrigen Bildungsstufe ihrer Bekenner gemäß, ganz zu einem formalen Gottesdienst, in welchem sie auch die Politik der russischen Regierung zu erhalten sucht, wohl wissend, daß wahres Christenthum und Knechtschaft im Widerspruch mit einander stehen, und die Verbreitung der Lehre Jesu, welche sagt, daß vor Gott alle Menschen gleich sind, das Fundament einer autocratischen Regierungsform zu untergraben droht.

Der griechische Gottesdienst besteht, wie schon erwähnt, nur in äußeren Ceremonien und ist nur vorzugsweise auf sinnliche Eindrücke berechnet. Predigten sind fast ganz ausgeschlossen und die Popen auch zu unwissend, um solche halten zu können.*) Daß die Art der Auffassung des Christenthums in Rußland keine besonderen Früchte getragen hat, beweiset der moralische und sittliche Zustand eines großen Theils der Nation, beweisen die Regierungs- und Verwaltungs-Grundsätze, die Leibeigenschaft, in welcher das russische Volk erhalten wird,**) beweiset der Hang zum Betrug, von

---

*) In den meisten europäischen Ländern ist die Geistlichkeit größtentheils von Staatsabgaben befreit; die Popen dagegen tragen verhältnißmäßig viel zu den Staatslasten bei. In Rußland ist die Branntweins-Fabrikation ein Monopol und bringt jährlich 31 Millionen Rubel ein; da nun die Popen in diesem Artikel die stärksten Consumenten sind, so fließt ein Theil ihrer Einnahme in die Steuer-Cassen zurück.

**) Der Tadel, den wir so oft aussprechen müssen, verpflichtet uns, auch das Gute, was geschieht, nicht zu verschweigen; so hat der

den Staatsbeamten selbst ausgehend, und nicht einmal durch
die öffentliche Meinung gebrandmarkt.

Daß alles Dieses wirklich gegründete Beschuldigungen
sind, die wir, wenn sie nicht notorisch wären, durch tausende
von Beispielen belegen könnten, wird wohl kaum Jemand in
Abrede stellen können. Der Herr von Custine liefert uns
in seinem Werke eine Menge Beispiele davon, inzwischen wir
gestehen es offen, wir tadeln die ganze Tendenz in seinen
langweiligen vier Bänden. Die Zustände der wenig bekannten Länder dem Leser vorzuführen, ist die Aufgabe des
Schriftstellers, der sich nicht zum Anekdoten-Schreiber stempeln
lassen will, aber es giebt ein Publicum, welches es nicht ver-
schmäht, sich schmutzige Anekdoten aus einander wickeln zu
lassen. Der langjährige, furchtbare und grausame Krieg
gegen die Bewohner des Kaukasus, in welchem so viele Russen
als Opfer einer eroberungssüchtigen Politik fallen, ist wohl
eben kein Zeichen, daß das Leben der Russen hoch veranschlagt wird, oder daß die christliche Liebe sonderlich beachtet
werde. Soviel ist aber gewiß, daß die russische Regierungs-
Politik eine consequente sei, wenn sie die Religion als Mittel benutzt, das Volk in Unterwürfigkeit zu halten, und
wenn sie es nicht befördert, daß Geistlichkeit und Volk tiefer
in den Geist des Christenthums eindringen, weil die Religion

Kaiser ein Gesetz erlassen, durch welches die Leibeigenen nicht einzeln, sondern nur mit den Grundstücken, auf welchen sie wohnen,
verkauft werden dürfen, wodurch sie Globae adscripti geworden sind.

dann aufhören würde, die Dienerin unchristlicher Staatszwecke zu sein.

Aus dieser Consequenz gehen nun alle die Maßregeln hervor, welche zum Theil erst seit dem Regierungsantritt des jetzigen Kaisers angewandt werden. Dahin rechnen wir:

erstens das Verbot, daß im weiten Gebiet des russischen Reichs kein Mahomedaner, Jude oder Nichtchrist zum Christenthum übergehen könne, wenn er nicht zur griechischen Kirche übergehen will; desgleichen die Vertreibung der evangelisch-christlichen Missionaire aus dem Kaukasus und dergleichen mehr.

Es kann wohl nichts sprechender beweisen, wie gleichgültig die Verbreitung des Christenthums der russischen Regierung sei, als Verfügungen in diesem Sinne. Zwar wird sie sich dadurch entschuldigen wollen, daß nach der Annahme der griechischen Kirche Niemand auf Gottes Erdboden selig werden könne, als der griechische Christ, allein dieser Satz ist zugleich zu einfältig und zu gottlos, als daß die russische Regierung selbst ihn für mehr als für ein Mährchen halten sollte, welches man nur Blödsinnigen aufbürden kann.

Zweitens. Die Bestimmung, daß die Kinder aus gemischten Ehen, ohne Ausnahme, der griechischen Kirche angehören. Wenn der römische Papst, der sich für den Stellvertreter Christi und als Nachfolger Petri ausgiebt, gleiche Forderung stellt, so sucht er doch nur durch das Gewissen auf den Katholiken, der eine gemischte Ehe eingeht, zu wirken. Der russische Kaiser, der aber nur das Oberhaupt der Kirche geworden ist,

weil Peter der Große zu den zur Wahl versammelten
Bischöfen sprach: „ich bin Euer Patriarch", befiehlt es
in Folge seiner absoluten Gewalt, und es nimmt dadurch die Gestalt einer religiösen Rekrutirung des Em-
brios an. Nur noch ein Schritt fehlt, und diejenigen,
die von der griechischen Religion zurücktreten, werden
wie in der Türkei hingerichtet. Wie wichtig es der
Staatspolitik des Kaisers Nicolai erscheint, besonders
in den Provinzen seines Reichs mit deutscher Bevölkerung, die griechische Religion unter den Großen einzuführen, beweisen seine oft persönlichen Bemühungen,
Ehen zwischen diesen und reichen Russinnen von grie-
chischer Confession zu Stande zu bringen, um in den
deutschen Familien die griechische Religion einzuführen.

Drittens. Ganz aus demselben Geiste sind die bekannten
Maßregeln entsprungen, welche in neuester Zeit gegen
die katholischen Kirchen in Rußland getroffen sind, denen, wie man aus dem geheimnißvollen Rußland erfährt, noch andere zugesellt werden sollen, nämlich die:
einen Theil der katholischen Unterthanen aus ihren
Kirchensprengeln in das Innere des Reichs zu versetzen,
um dadurch einen Vorwand zu erhalten, die katholische
Kirche wegen zu geringer Zahl der ihr Angehörigen
eingehen zu lassen. Um die katholische Geistlichkeit
ganz in der Hand zu haben, sind durch den Ukas vom
6. Januar 1842 nun auch in den westlichen Provinzen
des Reichs die sämmtlichen bebauten Ländereien der ka-

tholischen Geistlichkeit eingezogen, und diese sollen in
der Folge aus den Domainen=Ministerien salarirt werden.

Doch es bedarf wohl keiner weiteren Beweise, als der
vorstehenden, daß der Wille des Kaisers, wie in weltlichen,
so in geistlichen Sachen das alleinige und höchste Gesetz
sei, und daß in Rußland die Religion, statt die Einzelnen
über ihre Pflichten gegen Gott und ihre Nebenmenschen auf=
zuklären und auf deren moralische und sittliche Veredlung zu
wirken, von der Regierung nur zu oft als Mittel betrachtet
wird, das Volk in knechtischer Unterwürfigkeit zu erhalten,
und die politischen Zwecke des Selbstherrschers zu fördern.

Wenn wir es uns nun in's Gedächtniß zurückrufen,
welches Bild uns Rußland zeigt, so finden wir die Verfas=
sung noch ganz der gleich, wie sie in der Kindheit des Reichs,
zu Peters Zeiten bestand. Das, noch leibeigene und zum
Theil erst unter Catharina leibeigen gewordene russische Volk
steht unter dem harten Druck des vollendetsten weltlichen
und geistlichen Absolutismus, und das Gute, was ihm wider=
fährt, dankt es nur der Gnade und der Gutmüthigkeit seines
Gebieters, denn einen Rechtszustand giebt es für ihn nur höch=
stens dem Namen nach. Die Regierungs = Maximen sind
durchaus fehlerhaft, der asiatische Typus vorherrschend; die
Knute, die Verweisung nach Sibirien oder die Versetzung als
Freiwillige (!) in die Armee des Kaukasus verstehen es, ein
stummes, düsteres Schweigen 62 Millionen Russen aufzulegen.
Die Rechtspflege ist höchst ungenügend, der Verwaltungs=
Organismus fehlerhaft, die Beamten herrschsüchtig und eine
Uebervortheilung und Bestechlichkeit von den höchsten Hof=

und Militair-Chargen bis zum Gränzaufseher und Kosaken herunter fast Landessitte. *)

Der Selbstherrscher sieht, und darf nicht sehen; will er die Lage seines Volks bessern, so fehlen ihm oft die Mittel. Der Ackerbau, der Handel und die Industrie werden durch schlechte Verwaltungs-Maßregeln und Prohibitiv-Systeme niedergedrückt, das Steuersystem ist ein ganz mangelhaftes und die Staatseinnahmen werden einem großen Militairaufwande und asiatischem Luxus geopfert; Rohheit und Ueberfeinerung, Stolz und Kriecherei begegnet man in einem großen Theile der höheren Stände gepaart. Nur in einem Punkte ist Rußland groß und selbst Meister, in der Verfolgung seiner politischen Pläne gegen das Ausland. Es unterliegt keinem Zweifel, daß seine bisher verfolgten Staats-Maximen, seine eroberungssüchtige Politik, sein religiöser Despotismus gleich gefährlich der Wohlfahrt der übrigen europäischen Staaten, als der religiösen Freiheit und der vorgeschrittenen Civili-

---

*) Wie weit dies geht, davon hat man keinen Begriff im Auslande. Mit großer Munificenz hat man in Petersburg Palläste für die Waisen und Findlinge gebaut, und mit Freigebigkeit wird für Unterhalt und Kleidung gesorgt; allein die Rationen werden gestohlen, die Unglücklichen darben, verhungern, gehen in Lumpen. Erfährt der Kaiser es, entsetzt er sie und vertraut die Verwaltung Anderen an, so ersetzt nur ein hungriger den schon etwas gesättigten Betrüger. Ja wenn der Kaiser Jemand belohnen oder beschenken will, so ist in der Regel nur die Frage davon, ob er, der Ueberbringer, nur etwas, oder das Ganze zurückbehält. Von solchen Fällen ist selbst Berlin häufig Zeuge gewesen, obgleich man sich für die Publizität, die es hier erhält, fürchten sollte.

sation werden könne, daß mithin aller Grund vorhanden sei, gegen Rußland bei Zeiten eine festere Stellung einzunehmen und ein politisches System zu verfolgen, damit es nicht die Macht gewinne, seine Pläne durchzuführen. Für jetzt fehlt ihm noch die Kraft dazu, allein es wendet Alles an, um sich in Besitz derselben zu setzen und geht dadurch seinem Schicksal entgegen, denn, wie unlängst dem mächtigsten Beherrscher in den Analen der neueren Geschichte, Napoleon, das Ziel seiner Eroberungspläne vom Schicksal gezogen war, so wird auch Rußland seinem Geschicke nicht entgehen, wenn es fortfahren sollte, ferner gewisse Gränzen zu überschreiten.

Wenn Rußland, oder vielmehr sein Kaiser, denn in diesem ist Rußland gleichsam verkörpert, sein, seines Hauses und seines Reiches Interesse richtig erfaßte, wenn sein Geist sich zu der Freiheit erhöbe, die Zeit zu begreifen und einzusehen, wie ohnmächtig der allermächtigste Mensch auf Erden sei, wenn er sich dem höheren göttlichen Willen, in welchem die Entwickelung des Menschengeschlechts liegt, entgegenstemmen will, so würde er sich überzeugen müssen, daß die außerordentliche Macht, die durch eine besondere Fügung des Schicksals seiner Hand anvertraut ist, nicht bestimmt sein kann, seinem Scepter noch immer mehr Völker zu unterwerfen, das Blut und die Geldkräfte seiner Unterthanen unnütz zu verschwenden, sondern daß es seine Aufgabe sei, sie glücklich zu machen und ihre sittlichen, moralischen und bürgerlichen Verhältnisse zu verbessern. Rußland hat jetzt noch die Wahl, mit Europa zu gehen oder ihm und seinen heiligsten Interessen feindlich entgegen zu treten, und so schwierig es

auch für Nicolaus sein mag, in eine andere Bahn einzulen=
ken, so fehlen ihm doch die Mittel dazu nicht, wenn er nach
dem Vorbilde anderer großer europäischer Monarchen den
Weg einer klugen Reform einschlagen wollte.

Die ersten Schritte, die er zu thun hätte, würden dann
sein müssen: einen geordneten Rechtsgang einzuführen, die
Unabhängigkeit der richterlichen Gewalt anzuerkennen, die
barbarischen Strafen abzuschaffen, der Intoleranz in Religions=
sachen zu entsagen und die Polen mit mehr Schonung zu
behandeln, und den in Wien den übrigen Großmächten gegen=
über eingegangenen Verpflichtungen zu entsprechen. Gleich
wichtig wäre es, eine bessere Organisation der Verwaltung
anzuordnen, die Beamten so zu bezahlen, daß sie leben kön=
nen, dann aber auch jede Unregelmäßigkeit strenge zu bestra=
fen; gleichzeitig für eine bessere Ausbildung der Geistlichkeit
zu sorgen und dafür, daß zu Popen nur solche Personen an=
gestellt würden, die durch Lehre und Beispiel auf die un=
teren Volksklassen einwirkten. Durch solche Einrichtungen
und durch bessere Schul= und Bildungs=Anstalten *) würde
ein Zustand vorbereitet werden, der die Aufhebung der
Leibeigenschaft, die Umwandlung der Bauern in Eigenthümer

---

*) Durch das Rescript vom 21. Mai 1837 wird bestimmt, daß ein
Leibeigener nur diejenigen Schulen besuchen darf, die für die Leib=
eigenen bestimmt sind, so daß er also in der Bildung nie über
seinen Stand hinauskommen kann; es wird eine Zeit kommen,
wo auch dieser Punkt in dem großen Sündenregister Rußlands
nicht vergessen werden wird.

und die Einführung von Provinzialständen möglich machte, ohne welche der Thron sich auf die Länge nicht gegen Erschütterungen wird verwahren können.

Da für jetzt keine Aussicht vorhanden ist, Rußland werde sein inneres wie äußeres politisches System ändern, so bleibt nur noch zu untersuchen, welche Politik namentlich die Gränzmächte zu verfolgen haben, um sich gegen Rußland sicher zu stellen. Um dies angeben zu können, fragt es sich zuerst: besitzt es jetzt schon die Macht, um Europa ernstlich zu bedrohen, oder wie weit ist der Zeitpunkt noch entfernt, wo dieser Fall eintreten kann?

So dringend es auch erscheint, Rußland aus seiner vorgeschobenen Stellung in Europa wieder zurückzudrängen und es größtentheils auf Asien und die schon in seinem Besitz befindlichen, von der Natur so gesegneten Länder am schwarzen und persischen Meere anzuweisen, so verlegen wird sich jeder Staatsmann fühlen, die Mittel zum Zwecke anzugeben oder mit irgend einiger Wahrscheinlichkeit die Zukunft Rußlands vorauszusagen. Wollte man bei den, über das dereinstige Schicksal Rußlands anzustellenden Wahrscheinlichkeits-Berechnungen die Geschichte zu Rathe ziehen, so lehrt sie uns zwar im Allgemeinen, daß so riesenhafte Reiche stets in sich zerfallen sind, aber es walten in unserer Zeit Verhältnisse ob, welche so verwickelt durch einander greifen und zugleich so neu sind, daß sie bei mangelnder Erfahrung darüber alle Calcüls über den Haufen stoßen und den Beobachter vor einen Vorhang führen, welchen zu durchschauen kein menschliches Auge vermag.

Möglich ist es, und selbst nicht unwahrscheinlich, daß wenn nach Nicolaus ein Kaiser das Reich beherrscht, der weniger glücklich von der Natur begabt, weniger geistreich, muthig und characterfest ist und dem die diplomatische Feinheit fehlt, die Nicolaus entwickelt, dann leicht die größte Verwirrung eintreten und das ganze Gebäude, dessen Seele jetzt Nicolaus ist, in sich zerfallen wird.*) Möglich aber auch, daß sich das asiatische Rußland dann losreißt, welches in der großen Zahl der nach Sibirien verbannten Russen und Polen Kämpfer findet, die Alles, ihre Freiheit und selbst ihre Familien-Namen wieder zu gewinnen und dagegen Nichts zu verlieren haben. Möglich und wahrscheinlich, daß die eroberten, jetzt so hart gedrückten Provinzen, und namentlich

---

*) Der Kaiser Nicolaus, dem die Zukunft seiner Dynastie so nahe am Herzen liegt, wolle den Rath nicht verschmähen, einen Blick auf die Geschichte zu werfen. Wie mächtig und groß stand Frankreich in Europa unter der Regierung Ludwig XIV.? Mit dem Geist, der die Größe geschaffen, verschwand diese. Unter Ludwig XV. spielte Frankreich schon eine kleine Rolle und unter seinem Nachfolger stürzte das Reich zusammen. Warum? weil Alles auf eine einzige Persönlichkeit gebaut war. Nur Institutionen sind im Stande, ein durch die Persönlichkeit entstandenes colossales Gebäude zu tragen. Die preußische Geschichte liefert ein Seitenstück. Friedrich II. erhob durch seinen großen Geist Preußen zu einer ephemeren Größe. Wie bald ist sie verschwunden! und wodurch ist sie wieder hergestellt? Durch eine Vereinigung des Königs mit seinem Volk!!! Die Gesetze, nach welchen die Verhältnisse der Völker sich ordnen, sind unwiderruflich, sie gelten in Frankreich, wie in Preußen, sie gelten auch in Rußland. Wer die Sprache Gottes nicht versteht, verfällt dem Fatum.

Polen, das Joch abschütteln, was sie drückt; möglich,
daß der russische Adel seine frühere Stellung zurückverlangt,
ja möglich ist, mit einem Worte, außer allem Diesen noch
Vieles, sehr Vieles, da, wo der Wille eines Einzigen auf
Nichts als sich selbst und die Militairgewalt gestützt, in einer
Zeit ein Riesenreich beherrscht, wo die Volksinteressen sich in
dem übrigen Europa eine bedeutende Geltung verschafft haben, und da, wo ihnen kein Gehör geschenkt wird, das Bestehende gewaltsam mit sich fortreißen. Aber neben allen
diesen Möglichkeiten besteht jetzt noch die Wirklichkeit, und
immer nur mit dieser haben wir uns zu beschäftigen, mit
dem jetzigen Selbstherrscher eines Reichs, welcher in drei
Welttheilen gebietet.

Was die specielle Frage betrifft, auf die wir zurückgehen, ob Rußland jetzt schon die Macht besitze, dem übrigen
Europa, und namentlich Oestreich, Preußen und Deutschland,
gefährlich zu werden, so beantwortet sich diese Frage entschieden mit — Nein — ; so lange diese Mächte enge verbunden bleiben und nicht durch innere Zerwürfnisse schwach
werden. Die Militairmacht Rußlands ist der des deutschen
Fürstenbundes, nicht einmal der Preußens allein, für den
Augenblick gewachsen. Ein Krieg mit diesen Mächten würde
Rußland, wenn der ernstliche Wille vorhanden wäre, und
die rechten Mittel zum Zwecke gewählt würden, dahin führen
können, es in seine früheren Gränzen zurück zu drängen.
Um das alte Polen wieder herzustellen, würde nichts wirk-
samer sein, als einem deutschen Prinzen mit einer, den Zeit-
verhältnissen und dem Bildungsgrade des polnischen Volks

angemessenen Verfassung in der Hand, von einem tüchtigen starken Heere begleitet, die Wiederherstellung Polens zu übertragen; bei der unzweifelhaften Unterstützung der ganzen Bevölkerung und bei dem Anklang, den ein solcher Schritt in Frankreich und England finden würde, möchte der Erfolg nicht zweifelhaft bleiben. Eben so wenig würde Rußland die Macht besitzen, die Rückgabe von Curland, Liesland und Finnland, diese verlorenen, mit Germanen bevölkerten Vorposten Europa's gegen den Andrang der Moskowiter, zu verweigern, wenn Europa sie ernstlich zurückforderte.

Dies Alles fühlt Rußland sehr wohl, es kennt in dieser Beziehung zu gut seine eigene Schwäche, die in der Ausdehnung und zugleich in der mangelhaften inneren Verfassung des Reichs und in dem Hasse Europa's gegen das russische Regiment liegt, und daher erklärt sich auch seine anscheinende friedliche Politik bei allen europäischen Fragen, wo es sich stets den beiden andern nordischen Mächten anschließt; daher seine anscheinende Mäßigung gegen die Türkei, welche zu verschlingen England und Frankreich zu verhindern große Anstrengungen kosten würden. Nicht so friedliebend zeigt sich Rußlands Politik Asien gegenüber; schon haben seine Doppeladler den Kaukasus überschritten und blicken lüstern nach Central-Asien, vielleicht selbst nach Indien und seinen Schätzen; allein noch stemmt sich der Kaukasus, noch treten die Steppen, welche Chiva umgeben, ihren Plänen entgegen, und da zwischen den Wünschen und der Verwirklichung derselben oft eine weite Kluft liegt, so kann England sich beruhigen, in diesem Jahrhundert wird Rußland sie in Indien weder direct

noch) indirect besuchen. Erst wenn Rußland seine vorgeschobenen Posten in Europa, bis auf seine früheren Gränzen,
zurückgezogen hat, erst wenn es seine Residenz wieder nach
Moskau, oder besser nach Astrachan verlegt hat, erst wenn
es aufgiebt, in dem europäischen Handeln eine Hauptrolle
spielen zu wollen, erst dann werden sich ihm die Pforten des
schönen Asiens öffnen.

Wenn Rußland aber auch jetzt noch nicht die Macht hat,
seine universal-monarchischen Pläne durchzuführen, so unterläßt es dennoch Nichts, sie sich zu verschaffen, und die Hindernisse zu entfernen, die ihm im Innern entgegentreten.
Von Finnland hat es nichts zu fürchten; mehr Aufmerksamkeit schenkt es der deutschen Bevölkerung Curlands und Lief-
lands. Den dortigen Ständen hat es einige ihrer Vorrechte
gelassen, namentlich die Wahl der Verwaltungs-Behörden,
auch versäumt der Kaiser Nichts, sie in engere Berührung
mit Rußland zu bringen, wohin auch seine vorhin erwähnte
Sorgfalt zu rechnen ist, die bedeutendsten Familien zur griechischen Kirche herüber zu ziehen. Die größte Unruhe flößt
ihm Polen ein, deshalb wendet er Alles an, dem polnischen
Adel, denn nur diesen hat er zu fürchten, eine russisch-mili-
tairische Erziehung zu geben und theils die Häupter desselben
aus ihrem Vaterlande entfernt zu halten, anderntheils mächtige Familien an sich zu ziehen. Gelingt es Rußland, die
Polen zu Russen umzubilden, welches freilich auf dem bisher
verfolgten tyrannischen Wege noch einige Generationen dauern möchte, und stände ihm die tapfere und kriegslustige Bevölkerung Polens, die es jetzt zu fürchten hat, dereinst ganz

zu Gebote, so würde dies seine Macht nach Außen unendlich
verstärken, und wenn es dann den Zeitpunkt abwartete, wo
Deutschland sich, wie es früher vorgekommen ist, innerlich
spaltete, oder, in einem Kriege mit Frankreich verwickelt,
seine Macht dort gebrauchte, so würde es mindestens zu ei=
nem Kampfe auf Tod und Leben kommen, dessen Folgen
nicht abzusehen sind. Am verschmitztesten entwickelt sich
aber die russische Politik nach der Türkei hin und Oestreich
gegenüber.

Als Haupt der griechischen Kirche nimmt es sich der
zahlreichen christlichen Bevölkerung dies= und jenseits des
Bosphorus mit großem Interesse an.*) Oeffentlich geht es
Hand in Hand in der Conservation des türkischen Reichs mit
den übrigen Mächten, unterstützt bald die eine, bald die an=
dere bei den lächerlichen diplomatischen Comödien, welche
dort von den europäischen Abgeordneten gespielt werden, bei
welchen Oestreich die Rolle übernommen hat, sich neben der
Feuerspritze hinzustellen, um jeden möglichen Brand zu löschen,
Preußen die Rolle zugetheilt scheint, das Wasser zuzutragen,
und nur Rußland, England und Frankreich auf der Bühne
declamiren.

Rußland allein ist von den agirenden Personen mit sich
einig, was es will, und während England und Frankreich

---

*) Auch die griechische Bevölkerung im östreichischen Galizien und im
Königreich Ungarn erkennt zwar in dem östreichischen Kaiser ihr
weltliches, in dem russischen Kaiser aber das Oberhaupt ihrer
Kirche an.

von ihrem Denken und Thun dem Parlament und der De=
putirten=Kammer Rechenschaft abzulegen haben, bewahrt Ni=
colaus sein Geheimniß in der eigenen Brust, aber die Con=
sequenz in allen Maßregeln des Kaisers entschleiert das Ge=
heimniß. Rußland will keine Theilung des türkischen Reichs,
es möchte Universalerbe werden, ohne Legate abzugeben.
Schon ist es Rußland gelungen, die Moldau und Wallachei
unter sein Protectorat zu bringen, und sich in Serbien einen
entschiedenen Einfluß zu sichern; von ihm wird es abhängen,
demnächst das Zeichen zu einer allgemeinen Schilderhebung
der zahlreichen griechischen Bevölkerung der europäischen Tür=
kei zu geben; es wird den geeigneten Zeitpunkt zu wählen
wissen, wo eine solche Erfolg hoffen läßt, und schmeichelt
sich, dann den übrigen Großmächten gegenüber mit der be=
rühmten Non-interventions-Acte, zu welcher im Kirchenstaat
und zu Antwerpen Randglossen herausgegeben worden sind,
hervortreten zu können.

Ob übrigens die, unter Rußlands Einfluß stehenden
Provinzen der Moldau, Wallachei und Serbien ohne di=
recte Unterstützung von europäischen Mächten, selbst wenn
die zahlreiche christliche Bevölkerung in der Türkei sich in
Masse erhöbe, vermögend sein würden, den halben Mond aus
Europa zu vertreiben, ist eben so zweifelhaft, als ob sie Ver=
langen tragen würden, sich Rußland in die Arme zu werfen,
da sich schon Zeichen zeigen, daß man auch dort die Russen
nicht länger liebt, als man sie braucht; sollte es dennoch ge=
schehen, so würde Oestreich dadurch heftig bedroht. Ueber=
haupt geht die russische Politik vorzugsweise dahin, das, in

seiner Regierungs-Maxime alternde Oeſtreich zu umſtricken; so gut Rußland ſeine eigenen Schwächen kennt, ſo genau ſind ihm die Oeſtreichs bekannt, und es weiß ſie auszubeuten.

Doch es iſt hier nicht der Ort, dies weiter zu entwickeln, ſondern wir werden jetzt, nachdem wir verſucht haben, eine Schilderung der inneren politiſchen Stellung des ruſſiſchen Reichs und der Richtung ſeiner äußeren Politik zu liefern, nun die politiſchen Zuſtände der übrigen europäiſchen Staaten dem Leſer vorzuführen ſuchen.

Oeſtreich.

Sowie Rußlands auswärtige Politik bisher wenigſtens vorzugsweiſe auf die Erweiterung ſeines Gebiets und dahin gerichtet iſt, einen überwiegenden politiſchen Einfluß ſowohl in Europa, als in Aſien zu gewinnen, ſo iſt die Oeſtreichs eine durchweg conſervativ-paſſive, und wie Rußland unter den eroberungsluſtigen Mächten den erſten Rang einnimmt, ſo Oeſtreich unter denen, die den europäiſchen Frieden wün= ſchen; ob es aber die Macht beſitze, dieſen, wenn es nöthig ſein ſollte, mit Nachdruck aufrecht zu erhalten, ob es auch in der Folge und unter allen Verhältniſſen dies vermögen wird, iſt eine Frage, bei deren Löſung ſeine Mitverbündeten und Europa ſelbſt ſehr betheiligt ſind. Nach der vorherrſchenden Meinung im übrigen Deutſchland beſtehen in dieſer Beziehung ernſte Beſorgniſſe, weil Oeſtreich in der geiſtigen, politiſchen und ſtaatlichen Entwickelung gegen ſeine weſtlichen Nachbaren weit zurückbleibt, weil es ſich als ein Beamten=Staat, aus ſehr unreinem Material von unten auf gebaut, cryſtalliſiren

zu wollen scheint, und weil es aus den heterogensten Bestandtheilen zusammengesetzt ist, die sich nicht lieben, sondern einander feindlich sind, oder doch geringschätzen. Wäre aber
eine solche Meinung begründet, so würde hierin für Oestreich
eine ernste Aufforderung liegen, zur Abhülfe der vorhandenen
Uebelstände zu schreiten. Eine nähere Prüfung der Verhältnisse kann allein die vorliegende Frage entscheiden.

Wenn wir uns für den Augenblick wieder dem allgemeinen Gesichtspunkte zuwenden, so unterliegt es keinem
Zweifel, daß die heutige Politik der fünf Mächte, denen durch
die Kraft, die sie besitzen, die Entscheidung des Schicksals
Europa's anheim gefallen ist, auf einem Systeme des vermeintlichen Gleichgewichts beruht, und daß eine wechselseitige
eifersüchtige Controlle darüber bestehe, daß keine der Mächte
den Umfang des Reichs vermehre. Ein solches System ist
aber ein thörichtes und beruht auf einem Irrthum, denn weder in dem Umfange, noch überhaupt in den materiellen Mitteln eines Reichs allein liegt seine Kraft, sondern noch in
vielfachen anderen Verhältnissen, die sich ganz außerhalb der
Einwirkung und Controlle fremder Mächte befinden. Aber
selbst von der materiellen Kraft eines Reichs bildet der Umfang und die Bevölkerung nur einen geringern Theil; die
Fruchtbarkeit des Bodens, die Gewerbthätigkeit des Volks,
der Ertrag der, auf Ackerbau, Manufacturen und Handel
verwendeten Capitalien und Arbeit und die Ordnung im
Staatshaushalte den bei weitem größeren.

So wesentlich nun auch ein gewisser Grad von materieller Kraft jedem Reiche zur Behauptung seiner äußeren

Stellung nöthig ist, so wenig entscheidet diese allein, wenn ihr nicht eine Concentration der Staatskräfte, ein zweckmäßiger Verwaltungs-Organismus zur Seite stehen, und vor Allem eine gewisse moralische Kraft und ein kernhaftes Volk, welches im Fall eines Kampfes auch seine eigenen Interessen mit vertheidigt.

Wenn man nun den Blick auf Oestreich richtet und seine Macht nach den statistischen Angaben berechnen wollte, so steht es unter den Continental-Mächten mit in der ersten Reihe, durch die Fruchtbarkeit seines Bodens, durch seine zahlreiche Bevölkerung und durch die mannigfachen Hülfsquellen, deren es sich erfreut. Auch wenn die Macht eines Reichs nach der Kopfzahl der Soldaten, die es unterhält, ohne Rücksicht darauf, welches Interesse diese haben, ihr Leben dem Vaterlande zu opfern, beurtheilt wird, so steht Oestreich keiner anderen, und selbst Frankreich kann nach. Dennoch werden wir bei einer näheren Untersuchung finden, daß ihm Vieles abgeht, um in voller Kraft dazustehen; auch zeigt die frühere Kriegsgeschichte dieser Monarchie, wie manche Provinzen ihr in Folge von unglücklichen Kriegen entrissen worden sind, und wie der Ersatz dafür immer nur in Folge von Bündnissen mit andern Mächten und bei Gelegenheit großer Länder-Vertheilungen erfolgt ist. Oestreichs Antheil an dem ehemaligen Königreich Polen, die Erweiterung seines Besitzes in Italien und den Litoralen sind das Equivalent für den Verlust so vieler, durch die Waffen verloren gegangener alter Provinzen seines Reichs.

Doch könnten überhaupt Zweifel darüber bestehen, wie wenig die physische Macht allein bedeutet; so haben wir in neuester Zeit ein merkwürdiges Beispiel davon in dem Kampfe der Chinesen und Engländer erlebt. *) Inzwischen auch ohne ein solches Beispiel wie die unten stehende Note anführt, steht es wohl unwiderruflich fest, daß die mora=lische Kraft vor Allem entscheidet und jede nähere Prüfung wird zeigen, wie weit Oestreich davon entfernt sei, sie zu besitzen. Bestätigte sich nun bei einer näheren Untersuchung der östreichischen Zustände die Wahrheit dieser Ansicht, so würde daraus folgen, daß die Regierung sich in einem großen Irrthum befinde, indem sie eine rein conservative Richtung zu verfolgen glaubt, unbewußt aber eine destruc=tive gewählt hat. Das Wort „conservativ (erhaltend)" drückt zugleich die Idee aus, daß etwas bestehe, was be=wahrt zu werden verdient. Wenn es nun der Fall wäre, daß die innere Verfassung Oestreichs, das Verhältniß der einzelnen Provinzen unter sich und zum Ganzen, der Rechts=zustand und der Verwaltungs = Organismus mit sammt dem

---

*) China mit einer Bevölkerung, welche die von ganz Europa über=trifft, mit Hülfsquellen wie kein anderes Reich auf Erden sie besitzt, von einem Autocraten beherrscht, in dessen Hand die ganze Macht concentrirt ist, von Soldaten vertheidigt, die mit dem größten Muthe ihre Sache verfechten, ist von einer Hand voll Engländer besiegt, und hat vor den Mauern einer ihrer Haupt=städte, im Innern des Landes belegen, den Frieden unterzeichnen müssen, den ihr ein englischer Offizier mit einer Hand voll Sol=daten diktirte.

Personal mangelhaft und schlecht sei, wie wir dies beweisen zu können glauben, so verfolgt die östreichische Regierung, indem sie einen zum Verderben des Landes führenden Zustand erhalten will, eine destructive Richtung; dies ist vollkommen logisch wahr, und wenn wir daher die Richtigkeit des Vordersatzes beweisen, so folgt daraus, daß das östreichische Ministerium, Metternich an der Spitze, eine die Macht des Staats schwächende, die Wohlfahrt der Nation bedrohende Politik verfolgt habe; doch wenden wir uns zum Thatenbestand selbst.

Von allen großen europäischen Monarchien zeigt dieses Kaiserreich, wie schon vorläufig angedeutet worden ist, die größte Verschiedenheit in der Zusammenstellung der einzelnen Landestheile; das einzige Band, was diese Völker vereinigt, ist der gemeinschaftliche kaiserliche Scepter und bei Einigen vielleicht eine alte Anhänglichkeit an der Dynastie und die Gewohnheit dieser zu gehorchen, während bei Anderen die Militairmacht allein sie dazu zwingt, wie dies entschieden in Italien und Galizien der Fall ist.

Sowie Rußlands Schwäche in der Ausdehnung seines Reichs liegt, so die Oestreichs darin, daß es eine Musterkarte von den aller heterogensten Volksstämmen zeigt, die in Abstammung, Sprache, politischer Verfassung, geistiger Bildung, nationaler Richtung, politischer Organisation und materiellen Zuständen so ganz von einander abweichen, und Einzelne genommen, sich mit dem Ganzen so ohne allen näheren Zusammenhang befinden, daß sie heute wieder von der Monarchie getrennt werden können, wie sie früher dieser

zugetheilt worden sind, ohne daß die anderen Theile auf
irgend eine Weise empfindlich dadurch berührt werden wür=
den. So lange Oestreich sich den inneren und äußeren
Frieden zu bewahren vermag, hält die morsche Staats=
Maschine zusammen, so lange ist es ausreichend, daß Alle
einem Kaiser gehorchen; allein sollte die Zeit der Stürme
wieder eintreten, wozu es an Möglichkeiten nicht fehlt, so
werden diese nur zu leicht lösen, was so locker und so äu=
ßerlich zusammengefügt ist.

Zu einer Verschmelzung der einzelnen Glieder eines gro=
ßen Reichs zu einem Ganzen, zu einem Volk, ist gleiche
Abstammung und Sprache, gleiche Verfassung, gleicher
Rechtszustand, gleicher Antheil an den Staatslasten, an der
Vertheidigung des Landes, erforderlich, und vor Allem ein
wechselseitiger freier Verkehr; wo alle diese Erfordernisse
fehlen, wie bei Oestreich, müßte wenigstens eine Vereinigung
der einzelnen Theile in allen den Punkten stattfinden, die
im gemeinschaftlichen Interesse Aller liegen.

In der östreichischen Monarchie ist die Abstammung
und Sprache, wie bereits erwähnt, eben so verschieden, als
die Verfassung, eine Gleichheit vor dem Gesetze besteht nicht;
die Staatslasten werden mit so ungleichen Schultern getra=
gen, daß Ungarn fast Nichts zu selbigen beisteuert; die
Vertheidigung des Landes lastet, mit unbedeutenden Aus=
nahmen, ausschließlich auf die unteren Volksklassen, die zu=
gleich den vielfachsten Druck erfahren. Alle Attribute, die
zur Bildung eines Volks oder wenigstens zu einer näheren
Verschmelzung zu einem Ganzen führen, mangeln mithin

völlig, und es fällt auch Niemand ein, von einem öſtreichiſchen Volke zu ſprechen.

Wenn wir nun unterſuchen, ob und welchen Erſatz die
beſtehende Verfaſſung oder die Verwaltung und deren Grundſätze für ſo große Mängel gewährt, ſo finden wir dieſen
weder in einer dem vorgeſchrittenen Geiſte der Zeit entſpre-
chenden Ordnung der Verhältniſſe der verſchiedenen Volks-
klaſſen unter ſich und zum Staats-Oberhaupte, noch in einem gleichmäßig geregelten Verwaltungs-Organismus, oder
in einem intelligenten, thätigen und integrem Beamten-Per-
ſonale, eben ſo wenig in einer weiſen Staatsöconomie, am
allerwenigſten aber in einem wirklichen Fortſchreiten der
Regierung mit dem Geiſte des Zeitalters und dem Bedürf-
niſſe der Völker, auf dem einzigen, zum Ziele führenden
Wege, dem des Baues von unten auf.

Daß bei ſo vielfachen Uebelſtänden, die, wie wir zeigen
werden, in Oeſtreich beſtehen, es dennoch für den Augenblick allen Theorien zum Trotz, groß und mächtig in der
Meinung von Europa daſteht, iſt eben ſo gewiß, als daß
die öſtreichiſchen Unterthanen ſich zum Theil recht behaglich
fühlen und weit gemüthlicher leben, als in manchen anderen
Ländern, die ſich einer großen geiſtigen Entwickelung rüh-
men, von welcher das öſtreichiſche Volk im Allgemeinen noch
wenig weiß. Die Gründe, weshalb ſich im Ganzen die
öſtreichiſchen Unterthanen theilweiſe in ihrem Verhältniß
wohl zu befinden ſcheinen, ſind nicht ſchwer zu entdecken.
Zuerſt iſt die Macht des Beſtehenden ſtets ſehr groß und
der Menſch überhaupt ein Gewohnheitsthier, und dies um

so mehr, je weniger seine geistige Entwickelung vorgeschritten
ist. Ein Uebel, mit welchem man von Jugend auf behaf=
tet gewesen ist, und das schon vom Vater auf die Söhne
überkommen ist, fühlt man kaum und betrachtet es als eine
Nothwendigkeit, die man ruhig ertragen müsse, wie das
schlechte Wetter. Ferner mildern sich die vielen Mißbräuche,
welche in Oestreich bestehen, und welche die Masse des Volks
der Willführ der Beamten und der Großen Preis geben,
häufig durch die allgemeine gemüthliche und menschenfreund=
liche Gesinnung, welche sich theilweise in Oestreich sehr vor=
herrschend zeigt und von den Gliedern der kaiserlichen Fa=
milie selbst ausgeht. Endlich fühlt der Mensch und fühlen
gleich ihm auch die Völker ein Uebel oft erst dann drückend,
wenn sie einen Maaßstab des Urtheils erhalten haben, und
daß sie diesen nicht bekommen, dafür hat die Regierung bis
jetzt möglichst gesorgt.

Wenn wir diesem Allen noch hinzurechnen, daß seit
dem Jahre 1815 die Sonne des Friedens ihre wohlthätigen
Strahlen auf die materielle Wohlfahrt des Landes geschossen
und die Regierung selbst auch Vieles gethan hat, den Wohl=
stand auf einzelnen Punkten zu befördern, so kann Niemand
sich über die Behaglichkeit, in welcher ein Theil des Volks
und vor Allem die guten Wiener sich zu befinden scheinen,
wundern.

Wenn es sich nun aus dem eben Angeführten aber
auch sehr wohl erklärt, daß Oestreich mit seinen bedeuten=
den, freilich wenig benutzten, natürlichen Hülfsquellen, mit
einem ansehnlichen stehenden Heere im Stande sei, seinen

äußeren Rang in der Meinung der Diplomaten zu behaupten, die in der Regel nicht gewohnt sind, tiefer in das Wesen der Dinge einzudringen, und die östreichischen Unterthanen in Wien sich auch ganz wohl befinden, so darf dabei nicht übersehen werden, daß es sich bei der vorliegenden
Untersuchung nicht vom Frieden, sondern von der Kraft
handelt, diesen bei inneren und äußeren Stürmen zu erhalten, und daß diese nicht ausbleiben werden, darauf deuten
so manche Gewitterwolken am östreichischen Horizont hin,
die sich nimmermehr von selbst in Dunst auflösen werden.

Zu Anfange dieser Schrift haben wir darauf aufmerksam gemacht, welche Veränderungen in der Politik durch
den Gang der Weltbegebenheiten eingetreten sind, daß die
unwiderstehliche Richtung der Zeit dahin gehe, den Volksinteressen Geltung zu verschaffen und die Politik der Fürstenhäuser auf die Dauer den begonnenen Kampf nicht mehr
zu bestehen vermöge. In Oestreich hat bis jetzt nach Außen die Politik des Herrschers allein Berücksichtigung gefunden und im Innern wieder vorzugsweise die Interessen einer
gewissen Zahl sehr mächtiger und einflußreicher Familien.

Die Verfassung der östreichischen Monarchie ist in ihren
einzelnen Bestandtheilen ungleich. Im Königreich Ungarn,
Siebenbürgen und dem Littorale stehen den Ständen Vorrechte zu, durch welche dort noch mittelalterliche Zustände
erhalten werden, die den Einfluß der Regierung auf die
inneren Zustände dieser Landestheile ganz einengen und zugleich die materielle Entwickelung zurückhalten; dagegen in
den alten Stamm-Provinzen, ober- und unterhalb der Ems,

in Tyrol, Böhmen, Mähren, Galizien, der Lombardei und
Venedig, ist die Verfassung ganz autocratisch, dort wird
der Wille des Kaisers durch keine ständische Verfassung beschränkt, und die noch dem Namen nach bestehenden Stände
erfreuen sich nicht einmal eines Schattens von politischem
Einfluß und beschränken sich darauf, daß sie von der Regierung deren Postulate in Empfang nehmen, welche die
Bestimmung enthalten, wie hoch der Betrag der Steuer sei,
welche die Regierung verlangt, und wie viele Rekruten das
Heer bedürfe u. s. w. Remonstrationen stehen den Ständen
nicht zu, wenigstens sind sie außer Gebrauch gekommen,
wenn auch in Niederöstreich und Böhmen es in dieser Beziehung schon zu wetterleuchten anfängt; dagegen ist es das
Amt der, aus den Ständen gewählten, Ausschüsse die
Steuern einzuziehen und die Rekruten auszuheben. *)

So unumschränkt nun auch die Machtbefugnisse des Kaisers, seinem Volke gegenüber, in den ebengenannten Landestheilen zu sein scheinen, so sind diese doch in Oestreich, wie
in allen absoluten Staaten, mehr nominel als reel, denn
die eigentliche Regierung liegt in der Verwaltung. In einer absoluten Monarchie gehört der Geist eines Friedrich II.
von Preußen oder Peters des Großen oder Napoleons dazu,

_____

*) Bei den vielen kleinen Abweichungen, die in Oestreich in den ein-
zelnen Theilen vorkommen, halten wir uns verpflichtet, diese zu
übergehen, und uns an das Allgemeine zu halten, weil wir sonst
unnütz den Faden der Mittheilung unterbrechen würden.

um das Regiment selbst zu führen; es gehört dazu, daß der
Monarch zugleich Feldherr und vollendeter Staatsmann sei
und dabei noch ein höchst erfahrener und umsichtiger Administrator. Solche Geister werden aber nur selten geboren.

Ob aber in einer, aus so heterogenen Bestandtheilen
zusammengesetzten, Monarchie, wie Oestreich, selbst ein Friedrich der Große sich zur Seele des Ganzen zu erheben im
Stande sein würde, bleibt höchst zweifelhaft, wenigstens
mißglückten die Versuche Kaiser Josephs II. unter viel gün-
stigeren Umständen, als die jetzigen, gänzlich. In Oestreich
hat sich nun eine Anzahl großer einflußreicher Familien in
Besitz aller höheren Stellen gesetzt, und durch das gemeinsame Interesse gleichsam eine Kaste gebildet, in deren Händen die wirkliche Regierung, mit Ausnahme des Königreichs
Ungarn, liegt, deren Haupt-Tendenz dahin geht, die Prärogativen der großen Grundbesitzer unberührt zu erhalten,
und die die Macht des Kaisers der That nach so einengt,
daß diesem wohl ein einzelnes Einschreiten möglich, aber jede
durchgreifende Reform unmöglich gemacht wird, und der
Kaiser factisch in allen wichtigen Punkten nicht viel mehr
ist als Derjenige, der dem Thun und Lassen der Büreaucratie die Sanction ertheilt und das kaiserliche Siegel auf-
drückt. Eine solche Verfassung ist es nun, die sich ver-
meintlich im göttlichen Rechte befinden soll, wo der Herrscher, ohne einseitig in das große Rad einzugreifen, sich den
Willen der Beamten nicht zu entziehen vermag, und gleichsam der Träger alles Dessen ist, was Nachtheiliges ge-

ſchieht. *) Aus dieſer ungünſtigen Lage, in welcher der
Monarch ſich unter dem Einfluß der Großen des Reichs
und der Beamten befindet, ſich herauszureißen, iſt das ein=
zige Mittel ſich ſobald als möglich mit Ständen zu umge=
ben, mit den Vertretern ſeines Volks; denn nur dadurch
wird es ihm möglich die Verhältniſſe zu überſehen und die
eigentliche Regierung ſelbſt zu führen. **)

Aus dem Einfluſſe der großen Familien in Oeſtreich,
die ſich in den Beſitz aller höheren Stellen zu ſetzen wiſſen
und die, wenn ſie auch ausnahmsweiſe einen Briefadlichen
oder Bürgerlichen von Talent, in einen höheren Poſten

---

*) Der Kaiſer Franz täuſchte ſich auch über ſeine eigene Stellung,
der Verwaltung gegenüber nicht, denn als ihm eines Tages Je=
mand eine, nach des Kaiſers Meinung begründete, Klageſchrift
überreichte, machte er den Supplicanten auf eine andere Wen=
dung, die er ſeiner Sache geben müſſe aufmerkſam, und ſagte
dann: „ſo geben Sie es nur dem Staatskanzler, dann hoffe ich
wird es durchgehen, ſagen Sie aber nicht, daß Sie ſchon bei
mir geweſen ſind.“

Wenn Metternich eben ſo aufrichtig wäre wie Franz, ſo
würde er wahrſcheinlich eingeſtehen: auch ich kann nicht Alles
durchführen, was ich will, und wenn ich Vieles durchſetze, ſo
wird es mir nicht ſowohl möglich, weil ich der Stellvertreter des
Kaiſers, ſondern weil ich der Klügſte und Gewandteſte bin.

**) Unbegreiflich ſcheint es, beiläufig geſagt, wie es der Büreaucra=
tie noch ſo häufig gelingt, den Herrſcher glauben zu machen, daß
ſie in der Vertheidigung der unumſchränkten Gewalt die Rechte
des Thrones verfechte, während doch nur davon die Rede iſt,
den Thron in einer nothwendigen Abhängigkeit von ſich zu er=
halten.

eintreten lassen, sich doch im Ganzen stets aus ihrer Mitte
rekrutiren, und dadurch das Staatsruder in Händen behalten, erklärt sich das gegenwärtige innere politische System
der Monarchie und die ängstliche Sorge gegen jede Reform,
die ihnen die Macht und zugleich ihre Prärogative entreißen
könnte. Der in Oestreich, durch die Verwaltung den größten Einfluß besitzende, Adel ist thöricht genug eine Stellung
behaupten zu wollen, die auf die Länge unhaltbar ist, und
wählt dazu Mittel, die unausführbar sind, und überdem ihm
selbst schaden, in seinen Vermögens-Verhältnissen schwächen
und oft zu Grunde richten.

Der hohe Adel in Oestreich (Ungarn schließen wir bei
den nachfolgenden Betrachtungen ganz aus) ist so begütert,
daß wenn die Agrar-Gesetzgebung nicht so unglücklich wäre,
wie sie ist, er dem englischen an Reichthum gleich kommen
könnte, während ihm jetzt die freie Benutzung seines Grund
und Bodens fehlt und ihm an Revenüen nicht vielmehr
übrig bleiben, als was seine Beamten ihm zu lassen für
gut finden. Der östreichische Adel, der, wenn er seine
Stellung und Mittel benutzte, einen würdigen und ehrenwerthen Platz in der ständischen Monarchie als Repräsentant
des Grund und Bodens einnehmen könnte, der als Rathgeber der Krone, an der Spitze einer ständischen Vertretung,
die Größe und Macht Oestreichs, die Wohlfahrt der Nation
fest zu begründen vermöchte, zieht es vor, die Rolle der
Ministeriellen zu spielen und hat dafür das Unglück von
den Beamten in seinen ihm eigenthümlich gehörenden Herr-

schaften, ebenso beherrscht und gleichsam mißhandelt zu werden, wie die Monarchie von den Reichsbeamten.

Oestreich muß man als das Reich der Büreaucratie betrachten, in welchem zwar in der Regel die hohen Stellen mit gebildeten Männern von ehrenhaften Gesinnungen besetzt sind; die unteren dagegen, der großen Mehrzahl nach, aus einem Ausschuß von Personen besteht, die nur zu oft schon mit dem Ruf einer schlechten Conduite in die Verwaltung eintreten, die ohne alle Kenntnisse, ohne Ehrgefühl ein Amt annehmen, zu welchem sie oft nur auf gewisse Jahre engagirt werden und die dabei ein so geringes Gehalt beziehen, daß sie stehlen und betrügen müssen, um nicht zu verhungern. Letzteres vollführen sie denn auch in vollem Maße und es ist wie in Rußland dahin gekommen, daß dort fast Alles durch Bestechung, nichts ohne Bestechung erreicht werden kann, jedoch mit der Ausnahme, daß in Rußland die Bestechlichkeit bei den Kosaken anfängt und erst in der nächsten Umgebung des Kaisers aufhört, während sie sich in Oestreich größtentheils auf die unteren Civilbeamten und auf gewisse Kammern in Wien beschränkt, dagegen in der Armee selten, und fast nie bei den hohen und höchsten Staatsbeamten vorkömmt.

Die Folgen einer solchen Besetzung der Aemter sind um so trauriger, da in der absoluten Monarchie Alles auf eine tüchtige Verwaltung, bei dieser wieder auf ein gebildetes, thätiges und integres Unterpersonal ankömmt. Die administrirenden Verwaltungs=Behörden sind es, denen die Ausführung der Gesetze und Anordnungen der hohen Regierung obliegen; wenn diese aber unfähig sind oder sich über die, ihnen ertheilten Vorschriften fortsetzen, so stockt der ganze Mechanismus. Ganz besonders groß sind die Nachtheile, welche durch die Bestechlichkeit der Grenzaufseher dem Lande erwachsen, der den Manufacturen bestimmte Schutz wird dadurch kraftlos und verfehlt jeden Effect. Bei dem Umfange, den die Verderbtheit der Beamten gewonnen hat, befindet sich die Regierung in der übelsten Lage, denn wollte sie, wie sie es schon öfters ohne wesentlichen Erfolg versucht hat, die schlechten Subjecte fortjagen, so findet sie keine besseren, und wollte sie sie alle gehen lassen, so bleibt ihr nur die Aussicht eben so schlechte Subjecte wieder annehmen zu müssen, da es an den vorgebildeten Personen fehlt, und da sich kein ordentliches Individuum dazu hergeben wird auf gewisse Jahre engagirt zu werden und für ein Gehalt zu dienen bei welchem nur die Alternative bleibt, zu verhungern,*) oder zu betrügen.**)

Wenn man nun ferner erwägt, daß in Oestreich Alles verwaltet wird, das Große wie das Kleine, daß fast Alles

---

*) So z. B. erhält ein Gränzwächter 5 Sgr. auf den Tag, während er an der Gränze, wo es theuer ist, das sechsfache braucht, um leben zu können.

**) Inzwischen finden doch auch Ausnahmen statt, und besonders hat man in neuester Zeit, von Wien aus sich ernstlich bemüht, wenigstens auf einigen Punkten dem Unwesen zu steuern; ob diesmal mit bleibendem Erfolg, wird die Zeit lehren. So lange aber der Grundsatz festgehalten wird, daß zunehmende Bildung politische Gefahren herbei führe, wird Oestreich ein tüchtiges Beamten-Personale fehlen.

verboten ist, woran man in keinem anderen Lande als in Oestreich denkt, daß Alles bevormundet wird, daß den unteren Beamten die Aufsicht über Alles übertragen bleibt, so wird man sich leicht ein Bild davon machen können, welchen nachtheiligen Einfluß die Unwissenheit und Bestechlichkeit der Beamten auf die Entwickelung des Handels, der Gewerbe und des Ackerbaues haben müssen, und welchen auf den Character eines Theils der Nation selbst.

In Oestreich sind manche Gegenstände Monopol der Regierung, wie z. B. Taback und Salz; andere, wie Colonial-Waaren werden übermäßig besteuert; welche Aufforderung liegt hierin zur Defraude, und wie umfangreich wird sie unter den bestehenden Verhältnissen betrieben. Auf viele Fabrications-Gegenstände sind zum Schutz der inländischen Industrie ebenfalls so hohe Zölle gelegt, daß diese einem Verbote gleich kommen; nichts desto weniger werden sie in Massen eingeführt, und richten dadurch die Fabrikation zu Grunde. Ein mäßiger Schutzzoll würde, wenn die Gränzwachen ehrlichen und thätigen Beamten anvertraut werden könnten, die in den Fabriken angelegten Capitalien mehr sichern, als es jetzt der Fall ist. *)

Da es der Regierung, wie es scheint, an den Mitteln

---

*) Ein ganz gleiches Verhältniß fand früher in Preußen statt; inzwischen durch Verminderung der Prämien auf die Defrauden und durch Anstellung eines Personals, welches auf Lebenszeit angestellt und gut bezahlt wird, hat sich ein Beamten-Stand herausgebildet, der aus Ehrgefühl unbestechlich ist.

fehlt die Unzahl der Beamten (man giebt die Gesammtzahl der Grenzwachen auf 60,000 an) so zu besolden, daß sie nicht zu betrügen brauchen, so kann sie nicht alle vorkommenden Fälle strafen; sie wählt daher besonders die heraus, wo durch Bestechungen Gegenstände eingeschwärzt werden, bei denen sie selbst, wie bei dem Taback und den Colonial-Waaren, sich zunächst betheiligt glaubt; diese straft sie scharf. Bei anderen Unterschleifen ist sie nachsichtig, und die Fabrikanten behaupten, es bestehe mit den Gränzwachen ein stillschweigender Vertrag, daß wenn diese sich in den Punkten, bei welchen die Regierung zunächst betheiligt sei, strenge bewiesen, es bei den anderen nicht so genau genommen werden solle.

Bezeichnend ist es, daß, wie in Rußland, so in Oestreich, die größte Aufmerksamkeit auf die Einfuhr von Schriften gerichtet wird, und es darf kein Buch eingebracht werden, was der östreichischen Regierung mißfällt; dennoch schleichen sie sich durch und von der verbotenen Schrift: „Oestreich und seine Zukunft" sollen 4000 Exemplare allein in der Monarchie, unter Vermittelung der Beamten selbst, eingeführt worden sein.*)

---

*) Wie weit die Censur geht, und was ihr alles unterworfen ist, beweiset folgender Fall: Einem Reisenden wird in Böhmen ein Koffer mit werthvollem Inhalte auf der Reise vom Wagen gestohlen. Er will darauf in den Zeitungen bekannt machen lassen, daß der eine bedeutende Belohnung erhalten solle, welcher zur Entdeckung des Diebes beitrüge; allein, daß in Oestreich gestohlen werden könne, streitet gegen die Censur-Gesetze, und das Wort „gestohlen," muß in „verloren" verwandelt werden.

So unverkennbar nun in der Tendenz, Alles regieren zu wollen, sowie in der Masse von Staats=Beamten, in ihrer Unfähigkeit und größtentheils in ihrer Bestechlichkeit, ein schwer zu heilender Krebsschaden liegt, der das Budget belastet, die Unterthanen quält, die Industrie lähmt und die Macht des Staates schwächt, so hört dennoch in Oestreich mit den Staatsbeamten der benannte Unfug noch nicht auf, sondern erneuert sich auf eine merkwürdige Weise erst recht in den Beamten der großen Gutsbesitzer. Wir werden bei der Mittheilung dieses Verhältnisses die beste Gelegenheit haben, zugleich die Lage der großen Masse der ländlichen Bevölkerung als eine solche zu schildern, welche die ganze Aufmerksamkeit der Regierung verdient, und mit deren Aenderung jede Reform beginnen sollte.

Unter Joseph II., dem einzigen Reformator, den Oestreich je gehabt hat, ward die Unterthänigkeit, in den alten Provinzen der Monarchie, dem Namen nach aufgehoben, der That nach besteht sie aber noch ganz vollständig, denn das Schicksal dieses bedeutendsten Theils der Bevölkerung liegt ganz in den Händen ihrer Grundherren, oder was noch weit schlimmer ist, deren Beamten, die fast durchweg aus rohen, übermüthigen, harten aber sehr verschmitzten Menschen bestehen, welche zugleich von den Untergebenen Geld erpressen und ihre Herren betrügen.

So wenig die von Joseph II. angeordnete Freizügigkeit der unteren ländlichen Bevölkerung dieser von Nutzen ist, weil sie es nirgends anders und besser zu finden hoffen darf, ebensowenig nützt es dem Gutsherrn, mit seinen Be=

amten zu wechseln, denn er findet schwerlich bessere, da alle
diese Beamten fast durchweg eine Kaste bilden, die in stillschweigender Uebereinstimmung ganz nach gleichen Grundsätzen die Unterthanen wie die Herren behandeln. Die Verhältnisse der kleinen Grundbesitzer, und der ländlichen Bevölkerung überhaupt zu ihren Gutsherren sind zwar in den
verschiedenen Landestheilen etwas von einander abweichend
und werden bald milder bald strenger gehandhabt; inzwischen
würde ein tieferes Eingehen darauf, uns von unserem Ziele
abführen, da wir es nur mit den großen und allgemeinen
Zuständen und ihrem Einfluß auf die inneren politischen
Verhältnisse der Monarchie und ihrer Bevölkerung zu thun
haben. Der kleine Landbebauer, der in den deutschen Provinzen Oestreichs in einer Art lassitischen Verhältnisses steht,
in dem Lande ober und unter der Ems und in Italien sich
am wohlsten befindet, in Galizien als Hund behandelt wird,
zahlt dem Gutsherrn einen Grundgeld, Canon, Erbzinspacht,
von den benutzten Ländereien, oder leistet ihm auch Hof-
dienste oder wie es sonst die Landessitte oder altes Herkom-
men bestimmt haben. Diese Geld-Abgaben oder Dienstlei-
stungen sind in der Regel nicht übermäßig hoch, nicht lästig,
doch relativ ist dies vielfältig der Fall, weil die Grundstücke
unter dem Zwange, unter dem sie stehen, so schlecht benutzt
werden.

Da die Gutsherren in der Regel sich nicht, wie z. B. in
Preußen, Sachsen, Mecklenburg und Holstein, persönlich mit
der Bewirthschaftung ihrer Rittergüter befassen, so ist die
Erhebung der Abgaben und die Anordnung der Dienstlei-

stungen den Beamten übertragen. Nach der östreichischen Verfassung ist der Gutsherr Polizei-Obrigkeit, Gerichtsherr, Kirchen- und Schulpatron, und übt auch politische Rechte, wie man es gewöhnlich zu nennen pflegt, aus. Letztere bestehen nun darin, daß die Stände zum sogenannten Postulaten-Landtage zusammenkommen und sich versammeln, die Forderungen der Regierung, der diesjährigen Steuer- und Rekruten-Aushebung entgegennehmen, diese auf die Bevölkerung repartiren und demnächst beides, Geld und Rekruten, durch ihre Beamten von den Pflichtigen einziehen. Da diese nun auch die Polizei verwalten, das Richteramt verrichten, die Aufsicht über Kirchen und Schulen üben, so ist leicht zu berechnen, daß die Unterthanen ganz der Discretion dieser verschiedenen Beamten anheim fallen, die, wenn sie sich deren Freundschaft nicht durch Bestechung, Dienstleistung und knechtische Unterwürfigkeit zu erwerben verstehen,*) von Gerichts- oder Polizeiwegen dafür angefaßt werden, oder wenn sie dazu keine Veranlassung geben, Execution wegen der gutsherrlichen und Staats-Abgaben erhalten, oder als Rekruten ausgehoben werden.

Wäre diese Gewalt, die der Gutsherr über seine Unterthanen hat, und die er wieder einer von Grund aus

---

*) Wie weit diese knechtische Unterwürfigkeit geht, darüber wird in einem Werke, über östreichische Zustände, durch Mittheilung eines Briefes ein Beweis geliefert. Das Schreiben enthält eine Neujahrs-Gratulation an einem Unter-Beamten, in welchem sich der Schreiber des Briefes als unterthänigster Pudel zeichnet.

verdorbenen Klaſſe ſchlechter Beamten überträgt, unter eine
ſcharfe Controlle wohl organiſirter Staatsbehörden geſtellt,
ſo würde der Druck nicht ſo hart ſein; dazu kömmt, daß es
der Regierung nicht an gutem Willen fehlt, die Mißbräuche
zu beſchränken, wie ſo manche vortreffliche Verordnungen beweiſen, wohl aber an der Kraft und den Mitteln, dieſem
Geltung zu verſchaffen.

In manchen Theilen Deutſchlands und namentlich in
Preußen ſtehen den Rittergutsbeſitzern noch manche ähnliche
Vorrechte zu, gegen die ununterbrochen ein lebhafter Federkrieg von der ultra-liberalen Partei erhoben wird; inzwiſchen die Verhältniſſe ſind ganz verſchieden, und es wird
für manchen auswärtigen Leſer und namentlich in Oeſtreich,
nicht ohne Intereſſe ſein die Abweichungen kennen zu lernen.

Was die Patrimonial-Gerichtsbarkeit betrifft, ſo beſteht
in dieſer Beziehung in Oeſtreich keine Controlle, eine deſto
ſtärkere in Preußen. Hier ernennt der Gerichtsherr zwar
den Richter, aber immer auf Lebenszeit und beſoldet ihn
auch, allein die Ernennung bedarf der Beſtätigung der
Obergerichte, und der Richter, der in der Regel auch kö-
niglicher Richter iſt, ſteht als ſolcher ganz unabhängig von
dem Gutsherrn und nur unter den königlichen Obergerichten,
iſt übrigens in Criminalſachen nur Inſtruent, die Erkennt-
niſſe ſelbſt fällen dann jene, und der Gerichtsherr zahlt
nur die Koſten. In den Civilprozeſſen der Gutsherren gegen die Gutseinſaſſen (ein Unterthänigkeits-Verhältniß beſteht
in keiner Beziehung mehr) erkennt der Patrimonial-Richter
in erſter Inſtanz, die Appellation geht an die königlichen

10

Gerichtshöfe und die letzte Entscheidung fällt daher immer diesen anheim.

Die Nachtheile dieser Patrimonial-Gerichts-Verfassung sucht man vor Allem in dem Prinzip, daß im Namen von Privatpersonen Rechtserkenntnisse gefällt werden; ferner, daß einzeln stehende Richter Erkenntnisse abfassen; endlich, daß der Gerichtsherr Einfluß auf den Richter üben könne, und daß vielleicht die Unkosten, welche dem Gutsherrn aus den Criminal-Untersuchungen erwachsen und die Mühe, welche diese dem Richter verursachen, dazu beitragen könnten, die Untersuchung zu unterdrücken. Die Vorzüge bestehen dagegen in der wohlfeileren und schnelleren Rechtspflege und darin, daß die vielen, in der Regel nur Bagatell-Sachen, an Ort und Stelle abgemacht werden, die Betheiligten daher weniger belästigen, als wenn sie in entfernten Städten Recht suchen müßten, wobei noch Erwähnung verdient, daß die Klagen der Gutsherren gegen die Einsassen sich bei den wechselseitig geordneten Rechtsverhältnissen unter einander jetzt auf sehr wenige Fälle beschränken und in der Regel nur auf Einziehung von rückständigen Pachten oder Gefällen beziehen. Ferner darin, daß der Staat zugleich eine Menge Kosten spart. Daß es ein Uebelstand sei, wenn die Erkenntnisse von einzeln stehenden Richtern gefällt werden, ist nicht zu läugnen, diesem ist aber leicht durch Errichtung von Kreis-Patrimonial-Gerichten abzuhelfen; es ist ein Gegenstand der allerdings die Aufmerksamkeit der Landtage verdiente.

Was die Besorgniß betrifft, daß manche Verbrechen aus

den vorher angeführten Gründen nicht zur Untersuchung ge=
zogen werden würden, dem ist bereits dadurch vorgebeugt, daß in
sehr vielen Kreisen ein Kreis=Criminal=Verband besteht und
zu wünschen wäre es, daß dieser gesetzlich stattfinden müßte.

Was nun die Polizei=Gerichtsbarkeit betrifft, so ist
diese zwar für den Gutsherrn eine Last, aber dabei eine
sehr zweckmäßige Einrichtung, die nur da gemißbraucht wer=
den kann, wo die königlichen Behörden ihre Pflichten ver=
säumen. Willkührliche Polizei=Verfügungen zu erlassen, steht
dem Gutsherrn nicht frei, und wenn er Straf=Erkenntnisse
erläßt, so muß er ein Resolut abfassen und den Betheiligten
die gesetzliche Recurszeit frei lassen, um in dieser ihre Re=
clamationen bei den höheren Polizei=Instanzen anzubringen.
Die Executions=Gewalt befindet sich in den Händen der
Schulzen und Dorfgerichte.

Die Vertheilung der Abgaben und deren Erhebung, ist
in Preußen ganz den königlichen Behörden überlassen und
bei Aushebung der Rekruten ist den damit beauftragten Mi=
litair= und Civil=Behörden eine ständische Commission, be=
stehend aus Abgeordneten der Rittergutsbesitzer, Städter und
Bauern zugeordnet, denen das Recht der Reclamation
zusteht.

So groß nun die Macht ist, die den Rittergutsbesitzern
in Oestreich über ihre Unterthanen eingeräumt wird, und
so groß der Mißbrauch sein mag, den sich ihre Beamten
dabei erlauben, so nachtheilig sind die Wirkungen davon
selbst auf die Bevorrechteten, und bestehen theils darin, daß
die mancherlei Geschäfte die Anstellung einer Menge besolde=

ter Beamten fordern, daß den Gutsherren aus der Gerichtsbarkeit, der Polizei-Verwaltung und durch die Unterhaltung
der Armen, der Kranken, der Wittwen und Waisen, der
Schulen, der Kirchen u. s. w. bedeutende Kosten entspringen,
die durch die Schlechtigkeit der Beamten öfter noch weit höher
kommen, als nöthig wäre, und somit einen großen Theil ihrer geringen Revenüen verzehren;*) andern Theils darin,
daß durch diese Unzahl von administrativen Verhältnissen die
Gutsherren so in die Hände ihrer Beamten gerathen, daß
sie von diesen eben so abhängig werden, als der Kaiser von
den seinigen.

Allein die Nachtheile, die im weitern Verlauf noch aus
diesen Verhältnissen dem Allgemeinen erwachsen, sind sehr bedeutend; der große Druck, in dem die Masse des Volks gehalten wird, erschlafft dieses und raubt ihm alle Thatkraft.
Hieraus erklärt sich denn auch der Stillstand, welcher sich
in allen Verhältnissen zeigt; der Ackerbau bleibt im Allgemeinen, was er früher war, die Menschen bleiben dieselben,
ihre geistige Bildung verändert sich eben so wenig, als der
knechtische Sinn. Dies Alles bleibt nicht ohne Einfluß auf
die Macht des Staats.

---

*) Die aufgeklärten Gutsbesitzer, namentlich in Böhmen, erkennen
dies schon selbst an; so ist uns aus glaubhafter Quelle versichert,
daß der Graf Buiquoy, einer der größten Gutsbesitzer Böhmens,
sich erboten hat, nicht nur auf seine excemtionellen Rechte zu verzichten, sondern auch seinen sämmtlichen Unterthanen den Robot
gänzlich zu erlassen, wenn er dagegen von den Kosten, die ihm
aus den jetzigen Verhältnissen erwüchsen, befreit werde.

Die Armee, die Oestreich unterhält, ist groß und in dem militairischen Organismus; wenn auch in der Besetzung der Offizierstellen der untern Grade bedeutende Mängel bestehen, so ist doch in neuerer Zeit Manches geschehen, um mit der Zeit fortzuschreiten; allein wenn es zum Kriege geht, für wen schlägt sich der Soldat? — für seinen Kaiser, — außer diesem hat er nichts zu vertheidigen, und ein Mensch, der stets im Druck gelebt und von Jugend auf gewöhnt ist, zu kriechen, sich zu beugen und zu schmiegen, kann wohl nie ein entschlossener Soldat werden.

Wie leicht es uns nun auf der einen Seite wird, zu beweisen, wie groß die Calamität sei, welche ein Heer von Beamten, wie Oestreich es hat, über das Land bringt, so schwierig wird es, Mittel anzugeben, es von dieser zu befreien. Eine doppelte Schwierigkeit liegt darin, sie los zu werden und andere zu finden, die brauchbarer sind. Das Nächste möchte sein: für eine bessere Vorbildung zu sorgen, die Beamten auf Lebenszeit anzustellen, ihnen eine Aussicht auf Beförderung zu öffnen, zugleich wenigere anzustellen und sie besser zu bezahlen. Allein die Hülfe wird nur langsam eintreten können. Vor Allem muß man von dem Vorurtheil abgehen, es für gefährlich zu halten, die geistige Ausbildung zu gestatten. Das beste Recept würde jedenfalls darin bestehen: der Passion zu entsagen, Alles selbst verwalten und Alles bevormunden zu wollen.

Eine der größten Plagen für das Land bleibt es, daß die Regierung in alle Verhältnisse eingreift. In den Städten geht dies so weit, daß den Bürgern auch nicht der geringste Einfluß auf ihr Communal-Wesen gestattet wird. Vom

Bürgermeister bis zum Nachtwächter herunter giebt es nur Staatsbeamten, und wie der Landmann ganz der Willkühr der Beamten der Gutsbesitzer anheim fällt, so der Bürger der der Staatsbeamten; daß das Bürgerthum sich unter diesen Verhältnissen nicht entwickeln könne, liegt klar vor. Aber auch der große Gutsbesitzer unterliegt den vielfachsten Hemmungen in der Benutzung seines Grund und Bodens, er darf nicht einmal seine Forsten benutzen, wie er will, sondern wie es ihm erlaubt wird. Die Nachtheile, die dies auf die Cultur des Bodens, auf den Nutzen von diesem und auf den Werth der Güter hat, ist kaum zu berechnen.

Oestreich hat einen so stark begüterten Adel, wie ihn England kaum hat, und doch ist er, mit wenigen Ausnahmen, in gedrückten Verhältnissen, und Viele finden sich genöthigt, Geld von ihren Beamten zu borgen, und sich so noch mehr an diese festgeschmiedet zu sehen; ja es ist schon zur gewöhnlichen Redensart geworden, wenn Gutsbesitzer mit einander von den Einkünften ihrer Güter sprechen, daß sie fragen: was läßt er dir? (nämlich der Administrator derselben.)

Wenn in der östreichischen Aristocratie (wir sprechen von der Masse) etwas Intelligenz und etwas Thatkraft zu finden wäre, so müßte von ihr die Wiedergeburt ausgehen. Sie besitzt die Macht dazu, und außer den allgemeinen Interessen auch noch das ganz specielle, da es die Bedingung des Wohlstandes bei Einigen, bei Anderen wieder die der Existenz und bei noch Anderen die des Genusses eines unermeßlichen Reichthums ist. Daß der Anfang mit einer Verbesserung der Lage der untern Volksklasse und der Stellung der Unterthanen zu den Gutsherren gemacht werden müsse, ist eine Vorbedingung. Die meisten Verhältnisse, die jetzt noch in den deutschen Provinzen Oestreichs zwischen den Gutsherren und Bauern bestehen, fanden sich in Preußen vor, und welche Fortschritte sind seit Aufhebung derselben sichtbar geworden. Der frei gewordene Bauer ist moralisch und physisch nicht mehr der frühere und seine Bauerhöfe haben jetzt durchschnittlich einen drei= bis fünffach höheren Werth bekommen. Noch größere Vortheile sind aber dem preußischen Gutsbesitzer aus der Aufhebung der Frohndienste, aus der Gemeinheitstheilung und festeren Regelung seiner Verhältnisse zu denen der Bauern erwachsen; ganz besonders aber aus der ihm ertheilten Erlaubniß der freien Benutzung seiner Aecker und Forsten.

Doch wir müssen hier abbrechen, weil wir uns sonst zu weit von unserem Ziele entfernen würden, und werden jetzt unsere Untersuchung über die Ursachen fortsetzen, welche die Macht Oestreichs schwächen. Bei der großen Verschiedenheit der Landestheile, aus welchen das Kaiserreich besteht, werden wir diese einzeln ins Auge fassen müssen.

Böhmen und Mähren.

Diese schönen Provinzen, die theils von slavischen, theils von germanischen Volksstämmen bewohnt werden und die sich durch einen sehr regen Kunstfleiß auszeichnen, haben einst in der Geschichte des deutschen Vaterlandes ein ruhmvolles Blatt eingenommen; allein den hohen Rang, den sie in

Deutschland in mehr als einer Beziehung behaupteten, haben
sie mit dem Verlust ihrer Freiheit nach der Schlacht am
weißen Berge eingebüßt. In das 14., 15. und 16. Jahrhundert trifft Böhmens Glanzperiode; damals von einem
mächtigen, tapfern Volke bewohnt, stand es an der Spitze
wissenschaftlicher Forschung. Von Böhmen, dem damaligen
Sitze der Wissenschaften und der Aufklärung, gingen die ersten Versuche aus, die Hierarchie Roms zu sprengen und die
Kirche von ihren Mißbräuchen zu reinigen, und Böhmen war
es, welches allein als Opfer einer Sache tief gefallen ist,
der ein großer Theil der Bevölkerung von ganz Europa die
unendlichen Fortschritte in seinen socialen Verhältnissen verdankt.

Mit der Schlacht am weißen Berge ist Böhmen vom
politischen Horizont verschwunden und in Oestreich untergegangen. Mit dieser Schlacht und mit der verlorenen Freiheit ist Böhmen der Willkührherrschaft anheim gefallen, in
die Finsterniß zurückgeworfen, und seine Krieger haben nur
die häufigen Niederlagen getheilt, welche Oestreich einen großen Theil seiner alten Provinzen gekostet haben. Erst in
allerneuester Zeit scheint in Böhmen in den Großen wie
im Volke ein Geist zu erwachen, der stark darauf hindeutet,
daß der Zustand der moralischen Erniedrigung und der Läh-
mung der geistigen und materiellen Kräfte, in welchem sich
Böhmen und Mähren befinden, sich seinem Ende naht, und
Wien zu einem klugen Eingehen auffordert. Als erstes Zeichen davon muß das Erwachen der Nationalität der Tzechen
in Böhmen und der Slawaken in Mähren betrachtet werden;
die begeisterte Sprache, in welcher so viele talentvolle Schrift-

steller sich dieses Gedankens bemeistert haben, und die Theil=
nahme, die diese beim Volke und selbst bei den Großen ge=
funden hat, sind deutliche Zeichen einer Regung, die immer
zu gewissen Resultaten führen muß, wenn auch nicht vorher=
zusehen ist, zu welchen.

Da dies Erwachen der slavischen Nationalität und die
Agitation für diese sich nicht auf Böhmen und Mähren be=
schränkt, sondern Galizien, Ungarn und die europäische Tür=
kei durchläuft, im Littorale seinen Gipfel erreicht und in
Kärnthen und Krain endet, mithin den Kaisersitz umkreiset,
und da aus dieser möglicherweise eine neue Gestaltung des
Ostens hervorgehen kann, der ganz von slavischen Volksstäm=
men bewohnt wird, so werden wir unsere Betrachtung über
Slaventhum in Eins zusammenfassen und diese Bewegung
bei den einzelnen Landestheilen nur insofern berühren, als es
uns wahrscheinlich erscheint, daß es in diesen nicht auf eine
allgemeine Schilderhebung und auf einen Panslavismus, son=
dern nur darauf abgesehen ist, zu gewissen politischen Zwecken
wieder Leben in die todte Masse zu bringen. Letzteres scheint
nun namentlich in Böhmen und Mähren der Fall zu sein;
ob eine Leitung dahinter verborgen sei, oder ob man nur
kluger Weise dies Erwachen zu benutzen denkt, ist hier gleich=
gültig.

Unstreitig sind aus Böhmen in neuester Zeit mehrere der
bedeutendsten Staatsmänner Oestreichs hervorgegangen, und
solche, welche entschiedene Zeichen von einem freieren Geiste
abgelegt haben. Unter diesen müssen wir namentlich den, erst
kürzlich seines Postens als Minister des Innern entlassenen

Grafen Collowrat nennen, der der Erweiterung des Tzechen=
thums günstig gestimmt war, und weil er sich der Gestaltung
desselben nicht entgegengestellt hat, wahrscheinlich entlassen ist.
Allein da in Böhmen sich einige bedeutende Männer dem
Tzechenthum angeschlossen haben, so läßt sich vermuthen, daß
politische Gründe im Spiele sind; denn unmöglich kann man
diesen die Absicht zutrauen, sich im Ernste einer Schilderhe=
bung ihrer östlichen Nachbaren anschließen zu wollen, um
sich von Deutschland zu trennen. Allein es sind noch meh=
rere Zeichen vorhanden, als die erwähnten, daß der Adel in
Böhmen nach Herstellung einer ständischen Verfassung strebe,
und wenn Oestreich sie verweigert, dies dem Kaiserreich um
so eher bedeutende Verlegenheiten bereiten könnte, als auch in
religiöser Beziehung das Feuer unter der Asche glimmt.

Allein Böhmen und Mähren sind auch diejenigen Pro=
vinzen, in welchen die Regierung ohne Sorge in der Ent=
wickelung der ständischen Verfassung vorgehen kann, ja das
größte Interesse hat, es zu thun. Noch sind dort die ari=
stocratischen Elemente so stark, und wegen der traurigen
Verfassung der Städte und der ländlichen Bevölkerung das
Democratische so wenig bedeutend, daß die Einführung einer
Verfassung das monarchische Prinzip nicht bedroht, wohl aber
darf die Regierung fürchten, daß, wenn sie nicht selbst die
Hand dazu bietet, die Aristocratie, um sich zu stärken und
ihre Zwecke zu erreichen, der Democratie entgegenkommen
werde, wozu sich in dem Erwachen eines nationalen Bewußt=
seins bald eine Gelegenheit darbieten würde. Uebrigens
darf weder die Regierung noch die Aristocratie es übersehen,

daß gleichzeitig mit Einführung einer Verfassung der Bürger- und Bauernstand von den Fesseln befreit werden müsse, welche sie jetzt moralisch vernichten;*) die Regierung, um ein Gegengewicht gegen die Aristocratie zu gewinnen und künftig Schilderhebungen des, unter dem Druck haftenden Volks vorzubeugen; die Aristocratie, weil es die nothwendige Bedingung ihres eigenen Wohlstandes und eine unerläßliche der Festigkeit der Verfassung selbst ist.

Galizien.

Von den Provinzen des Kaiserreichs ist diese und ihre Bevölkerung, — was viel sagen will, — in dem beklagenswerthesten Zustande von allen; der Besitz dieses Landes ist der unsicherste und aus diesem geht mehr eine Schwächung als Stärkung hervor.

Die Bevölkerung von Galizien, welche bei den wenigen Städten fast nur aus einer ländlichen besteht, befindet sich noch auf der untersten Stufe der Cultur. Obgleich die Erb-

---

*) Eine der nöthigsten Maßregeln in Hinsicht der Städte würde in der Ertheilung einer Städte-Ordnung bestehen. Sehr hart ist es, daß den Bürgern mit der Disposition über ihr Communal-Vermögen auch dessen Verwaltung abgenommen ist. Aus den Revenüen des Vermögens der Städte werden die kaiserlichen Beamten, welche die städtischen Angelegenheiten besorgen, besoldet; der Stadt-Kuhhirte und der Stadt-Bulle gehören mit in diese Categorie, sie verrichten ihre Geschäfte als Angestellte des Kaisers. Man wird zugeben, hierin liegt Consequenz.

unterthänigkeit aufgehoben ist, so hat dies doch in den Verhältnissen dieser Volksklasse nichts geändert. Unter dem
Drucke der Frohndienste, zu welchen sie von den Beamten
der Gutsherren durch die Knute getrieben wird, verlebt sie
in den elendesten Wohnungen, die sie mit den Schweinen
theilt, ihr dürftiges, schmutziges Dasein, und kennt keine
Freuden, als den Branntwein, den ihre Herren fabriciren
und den die Juden ausschenken. Den Kaiser, ihren Herrn,
kennt sie kaum, wohl aber der griechische Theil der Bevölkerung den Kaiser von Rußland, den Patriarchen ihrer
Kirche, und wenn es die Umstände gestatten, so hängt in dem
Schweinestall, den sie bewohnen, das freilich zur Carricatur
gewordene Bildniß desselben.

Der stark begüterte galizische Adel hat seine alten Erinnerungen bewahrt, er haßt das deutsche wie das russische
Regiment, er träumt nur von einer Herstellung Polens und
lebt, ohne sich um seine Wirthschaft zu bekümmern, unter sich
auf seinen Schlössern, oder wenn er kann, den Winter über
in Paris, tyrannisirt dabei seine Untergebenen, wie zur Polenzeit.

Einen zahlreichen Theil der Bevölkerung bilden die Juden; von Wien stark bedrückt und schwer mit Abgaben belastet, verstehen sie es, das Land auszusaugen. Der Jude
ist übrigens dort Alles in Allem, in seiner Hand liegen alle
Geschäfte, er ist der alles Vermittelnde, wer was wünscht,
wendet sich an ihn, und selbst wer eine Anstellung verlangt,
wendet sich an allgemein bekannte Factoren für dies
Geschäft, deren goldene Kette bis Wien reicht. Die
Regierung hat es an vortrefflichen, humanen Gesetzen, um

den Uebelständen abzuhelfen, nicht fehlen lassen, allein nirgends
werden sie weniger befolgt, als hier; nur ein Beispiel davon:
Es besteht eine ausdrückliche Bestimmung, daß kein Jude
Schenkwirth sein dürfe, und es giebt im ganzen Lande
keinen Schenkwirth, der nicht Jude wäre. Inzwischen
unterläßt die Regierung es auch nicht, jährlich Commissionen
abzusenden, um zu untersuchen, ob ihren Verordnungen Folge
geleistet werde. Für den Tag, wo die Commissaire auf den
verschiedenen Punkten eintreffen, der auch wohlweislich bei
Zeiten angezeigt wird, tritt irgend ein Dorfeinwohner als
Stellvertreter des Juden auf einen Tag als Schenkwirth
ein; nachdem sich der Jude vorher mit den Beamten abge-
funden hat, wird protokollirt, daß kein Jude die Schenke halte.

Im dem Theile des Landes, wo die Bevölkerung der
griechischen Kirche angehört, hat sich aus den Popen, die
bekanntlich heirathen dürfen, eine eigene Kaste gebildet, die,
mit Grundstücken ausgestattet, die vacant werdenden Stellen
immer aus ihrer Mitte ersetzen. Diese Popen haben einen
großen Einfluß auf die Bevölkerung, drücken sie gleich den
Gutsherren, den Verwaltern und den Schenkjuden, und richten ihre Blicke mehr nach Petersburg, als nach Wien.

Dieses kurze, nicht erfreuliche Bild wird darüber belehren, welchen Werth ein solches Besitzthum hat, und ob es
die Macht Oestreichs verstärkt, oder umgekehrt schwächt.

Oestreich und Tyrol.

Mit Vergnügen wenden wir uns jetzt zu einem Theile
der Monarchie, von dem wir im Stande sind, ein zufrieden-

stellenderes Bild zu entwerfen, als von den vorhergehenden. Obgleich auch in diesem die Verwaltung fehlerhaft und die Verhältnisse der unteren Volksklassen gleich nachtheilig für diese sind, wie in den andern Provinzen, so ist doch der Erfolg ein anderer.

In Wien und den alten Stammprovinzen hat die Nähe der Regierung, der gemüthliche Character der Großen und ganz besonders die wohlwollenden und menschenfreundlichen Gesinnungen der Prinzen des Hauses (und namentlich des so verdienten und beliebten Erzherzogs Carl Johann) sehr wesentlich zur materiellen Verbesserung der Lage des Volks beigetragen. Inzwischen führt dies wohl dahin, daß der Wiener sich ganz behaglich fühlt, die ländliche Bevölkerung zum Theil einen gewissen Wohlstand zeigt; allein die Krankheiten bleiben dieselben.

Wie in Böhmen, so fangen auch in Nieder-Oestreich die Stände an, sich ihrer verlorenen Rechte zu erinnern und sich unzufrieden mit dem geringen Einfluß zu zeigen, den der Postulaten-Landtag ihnen einräumt, und wir glauben, daß die Regierung sehr dringende Gründe habe, hier wie in Böhmen das Unabwendbare selbst zu thun, die Befugnisse der Stände zu erweitern, die unteren Volksklassen von den Fesseln zu befreien, in welchen sie bisher erhalten worden sind, den Bürgern der Städte diejenigen Rechte einzuräumen, die ihnen der bureaucratische Despotismus bisher versagt hat, und die darin bestehen, ihre Communal-Angelegenheiten selbstständig zu leiten und den ständischen Berathungen durch aus ihrer Mitte erwählte Abgeordnete beizuwohnen. Nicht

minder wichtig ist es und der Regierung daher dringend zu
empfehlen, die geistige Bildung der Nation mehr zu fördern.

Wo in den Zuständen des Landes große Mängel bestehen,
wo die Handhabung der Verwaltung so viel Stoff zur Unzufriedenheit gewährt, wie in Oestreich, da wird es bedenklich,
wenn die geistige Entwickelung eine halbe, von Außen so
gleichsam nur über die Gränze eingeschmuggelte bleibt. In
den deutschen Provinzen muß die östreichische Regierung die
Kraft zu gewinnen suchen, um die, ihr nur mit Widerwillen
gehorchenden Provinzen Galizien und Italien im Zaum halten zu können, und verbunden mit Ungarn auf den Stoß
vorbereitet zu sein, der sie früher oder später von Osten her
treffen wird.

Keine Regierung in der Welt und am wenigsten eine,
die, wie wir bereits gezeigt haben, so schwach als die östreichische ist, vermag es, den Strom der Zeit aufzuhalten und
die Anforderungen zurückzuweisen, die diese in Hinsicht der
Befriedigung gerechter und billiger Ansprüche macht; dies
fühlt sie auch selbst, aber sie hat nicht den Muth, sich zu
einer gründlichen Reform zu entschließen. Daß sie und die
tüchtigen Staatsmänner, die zum Theil das Ruder führen,
es einsehen, zeigen die vielfachen einzelnen Versuche zu Verbesserungen; allein diese sind wirkungslos. Will Oestreich
innerlich stark dastehen, will es die Kraft behalten, seine
Gränzen zu schützen, den Platz in Europa einnehmen, der
ihm gebührt, so muß es, man kann dies nicht oft genug
wiederholen, mit solchen Reformen anfangen, durch welche ein
kräftiger Stamm von kleinen Grundbesitzern, ein tüchtiger

Bürgerstand und eine reiche Aristocratie ins Leben gerufen werden. Statt deſſen hat leider in neuerer Zeit die ultramontane Partei um ſich gegriffen und vermehrt die Gefahren, welche Oeſtreich drohen. Unter dem Namen der Redemtoriſten und Ligorianer ſind die Jeſuiten in Oeſtreich neu erwacht und finden in München, dem jetzigen Hauptſitz der Jeſuiten, zu gleichem Zwecke verbundene Brüder. Welchen nachtheiligen Einfluß dieſe Verbrüderung auf den Geiſt des Volks hat, zeigen die Tyroler. Das einſt ſo luſtige, tapfere Volk der Tyroler iſt durch ſie ein ganz anderes geworden; die frühere Fröhlichkeit iſt von ihnen gewichen, die Vorzeit vergeſſen und ein dumpfes Hinbrüten an deren Stelle getreten; die Muſik von den Volksfeſten verbannt, weil die Pfaffen ſie als gottlos nicht mehr zugeben.

Es giebt uns dies Veranlaſſung, auf ein geſchichtliches Factum aufmerkſam zu machen und ein bedeutungsvolles Wort auszuſprechen. Wo ſind bisher in ganz Europa große und furchtbare Staatsumwälzungen erfolgt? Nur in katholiſchen, nie in proteſtantiſchen Ländern, nur da, wo weltlicher und kirchlicher Despotismus ſich die Hand geboten haben, und wo dem freien Geiſt Feſſeln angelegt ſind, hat die Revolution einen Heerd gefunden; die Reihe iſt durchgemacht, und als aufrichtiger Freund Oeſtreichs warnen wir es, die Lehren der Geſchichte nicht zu verachten. In Frankreich, Spanien und Portugal, den erzkatholiſchſten Ländern Europa's, haben furchtbare Revolutionen ſtattgefunden, ſind noch nicht beendet. Von wem, fragen wir weiter, iſt die Revolution in Belgien ausgegangen? vor Allem von

der ultramontanen Partei; und wo bestehen sonst revolutionaire Bewegungen? im Kirchenstaat und in mehreren Ge-
genden Italiens, die nur einstweilen durch Militairmacht
unterdrückt werden. In den protestantischen Staaten Europa's ist bisher noch kein Beispiel dieser Art vorgekommen;
auch dort können bedeutende politische Crisen eintreten, allein
sie werden nimmermehr zu Umwälzungen führen können und
sich stets auf einen moralischen Kampf beschränken.

Die östreichische Regierung hat in vieler Beziehung bei
der Ordnung seiner inneren politischen Zustände ein weit
leichteres Spiel, als wie z. B. die preußische. Eine democratische Richtung in Oestreich besteht nur noch in einzelnen
Erscheinungen, noch ist eine so aristocratische Richtung vorherrschend, daß Jeder vom Bürgerstand, sowie er nur etwas
Vermögen erwirbt, sich zu einem Herrn v o n machen läßt
und sich seines vorigen Standes, ohne ein v o n, schämt.
Die Regierung hat daher weiter nichts zu thun, als dem
hohen und begüterten Adel begreiflich zu machen, wenn ihm
selbst das Fassungsvermögen dazu abgehen sollte, daß, wenn
er auf einen Theil veralteter Vorrechte gegen seine Unterthanen verzichtet, er sein Vermögen verdoppele und vielleicht
vervierfache, und daß es kein Ehrenrecht sein könne, wenn
die Untergebenen von den über sie gesetzten Beamten gemißhandelt werden; allein was noch mehr ist, die in Oestreich
dominirenden Familien sollten endlich doch begreifen, daß es
für sie viel ehrenvoller sei, den indirecten Einfluß, den sie
als Ministerielle haben, gegen den offenen als Landstände zu

vertauschen. Sollten sie so blind sein, dies nicht zu sehen, so möchten wir uns erbieten, ihnen den Staar zu stechen?

Besonders drückend ist und bleibt es für die alten Provinzen, daß fast auf ihnen allein die ganze Last der Staats-Abgaben ruht, da Ungarn und Siebenbürgen nichts zu zahlen braucht und Galizien nicht viel zu zahlen hat. Dieser Druck wird um so größer, da Oestreich ein so großes Heer und eine fast fabelhafte Zahl von Beamten und Pensionirten unterhält, mithin viel braucht; daher sind auch die östreichischen Finanzen sehr zerrüttet. Der Verfasser des Werks: „Oestreich und seine Zukunft" weiset nach, wie große Summen die Regierung im tiefsten Frieden hat aufnehmen müssen, um das jährliche Deficit zwischen Einnahme und Bedarf zu decken. Das Factum ist nicht abzuläugnen, und wir führen es hier nur an, um darauf hinzuweisen, wie viel ein so zerrütteter Zustand der Finanzen auf die Schwächung der Kraft der Regierung beiträgt, und um daran zu erinnern, wie Zerrüttung der Finanzen gleich dem Ultramontanismus so leicht Revolutionsfieber erzeugen.

Woher sollen die Mittel zur Führung eines Krieges genommen werden, wenn nicht einmal der Friedens-Etat durch die Abgaben gedeckt wird? (Wir werden bei Ungarn auf die Ungleichheit der Vertheilung der Abgaben und die Folgen, die es hat, zurückkommen.) Das Kaiserreich zeigt im Großen dieselbe Erscheinung, welche der stark begüterte Adel im ganzen Lande im Kleinen uns vorführt. Dieser, der nur allein Rittergüter besitzen darf, erfreut sich eines großen und herrlichen Grundvermögens, allein er weiß es nicht, welche

Schätze er besitzt, er weiß es nicht, wodurch er dieser beraubt
wird; und die verhältnißmäßigen geringen Revenüen, die er
hat, verzehrt eine, ihm selbst lästige Verwaltung, und statt
sich seiner Schätze zu erfreuen, quälen ihn Sorgen, sieht er
sich oft in Verlegenheiten gestürzt. Ist es wohl erlaubt, so
thöricht zu sein?

Das lombardisch=venetianische Königreich.

Diese durch den letzten Friedensschluß mit dem Kaiser=
reich verbundene Provinz, ist von der Natur sehr bevorzugt,
vortrefflich angebaut, dicht bevölkert und gewährt gleichsam
den Schlüssel zu Italien. Die inneren Verhältnisse weichen
in vieler Beziehung ganz von denen der übrigen Provinzen
ab; namentlich ist die Stellung der verschiedenen Volksklassen
zu einander sehr verschieden. Der Adel, der dort übrigens
sehr zahlreich ist, genießt keinesweges die Vorrechte, deren
er sich in allen übrigen Theilen der Monarchie erfreut. Er
ist conscriptionspflichtig wie alle übrigen Bürger, auch feh=
len ihm, wenn er Landgüter besitzt, die Ehrenrechte, und
namentlich die Gerichtsbarkeit, Polizei=Gewalt und politischen
Rechte, die der Adel in den übrigen Landestheilen hat, wor=
aus denn folgt, daß die ländliche Bevölkerung, die über=
haupt weniger in abgeschlossenen Dörfern als in Deutsch=
land wohnt, ihm nicht unterthan ist, wie dort. Auch sind
die Bürger der vielen bedeutenden Städte besser gestellt.

Daß das östreichische Regiment in materieller Beziehung
wohlthätig auf das Land einwirkt und daß es dem Volke

11 *

troß des Beamten=Unfugs beſſer ergeht als in dem größten
Theile des übrigen Italiens, iſt nicht zu beſtreiten, aber
ebenſowenig, daß demungeachtet die Italiener höchſt unzu=
frieden ſind, und Nichts mehr wünſchen, als die Deutſchen
jenſeits der Alpen zu wiſſen.

Die ſtarken Garniſonen, die in Mailand und den übri=
gen großen Städten liegen, und die Wachſamkeit der öſtrei=
chiſchen Polizei erhalten zwar für jeßt die Ruhe und Ord=
nung; allein der Umfang des Kaiſerreichs gewinnt zwar
durch dieſen Zuwachs an Provinzen, verliert aber an Kraft,
und ſehr wenig Hoffnung iſt vorhanden, daß die Geſinnung
eine andere werde, denn der Haß der Italiener gegen deut=
ſches Regiment iſt faſt ein tauſendjähriger geworden.

Wenn eine Rechnung gezogen werden könnte, welche
Opfer die Paſſion der deutſchen Kaiſer Italien zu beherr=
ſchen, an Menſchen und an Geld, von Carl dem Großen
ab, gekoſtet habe, wie große innere Zerrüttungen für Deutſch=
land ſelbſt daraus erwachſen ſind, welche Nachtheile dieſe
gebracht haben und welche Vortheile dagegen für Deutſchland
aus einem theilweiſen Beſiß von Italien erwachſen ſind, ſo
würde ganz Italien nicht ſo viel werth ſein, um den Ver=
luſt zu decken. Aber die Menſchen werden nie klüger durch
Erfahrung; damit können ſich auch die öſtreichiſchen Staats=
männer entſchuldigen, indem ſie ſich verleiten ließen, dieſe
reizende Eroberung anzunehmen. Ohne den Beſiß von
Italien und Galizien, würde Oeſtreich um Vieles mächtiger
ſein, als es jeßt iſt. Italien verwickelt es in alle dortigen
Händel, deren es noch viele und mancherlei geben wird,

und wenn es auch anzuerkennen ist, daß Oestreich in Italien viel zur Zügelung der unruhigen Bevölkerung in manchen der vereinzelten Staaten beigetragen hat, so danken ihm dies wohl die einzelnen Fürsten, allein es vermehrt dagegen die Abneigung der Italiener gegen die Deutschen. Die östreichischen Interessen fordern es unstreitig, daß Italien beruhigt bleibe, und nicht der Spielball der französischen Propagande werde; allein eine wirkliche Beruhigung Italiens kann nur von Italien selbst ausgehen, und dahin sollte die ganze Staatsklugheit Oestreichs gerichtet sein, und wenn es dieses nicht zu bewirken vermöge, was unter den jetzigen Verhältnissen sehr unwahrscheinlich erscheint, so wird das lombardisch-venetianische Königreich eine schwache Seite mehr, den Gegnern Oestreichs darbieten.*) Nur ein selbstständig gewordenes Italien kann sich gegen Frankreichs periodisch wiederkehrende Einfälle, welche das Wiener Cabinet abwenden möchte, schützen. Unter Oestreichs Protectorat, gestützt auf dessen Militair-Macht, kann sich dieses nicht entwickeln, und der veränderliche Italiener wird vielleicht von Frankreich das hoffen, was ihm Oestreich versagt.

Das Königreich Ungarn,

bildet eins der schönsten und fruchtbarsten Länder Europa's; von der Natur begünstigt, von den Menschen verwahrloset,

---

*) Das Verhältniß Oestreichs zu Italien hat unverkennbar sehr viel Aehnlichkeit mit dem eines alt gewordenen Mannes, der ein bildschönes junges Mädchen geheirathet hat, dessen Rose für ihn vergebens blüht, aber seinen Kummer auf seine alten Tage noch vermehrt.

erscheint es für jetzt noch als ein Diamant, welcher durch seinen eigenen Staub erst nach und nach zu einem Brillianten abgeschliffen werden soll, was denn freilich immer lange dauert.

Das Königreich Ungarn mit einem tapferen, freiheitsliebenden, aber zum Theil ganz rohen, Volke, über 12 Millionen stark, bildet den Kern der Macht Oestreichs, allein einen nicht immer zuverlässigen, denn als der östreichische Kaiser von Napoleon angegriffen ward, verweigerte Ungarn jede Hülfe und selbst eine Rekruten-Aushebung. Ungarn steht verfassungsmäßig in keiner Verbindung mit Oestreich, bildet ein von diesem ganz getrenntes Reich, und Kaiser Ferdinand I. von Oestreich regiert als König Ferdinand V. über Ungarn. Von allen Ländern Europa's, die constitutionellen nicht ausgeschlossen, hat es die freieste Verfassung; ja die Macht des Königs ist so eingeschränkt, daß diesem nicht einmal die executive Gewalt geblieben ist. Noch freier als die Verfassung Norwegens, unterscheidet sie sich von dieser dadurch, daß jene ultra-democratisch, diese ultra-aristocratisch ist, und daß in Ungarn Alles in dem Edelmann untergeht.

Sowie nun die freie, noch rein mittelalterliche Verfassung Ungarns der Stolz seiner Bewohner und der Hemmschuh der Cultur des Landes und der geistigen Entwickelung des Volks ist, so schief ist die Stellung, in welcher es zu Oestreich und wieder umgekehrt dieses zu Ungarn steht. — Es würde hier zu weit führen, wenn wir uns umständlich über die Verfassung Ungarns verbreiten wollten, daher wer-

ben wir uns mit einer kurzen Skizze derselben begnügen
müssen, welche hier jedenfalls um so mehr an seinem Platze
ist, da es sich um die wichtige Frage handelt, in wie weit
Oestreich sich fest auf Ungarn zu stützen vermag, und ob es
in diesem Königreiche, in dem angränzenden Siebenbürgen
(mit 2 Millionen Einwohnern), in der Militair-Gränze und
dem Küstenlande diejenige Macht besitze, bei der orientalischen Frage — die doch in nicht weiter Ferne zu einer Entscheidung kommen wird — mit Nachdruck auftreten zu können.

Die Verfassung Ungarns hat eine entfernte Aehnlichkeit
mit der Englands; es besitzet fünf Stände, welchen verfassungsmäßige Rechte zustehen, diese sind: die Geistlichkeit,
der hohe, der niedere Adel, die Freien und die Bürger.
Es hat wie dieses ein Zwei-Kammern-System, eine Wahl-
Kammer, Stände-Tafel genannt, zu welcher jedes Com-
mittat (Grafschaft), ohne Unterschied der Größe, zwei Abgeordnete sendet, die aber nicht nach eigener Ueberzeugung,
wie die englischen Parlaments-Glieder, sondern nach der
Instruction ihrer Wahlkammer stimmen müssen, welches jedem Fortschritte einen Hemmschuh anlegt. Ferner senden
die königlichen freien Städte, d. h. solche, die direct unter
der Krone stehen, eigene Gerichtsbarkeit, und überhaupt
adliche Rechte haben, zusammen einen Abgeordneten zur
Stände-Tafel. *) Ferner hat Ungarn gleich England ein

---

*) In Ungarn giebt es 43 freie Städte, in Croatien und Slavonien
7, im Küstenlande 2; diese zusammen haben eine Collectiv-
Stimme.

Oberhaus, Magnaten=Tafel, gebildet von hohem Adel,
welche sich jedoch von jenem dadurch unterscheidet, daß die
Regierung nicht befugt ist, Mitglieder derselben zu ernennen.
Ueberhaupt hat die Magnaten=Tafel einen weit directeren
Einfluß auf die Landes=Regierung, als die englische Pairs=
kammer. Diese beiden Kammern haben nun unbeschränkt
die Initiative des Steuerbewilligungs=Rechts, die Zustim=
mung zu den Veränderungen in der Gesetzgebung und über=
dem den wesentlichsten Theil der Landes=Administration.
Dem Könige steht nur das Antragungs= und Verweige=
rungs=Recht zu, und der Einfluß der Regierung auf die
Verhandlungen ist um so geringer, da nicht einmal die
Minister bei den Verhandlungen gegenwärtig sein dürfen.
Der Palatinus von Ungarn ist Vorsitzender.

In keinem Lande der Welt hat der Adel so große und
gemein schädliche Vorrechte, wie in Ungarn; bisher konnte
nur der Edelmann, den Rajon der königlich freien Städte
ausgenommen, Grund und Boden besitzen, er durfte sich den
rohesten Ausschweifungen ungestört hingeben, da er nicht
verhaftet werden kann; der Bauer und Bürger hatten nicht
einmal das Recht, ihn anders als durch Vermittelung des
Königl. Fiscal gerichtlich zu belangen, er allein war zu
Aemtern anstellungsfähig. Der größere Theil dieses Adels
von Ungarn und Siebenbürgen, dessen Zahl sich auf 346,200
beläuft, ist gänzlich verarmt und gehört zum Theil der die=
nenden Classe an; dieser Adel ist daher eine Pest für Un=
garn. Ganz auf dem entgegengesetzten Pole erblickt man
dagegen einen bedeutenden Theil des Adels, der sich als

aufgeklärt, vorurtheilsfrei, besonders auf dem letzten Landtage, bewiesen hat, und der mit edler eigener Resignation an der Verbesserung der Zustände arbeitet, und sich dadurch die Achtung des Auslandes erwirbt, auch bereits mehrere Miß=verhältnisse abgeschafft oder doch abzuschaffen beantragt hat.

Wenn man bedenkt, auf welcher Stufe der Cultur und des Wohlstandes Ungarn stehen könnte und wie wenig das herrliche Land und selbst die fruchtbarsten Flußgebiete bebaut sind, wie es dort dem Verkehr an allen Erleichterungs=Mitteln, an guten Verbindungsstraßen fehlt, wie dadurch der Absatz der Erzeugnisse geschmälert wird; wie wenig für die Entwickelung der unteren Volksklassen geschieht, wie sehr es an Bildungs=Anstalten, an Handhabung der Gesetze, an guten Polizei=Einrichtungen aller Art fehlt; wie weit, mit einem Worte, Ungarn mit seinem kernhaften Volke ge=gen andere Staaten in der Civilisation zurückgeblieben ist, so überzeugt man sich davon, daß ein Uebermaß der Frei=heit ebenso nachtheilig werden könne, als ein gänzlicher Mangel derselben.

Wir haben früher darauf aufmerksam gemacht, daß in der Entwickelungs=Periode der Völker die Zeit der absoluten Regierungen eine nothwendige und heilsame Uebergangsstufe bildete, weil in ihr eine regelmäßige Verwaltung, ein festes Abgaben=System eingeführt und dadurch das Fundament unserer jetzigen vorgeschrittenen socialen Zustände gelegt ward. Ungarn beweiset es factisch, wie richtig diese nicht gehörig berücksichtigte Ansicht sei; Ungarn hat eine solche Periode zu seinem Schaden nicht durchgemacht, darum ist es so weit

zurückgeblieben und wenn Ungarn das übrige Europa ein=
holen will, wenn es so reich, so glücklich und so mächtig
werden will, als es berufen scheint, so muß es die Geistes=
kraft zeigen, freiwillig auf manche Gerechtsame zu verzich=
ten, die dem Lande schädlich werden, und der Regierung
diejenige Kraft einräumen, um gemeinschaftlich mit den
Ständen in kurzer Zeit diejenigen Einrichtungen durchzu=
setzen, die ohnedem noch in Menschen Leben nicht zu errei=
chen sein werden und Ungarn immer um ein Jahrhundert
gegen die civilisirten Länder zurückhalten wird.

Wir wissen wie hoch die Anforderungen sind, die wir,
indem wir dies rathen, zugleich an die geläuterte Einsicht
der Ungarn als an ihre Hochherzigkeit machen, auf einem
Theil ihrer alten Vorrechte zu verzichten, und zugleich der
Regierung eine Macht einzuräumen, welche sie bisher nicht
besaß. Ungarn besitzt aber Männer, die sich über das Ge=
wöhnliche zu erheben im Stande sind, und welche, wo es
das Wohl des Landes, die Ehre und Größe der Nation
gilt, nicht an gewöhnlichen Vorurtheilen hangen bleiben.
Drei Punkte sind es, die wir in dieser Beziehung besonders
hervorheben zu müssen glauben.

Der erste ist: den freien Städten mehr Stimmen ein=
zuräumen; dieses zu verwirklichen wird die wenigsten
Schwierigkeiten finden, da es schon vielfach und mit
Nachdruck bevorwortet ist.

Der zweite: auf die Abgabenfreiheit des Adels zu
verzichten, sich jedoch das Steuer=Bewilligungsrecht
vorzubehalten.

Der dritte: der Regierung die ausübende Gewalt zu
übertragen, die Verwaltung des Königreichs in ihre
Hand zu legen, um mit deren Hülfe einen geordneten
Rechtszustand einzuführen, der jetzt fehlt.

Ohne alle Frage liegt in der Verwirklichung dieser drei
Anforderungen die Bedingung des raschen Flors des Landes
und der Entwickelung seiner moralischen und materiellen
Kräfte. In allen Staaten mit den freiesten Verfassungen
hat man dies anerkannt, und kein Staatsmann kann darüber Zweifel hegen; daß aber der Beamten-Unfug, wie er
in den übrigen Theilen der Monarchie besteht, nicht auch
dort einreiße, dafür wird es den Ständen leicht werden zu
sorgen, und die Regierung selbst klug genug sein, einzusehen, daß sie sich nur dadurch strafe.

Die Abgabe-Freiheit Ungarns ist ganz unverträglich
mit der höheren Wohlfahrt des Landes. Ohne Abgaben ist
keine geregelte Verwaltung möglich, ohne diese keine weitere
Entwickelung der geistigen und materiellen Kräfte, und Abgaben, gut verwendet, bringen dem Zahlungspflichtigen das
Vielfache des vorgeschossenen Betrages wieder ein. Uebrigens
kann Ungarn dagegen, wie es jetzt schon gesetzlich besteht,
verlangen, daß die Steuern, die es aufbringt, nicht in die
Cassen Oestreichs fließen, sondern für Ungarn verwendet
werden, und da es die Steuer-Controlle behält, so kann
es sich leicht von der Erfüllung überzeugen. Inzwischen
würde Ungarn, wenn es in der Folge auch Steuern selbst
an Oestreich zahlte, auf eine andere Weise wieder einen
Ersatz erhalten können. Jetzt bezieht Oestreich nur von den

freien Städten einige Abgaben, im Ganzen 8 Millionen
Gulden, und da die östreichischen Gränzländer eine bedeu=
tende Grundsteuer und eine Menge Abgaben entrichten, wäh=
rend jetzt Ungarn keine treffen, so hat dies die Regierung
veranlaßt, zum Schutz dieser Landestheile, die mithin theu=
rer produciren, einen bedeutenden Einfuhrzoll auf die, von
Ungarn nach Oestreich eingeführten, rohen Producte zu legen.
Hierin liegt eine Abgabe, die, wenn Ungarn auch Steuern
zahlt, aufhören müßte, welches für dieses Land um so
wichtiger wäre, weil es den Absatz seiner Landes=Producte
befördert, an welchem es besonders fehlt.

Wenn es einen Gegenstand giebt, wo sich die Interessen
der östreichischen Regierung und die Ungarns vereinigen, so
liegt dieser darin: die unermeßlichen Hülfsquellen, die in die=
sem Lande vergraben liegen, zu benutzen, die inneren Zu=
stände mehr zu ordnen, dem wilden Treiben einer rohen
Adelskaste und der jetzt bestehenden Unsicherheit des Besitzes
ein Ende zu machen; *) das Land mit Eisenbahnen und
Kunststraßen zu versehen, die Ströme, die das Land durch=
schneiden und überschwemmen, in feste Gränzen einzuengen
und schiffbarer zu machen, und vor Allem den Handel mit
der Seeküste zu beleben. Alles dieses ist aber ohne geregelte

---

*) Da in Ungarn noch keine Hypotheken=Bücher bestehen, und daher
    der Besitz nicht documentirt werden kann, so ist Niemand im ge=
    schützten Besitz, und wenn Einer, (was vorkömmt), mit gewaff=
    neter Hand von einem Anderen herausgeworfen wird, so ist es
    sehr zweifelhaft, ob dieser sein Eigenthum zurückerhält.

Verwaltung und ein festes geordnetes Abgaben-System nicht möglich, und wenn Ungarn die Früchte einer höheren Civilisation genießen will, so muß es auch die einzigen Mittel zum Zwecke wählen; Abgaben zahlen und sich administriren lassen.

Da in Ungarn noch so unendlich viel zu thun ist, um die Boden-Cultur zu fördern, Communications-Straßen ꝛc. anzulegen, so würde man am zweckmäßigsten und zur Erleichterung des Landes zu den Bauten ein bedeutendes Darlehen von etwa 200 Millionen Gulden im Auslande aufnehmen müssen, wozu, da Ungarn noch keine Schulden hat, sich Darleiher genug finden würden. Selbst die Verwendung der, dadurch ins Land hineingezogenen, baaren Summen, würden einen sehr wohlthätigen Erfolg zeigen.

Inzwischen giebt es noch einen anderen wichtigen Punkt, den wir bisher nicht berührt haben. Ungarn betrachtet sich als ganz isolirt von Oestreich, als ein Reich für sich; inzwischen giebt es Punkte, wo diese Isolirung vernünftiger Weise aufhören sollte. Ein solcher ist die Vertheidigung der Gränzen des Reichs, welches doch unter ein und demselben Oberhaupte steht. Da nun schon, wie vorher erwähnt worden, der Fall vorgekommen ist, daß Ungarn dem, von Napoleon angegriffenen Kaiserreich die Rekruten zur Führung des Krieges versagte, so mußte mit Bezug auf die wechselseitige Vertheidigung, zwischen Oestreich und Ungarn ein Abkommen bestehen, eine Art von Allianz-Vertrag, wegen gegenseitiger Vertheidigung der angegriffenen Gränzen.

Wenn auch anzunehmen ist, daß ein solcher Fall viel-

leicht nicht wieder eintreten werde, so fordert doch die Si=
cherheit des Staats, daß die wechselseitige Vertheidigung
eine unbedingte sei, und verstärkt überdem das politische
Gewicht Oestreichs in Europa, denn dann tritt der König
von Ungarn immer mit dem Kaiser von Oestreich zugleich
auf.

Ganz ähnliche Verhältnisse wie in Ungarn finden mehr
oder weniger auch in Siebenbürgen, dem Küstenlande und
den Militair=Gränzen statt, und nur der Mangel an Raum
hindert uns mit diesen minder wichtigen Landestheilen näher
zu beschäftigen, können es jedoch nicht übergehen, welcher
politische Fehler darin liegt, daß nicht die nahe Berührung
dieser Provinzen mit der europäischen Türkei benutzt wird,
um mehr Einfluß auf diese zu gewinnen.

Doch wir glauben, bevor wir die Politik Oestreichs,
besonders mit Bezug auf die Türkei und Rußland, bespre=
chen, noch vorher einen Blick auf die Bewegungen der sla=
vischen Völker werfen zu müssen, da ein so bedeutender Theil
der Bevölkerung von Böhmen, Mähren, Ungarn, Sieben=
bürgen, der Militair=Gränzen und des Küstenlandes diesem
Volksstamme angehört und von letzterem aus die Aufregung
der Slaven mit so großer Lebhaftigkeit betrieben wird.

Der Panslavismus.

Die Slaven, welche zu den jüngsten Volksstämmen ge=
hören, die Asien Europa zugesandt hat, theilen sich in ver=
schiedene Zweige, deren Gesammtzahl wohl etwas übertrieben
von manchen Schriftstellern auf 100 Millionen angegeben

wird, da ein großer Theil derselben völlig germanisirt ist; namentlich derjenige, welcher im Königreiche Preußen, in Pommern, Meklenburg, den Marken, der Lausitz, in Ober- und Niederöstreich, und theilweise auch in Böhmen und Mähren wohnen, und wie in dem Werke „Slaven und Magyaren" nachgewiesen wird, in Ungarn mit Magyaren größtentheils verbunden sind. Rußland, Polen, Galizien, zum Theil Böhmen, die Türkei, das Littorale, Siebenbür- gen, die Militair-Gränzen sind der Hauptsitz dieses Volks, und gleich den Juden gehören sie zu den völlig unterjochten Volksstämmen.

Die Unterwürfigkeit, welche einen Hauptzug in dem Charakter dieses Volks bildet, scheint ihm das Schicksal be- reitet zu haben, welches ihm bis jetzt zu Theil geworden ist. So zahlreich auch dieser Volksstamm sein mag, so unterge- ordnet ist die Rolle, die ihm bisher unter den Völkern Eu- ropa's angewiesen war; ja es läßt sich behaupten, es habe mit wenigen Ausnahmen fast keine Vorzeit und auch keine Gegenwart. Diesem scheint zu widersprechen, daß der Riese des Nordens, dem Umfange nach das größte Reich des Erde, beinahe nur aus Slaven bestehe. Allein wie besteht es? Sein Beherrscher, aus einer, stark mit germanischem Blute vermischten Familie entsprungen, ist der unbeschränkte Herr eines Slaven-Volks und gebietet nicht nur über den physi- schen Menschen, sondern macht sie auch vermöge seiner kirch- lichen Allmacht zu seinen religiösen Leibeigenen, wobei ferner nicht übersehen werden darf, daß von Peter des Großen Zeiten her fast immer die Leitung der Geschäfte Ausländern anver-

traut worden ist. Früher machte das Reich der Polen eine Ausnahme davon, sowie das der Tzechen in Böhmen, die, wenn
auch nur in kurzen Zeitabschnitten der Völkergeschichte, doch
den Beweis geführt haben, daß sie selbstständig Großes auszuführen vermögen und sehr bildungsfähig sind; allein es
scheint ein Etwas in ihrem Character zu liegen, weshalb sie
sich auf keiner Höhe zu halten vermögen. Den Grund davon suchen wir darin, daß der knechtische Sinn, zur Macht
gekommen, sich nur zu leicht in einen despotischen und intriguanten verwandele; wenigstens scheint die Geschichte Polens
diese Ansicht zu bestätigen, sowie, daß ihnen überhaupt die
Regierungsfähigkeit abgehe.

Seit mehreren Jahrhunderten erblicken wir mit wenigen
Ausnahmen die Slaven in Knechtschaft gerathen, und in
Folge dessen tief in der Cultur herabgesunken, so tief, daß
sie in manchen Ländern, namentlich in der Türkei und Galizien, kaum eine Stufe höher stehen, als ihre Hausgenossen,
die Schweine, mit welchen sie auch am meisten zu sympathisiren scheinen.

Daß der bodenlose Verfall dieses Volks Männer von
Geist und Herz bewegte, den Versuch zu machen, es aus seiner Erniedrigung zu erheben, war eben so natürlich als edel.
Dombrowski war es, der in Böhmen durch seine Sprach-
forschung und antiquarischen Untersuchungen die Tzechen an
ihre Vorzeit und an ihre alten Volkssitten erinnerte und diese
aus der Vergessenheit hervorrief. Sehr bald gesellten sich
ihm andere feurige Männer zu, begeistert von dem Gedanken, die slavischen Volksstämme aus ihrer moralischen Ver-

nichtung zu erwecken und dem zahlreichsten aller europäischen
Volksstämme wieder eine höhere Stufe in der großen Familie
anzuweisen, als sie jetzt einnehmen. Als Mittel zum Zweck,
als Anknüpfungspunkt und als Band der Vereinigung gab
es nichts Sachgemäßeres, als die Herstellung der alten
Sprache, die schon früher, bei den Tzechen namentlich, eine
gewisse Ausbildung zu einer Zeit erhalten hatte, wo diese
eine Literatur besaßen und an der Spitze der geistigen Entwickelung in Deutschland standen. *)

Eine Menge Schriftsteller erhoben sich jetzt nicht allein
in Böhmen, sondern einem electrischen Funken gleich durch-
zuckte der einmal geborne Gedanke die verschiedenen, diesem
Hauptstamme angehörenden Zweige. So gewiß auch anzunehmen ist, daß der erste Gedanke nur dahin gerichtet war,
ein Volk aus der Versunkenheit zu erretten, sein Nationalgefühl zu erwecken und es moralisch zu veredeln, so natürlich
knüpfte sich das Verlangen daran, auch den Druck zu entfernen, unter welchem diese Völker allenthalben schmachten, der
immer unerträglicher werden muß, je mehr man zur Erkenntniß desselben kömmt. Aber eben so natürlich liegt es auch
im Menschen, daß seine Wünsche immer weiter gehen, weshalb die ganze Bewegung einen mehr politischen und im
Hintergrunde revolutionairen Charakter annahm, oder mindestens durch die Bestrebungen der Einzelnen der Glaube

---

*) Bekanntlich ward von den Tzechen die Universität Prag, nach dem
    Muster von Paris und Bologna, errichtet, die erste, dessen sich
    Deutschland erfreute.

daran und zugleich eine Opposition dagegen hervorgerufen wurde. Man erfand Namen für die allgemeine Sache, die diese verdächtigten; der Panslavismus war ein solcher, der Ideen erweckte, die Deutschland um so mehr in Bewegung setzten, als unter dem Titel: „die Pentarchie“ eine Schrift erschien und viel Aufsehen erregte, die Rußland als Ordner der mittel=europäischen Verhältnisse empfahl. Allenthalben erschienen plötzlich russische Emissaire, vielleicht auch nur solche, welche diesen Namen usurpirten, die von einem großen Slaven=Reich fabelten und die guten Kinder graulich machten.

Allein auch die Apostel des Slaventhums gefielen sich in solchen Ideen, und wenn sie auch nichts weniger als Rußland an der Spitze wünschten, so waren sie doch thöricht genug, sich in dem Gedanken zu gefallen, man könne mit einer rohen, im Despotismus stumpf gewordenen, allen inneren Kern entbehrenden, durch halb Europa zerstreuten Masse ein, ganz Europa imponirendes Reich gründen.

Ein Volk, wie das slavische, bedarf als solches erst einer Erziehung und gleich den, der ägyptischen Sklaverei entflohenen Israeliten bedarf es wenigstens eines Menschenalters, um zu einer irgend selbstständigen, eigenen Regierung reif zu sein. Es würde daher nichts Verderblicheres für sie selbst geschehen können, als sie vor der Zeit zur Emancipation zu treiben; dahin scheint aber zum Theil die Tendenz gerichtet, begünstigt durch den Zustand der Verhältnisse im Osten von Europa.

Wenn wir nun nach dieser gedrängten Einleitung über die Entstehung des Slaventhums zu der Untersuchung über=

gehen, welche Richtung die Bewegung erhalten könne, um den verschiedenen Slaven-Stämmen eine bessere Zukunft zu bereiten, so muß diese zunächst zum Ziele haben, die erstorbenen National-Gefühle neu zu beleben, und durch die Verbesserung ihrer physischen und geistigen Zustände sie achtungswerther und in Folge dessen geachteter zu machen, und die Regierungen dadurch zu bestimmen, ihre bürgerliche Lage zu verbessern.

Ob aber beim besten Willen eines Theiles der Führer es ihnen möglich werden wird, die Anderen auf diesem besonnenen Wege zu halten, ist sehr zweifelhaft, und die Erscheinungen stehen im Widerspruch damit, wenn wir auf den heftigen Federkrieg ihrer Führer sehen. Die Aufgabe der östreichischen Regierung ist es, sich wo möglich der guten Seite zu bemeistern, sich aber auf alle Fälle gefaßt zu halten. Wie groß die Aufregung bereits sowohl in den nördlich als südlich von Ungarn gelegenen Provinzen ist, und wie von hier aus schon auf die slavische Bevölkerung in den alten Stammprovinzen eingewirkt wird, ist bekannt; das Litorale, die Moldau, Wallachei und Serbien sind Hauptsitze der Bewegungen, die sich im panslavistischen Sinn (allgemeine Schilderhebung sämmtlicher slavischer Volksstämme) immer mehr und mehr durch die angebliche Agentur Rußlands über die europäische Türkei verbreiten.

So wenig Wahrscheinlichkeit für eine allgemeine Schilderhebung der slavischen Völker vorhanden ist, weil die Masse derselben zu tief herabgesunken ist und außer jeden bedeutenden Berührungspunkten unter sich und mit der Civilisation

12 *

steht, so bleibt eine partielle doch keinesweges außer dem Bereich der Möglichkeit und könnten unter dem Einflusse und der Leitung europäischer Mächte nicht nur dahin führen, diesen Volksstamm zu erheben, sondern auch sehr wesentlich auf die Sicherung des künftigen europäischen Friedens einwirken, daher von großem politischen Interesse für Europa sein. Polen und die europäische Türkei sind die beiden Länder, die wir bei dem eben Gesagten ins Auge gefaßt hatten.

Welche Wichtigkeit es habe, durch die Herstellung eines Mittelreichs zwischen Rußland und Deutschland wieder eine Vormauer gegen den Andrang der Moskowiten zu gewinnen, ist schon vorher gezeigt, und daß im Interesse von Deutschland, und Preußen insbesondere, diese nicht unter französischer Einwirkung, sondern nur unter preußischer allein erfolge. Aber noch weit wichtiger würde es für Oestreich sein, wenn durch Herstellung des alten Polens Rußland aufhörte, sein Gränznachbar zu sein, und für ganz Europa, wenn die jetzige europäische Türkei auf gleiche Weise außer Berührung mit diesem, Alles verschlingenden Coloß gesetzt werden könnte.

Von der Richtigkeit einer solchen politischen Combination für die Befestigung des östlichen Staaten-Systems, auf die wir übrigens an einem anderen Orte zurückkommen, wird sich jeder Staatsmann überzeugen; allein die Frage, von welcher es sich hier handelt, ist die: läßt es sich erwarten, daß eine Schilderhebung der slavischen Bevölkerung von Polen dahin führen könne, sich von russischer Oberherrschaft frei zu machen und unter welcher Bedingung?

Wenn man die physische und moralische Beschaffenheit
der Masse der Bevölkerung des Landes ins Auge faßt, so
wird jeder, der irgend mit den Verhältnissen bekannt ist, ein=
gestehen müssen, daß es unmöglich sei, solche Hoffnungen
auf diese zu bauen. Die ländliche Bevölkerung, als Leib=
eigene willenlos herangewachsen, steht noch auf einer so nie=
drigen Culturstufe, daß seine Wünsche sich nicht viel weiter
erstrecken, als nur weniger gemißhandelt zu werden, und
wenn sie auch die Russen nicht liebt, so befindet sie sich doch
im Ganzen wohler, als unter der Willkührherrschaft des
polnischen Adels. Von dieser Seite ist daher aus dem Ge=
fühle der Nationalität nichts zu erwarten. Die zahlreiche
jüdische Bevölkerung wird bei jeder politischen Bewegung
ganz gleichgültig bleiben. Städte giebt es wenige, und die
nicht=jüdische Bevölkerung hat nur eine Hauptrichtung, die
des Erwerbes, und dieser hat sich ebenfalls unter der russi=
schen Regierung eher verbessert als verschlechtert; es bleibt
daher nur der Adel mit seinen früheren Erinnerungen und
mit seinem Hasse gegen Rußland übrig, von dem etwas zu
erwarten ist. Allein auch bei einem großen Theil desselben
hat sich letzterer sehr vermindert, mit der den Russen eigenen
Feinheit ist es ihrem Beherrscher schon jetzt gelungen, einen,
wenn auch nicht bedeutenden Theil zu versöhnen.

Eine Haupt=Leidenschaft der polnischen Großen war der
Ehrgeiz; von dieser Seite hat man nun manche dadurch ge=
fangen, daß man ihnen denselben Rang eingeräumt hat, wie
den Großen der Russen. Ein anderer Theil ist dadurch
unschädlich gemacht, daß man ihre Söhne in russische Mili=

tair-Erziehungs-Anstalten gebracht hat, um so Geißeln zu
haben, jedes feindliche Auftreten der Eltern zu verhindern.
Endlich darf nicht vergessen werden, wie viele der Rußland
am feindlichsten Gesinnten des polnischen Adels nach Sibirien
gewandert sind, daß mithin ein allgemeiner Aufstand im Innern nicht denkbar ist, und wenn auch in einzelnen Punkten
des westlichen Polens ein Verlangen bestehen sollte, einen solchen zu versuchen, so würde es wie bisher ein Leichtes sein,
jeden Aufstand im Keim zu unterdrücken. Wenn daher ein
Befreiungsversuch gewagt werden sollte, so könnte er nur
von Außen kommen.

Hierzu ist denn nun freilich auch bereits in den zahlreichen polnischen Emigranten, die sich in Frankreich, England,
Belgien und der Schweiz aufhalten, Alles vorbereitet, jedoch
ohne Aussicht auf einen möglichen Erfolg, wenn nicht die
europäischen Mächte, und namentlich Oestreich oder Preußen,
die Hand dazu böten, weil sie sonst nicht einmal die russische
Gränze zu erreichen vermöchten. Aber selbst den Fall als
möglich gedacht, daß diese ganze polnische Emigration durch
einen Zauberschlag auf die russische Gränze versetzt würde,
welches würde der Erfolg sein können? Ganz dem ächten
polnischen Geiste gemäß, ist diese kleine Zahl von Polen
nicht einmal unter sich einig, und so leicht auch sonst das
gemeinsame Unglück die Menschen enge zu verbinden pflegt,
so hat dieses doch nicht einmal vermocht, ihre politischen Ansichten zu vereinigen und sich über Mittel und Zweck zu
verständigen.

In zwei Haupt-Abtheilungen zerfällt nun diese Emigration, in die aristocratische mit dem Pseudo-Könige Czartoryski als Haupt, und in die democratische, geleitet von der democratischen polnischen Gesellschaft. Zwischen beiden besteht noch eine dritte, ein juste milieu des Lelewels-Comité in Belgien.

Welche von diesen sollte nun den Aufstand leiten, wenn sie in Polen Fuß gefaßt hätten? Die erste, die das Regiment des polnischen Adels wieder herstellen will? oder die andere, die eine Democratie zu gründen beabsichtigt, wo es nur Aristocraten, Juden und leibeigene Bauern giebt?

Wenn je etwas den Beweis, den die Geschichte führt, bestätigt, daß den Slaven jedes Regierungs-Talent abgehe, so ist es diese polnische Emigration, die selbst die Noth, diese große Lehrmeisterin der Menschen, nicht zu bessern vermag. Der Schluß von allem dem hier Gesagten läuft nun dahin, daß, wenn auch noch dreimal so viel Bücher und Flugschriften in Paris, in Brüssel, in Posen und sonst wo über Slaventhum und über Alt- und Neu-Polen geschrieben werden sollten, dies die Fesseln der Slaven nicht sprengen werde, und daß, diese zu lösen, nur der wohlverstandenen europäischen Politik vorbehalten bleibe.

Ein eben so interessantes als belehrendes Werk über die Bewegung unter den slavischen Volksstämmen empfehlen wir dem Leser, es führt den Titel: „Slaven, Russen, Germanen u. s. w. Leipzig bei Engelmann"; und wenn wir auch nicht die Ansicht theilen, daß der Osten aus seinem 1000jährigen Schlummer erwacht sei und mit rascher Faust an das Thor der Weltgeschichte klopfe, so glauben wir doch nachweisen zu können, daß die Politik, die Humanität und die Dankbarkeit für frühere geleistete Dienste Deutschland auffordern, den Slaven wieder einen Platz unter den Völkern, geführt von einem germanischen Fürsten, anzuweisen.

In einem sehr verschiedenen Verhältnisse von der der slavischen Bevölkerung Polens zu ihrem mächtigen, rücksichtslosen Eroberer und Autocraten zeigt sich die der europäischen Türkei. Hier steht die zahlreiche slavische Bevölkerung einer alterschwachen Regierung gegenüber, welcher nur die eifersüchtige Politik der europäischen Großmächte ihr kümmerliches Dasein fristet. In der westlichen Türkei haben sich bereits mehrere bedeutende Provinzen mit slavischer Bevölkerung der türkischen Herrschaft so gut wie entzogen, und bilden einigermaßen geordnete Staatskörper, an welche sich die übrigen christlichen Einwohner des Reichs anschließen können, und gestützt auf die Sympathie von ganz Europa und getrieben von den Agenten Rußlands, wird es ihnen vielleicht möglich werden, wenn die Zeit gekommen sein wird, den Halbmond aus Europa zu verjagen.

Den Sitz des Slaventhums in der Türkei finden wir in der Moldau, Wallachei und in Serbien, und von hier geht auch die Bewegung, von Rußland genährt, aus. Von letzterer Macht wird es abhängen, wann der Sturm losbrechen soll, und dieser wird dann wahrscheinlich eben so sehr und vielleicht noch mehr gegen Oestreich, als gegen die Türkei selbst gerichtet sein. Inzwischen weil dies der Fall ist, wird dem Reiche der Osmanen noch immer eine Frist ver-

gönnt, um die Slaven in Siebenbürgen, der Militair-Gränze
und dem Küstenlande immer mehr und mehr für die Idee
eines gemeinschaftlichen großen Slaven-Reichs zu begeistern.
Die Indolenz, wenn man es noch so nennen kann, in der
Oestreich in Beziehung auf die Zustände des Orients versunken ist, die Passivität, die es da zeigt, wo die Gegner so
activ sind, scheinen darauf hinzudeuten, daß man entweder
die Gefahr nicht erkenne, oder daß alles Selbstvertrauen von
der Regierung gewichen ist. Jedenfalls verfolgt Oestreich
eine unrichtige, die Zukunft Oestreichs bedrohende Politik.

Welche ganz anderen Mittel besitzt Oestreich, sich der
christlichen Bevölkerung der Türkei zu bemächtigen, als Rußland, und wie versäumt es, sich dieser zu bedienen. Rußland
verdankt seinen Einfluß in der Türkei dem Schutz, welchen
es auf allen Punkten den Christen daselbst zuwendet. Oestreich versäumt nicht nur, dies zu thun, sondern im Gegentheil beschützt es die Türken und wendet seinen ganzen Einfluß an, die Unterdrücker seiner Glaubensgenossen im Ansehen
zu erhalten; begreiflicher Weise hat es darüber jeden Einfluß
auf die christliche Bevölkerung eingebüßt. Oestreich verbindet
eine weite Gränze mit der Türkei und könnte von dieser
Seite her sehr zu seinen Gunsten auf die Stimmung einwirken. Dies unterläßt es nicht nur, sondern die höchst
mangelhafte Verwaltung in seinen Gränzprovinzen und die
traurigen Zustände, in welchen sich dort die Bevölkerung befindet, sind wahrlich nicht geeignet, den Nachbaren Vertrauen
einzuflößen und Sympathien für den Anschluß an eine Re-

gierung zu erwecken, die so wenig die Wohlfahrt der eigenen Unterthanen fördert. *)

In welcher Lage aber Oestreich sich befinden würde, wenn die Türkei sich unter russischer Mitwirkung zu einem selbstständigen Slavenreich erheben sollte, dem sich vielleicht dann noch bedeutende Theile seines südöstlichen Gebiets anzuschließen Lust zeigten, ist wohl leicht zu übersehen, und daß diese, wenn Oestreich sein politisches Verhalten nicht ändert, sich unter russische Protection stellen würden, ist kaum zu bezweifeln. Ein Krieg mit Rußland würde die unabwendbare Folge davon sein und Oestreich sich fast in der Unmöglichkeit befinden, seine Gränzen zu vertheidigen. Böhmen, Mähren, Galizien, Siebenbürgen, die Militair-Gränze und das Küstenland würden zugleich den Angriffen Rußlands ausgesetzt sein. Wo sollte auf einer so weiten Gränze die Vertheidigung aufgestellt werden? von wo die Operationslinie ausgehen? Zwar würde Oestreich in einem solchen Falle auf einen kräftigen Beistand von Preußen und Deutschland rechnen können, wenn nicht Frankreich den Zeitpunkt für geeignet hielte, seine er-

---

*) Aufmerksame Beobachter der Stimmung der Christen in der Türkei behaupten, daß in den Provinzen, die durch russischen Einfluß bereits etwas mehr Selbstständigkeit erlangt haben, mit dieser auch die Vorliebe für Rußland aufhöre. Liegt hierin nicht wieder eine Aufforderung für Oestreich, solche Stimmung zu benutzen? Als ein interessantes Werk über die Zustände der europäischen Türkei empfehlen wir: „die Slaven in der Türkei", von Cyprius Robert aus dem Französischen übersetzt und berichtigt von Marko Fedorowitsch.

oberungsfüchtigen Pläne gegen Deutschland auszuführen und
die angebliche Schmach der letzten Kriege auszulöschen, diese
mithin gezwungen werden, ihre Streitkräfte nach Westen zu
richten.

Solche Combinationen sind möglich, und eine Schilderhebung der Slaven in der Türkei selbst mehr als wahrscheinlich; wenn daher der Fürst Metternich sich den Orden pour
le merite, den ihm der preußische Monarch als dem größten
deutschen Staatsmanne zuerkannt hat, als wirklicher Staatsmann verdienen will, so muß er sich beeilen, die großen politischen Fehler, die er bisher begangen hat, bald zu verbessern.

Noch ist es Zeit, noch hat Rußland sein Werk nicht
vollendet, Polen zu russificiren, in Curland und Liefland die
germanischen Reminiscenzen zu vernichten, die griechische Kirche
zu der alleinigen im weiten Umfange seines Reichs zu machen,
noch ist nicht die Zeit erschienen, sich mit Frankreich zu verbinden, und Rußland wird daher es noch nicht gerathen finden, den Christen in der Türkei das Zeichen zum Aufstande
zu geben; daher benutze Oestreich diese, um seinen Einfluß
geltend zu machen, und bedenke, wie verderblich es für alle
seine östlichen Staaten und deren Flor sein würde, wenn
Rußland sich zum Herrn der beiden Ufer der Donau machen
sollte.

In den vorstehenden Blättern haben wir uns nun bemüht, in kurzen Umrissen ein Bild der Verhältnisse zu liefern,
in welchen sich die einzelnen Theile des Kaiserreichs befinden
und welchen Gang der Politik sowohl die inneren als äu-

ßeren Verhältnisse Oestreich vorschreiben. Wir haben uns
auf die Bezeichnung der wesentlichsten Punkte beschränken
müssen, um die Uebersicht zu erhalten, und wenn wir daher
auch keinesweges eine ausführliche Darlegung der Zustände
gewährten, so hoffen wir, doch eine richtige und für den
vorliegenden Zweck entsprechende geliefert zu haben.

Wenn wir nun in wenigen Worten die Endresultate zusammenfassen, so sind diese: daß das Kaiserreich aus einer
Zusammenstellung von Ländern besteht, welche aus den heterogensten Bestandtheilen zusammengesetzt, innerlich durch Nichts
mit einander verbunden sind und nur äußerlich in dem kaiserlichen Scepter einen Vereinigungspunkt finden. Daß der
Monarchie in dem Theil, wo sie absolut ist, ihre einzige
Stärke fehlt, die in einer geordneten, intelligenten, integren,
kräftigen Verwaltung besteht, in dem anderen Theile (in
Ungarn) die ihr zustehende Staatsgewalt gleich Null ist.

In Bezug auf die innere Entwickelung, so sind die Erfahrungen der Zeit fast ganz an ihr vorüber gegangen, und
statt völlig unhaltbar gewordene Verhältnisse auf dem Wege
einer weisen Reform nach und nach zu lösen, hat sie selbige
gleichsam crystallisirt; ja das ganze System der Staatsklugheit, welches nach Innen befolgt worden ist, beruht auf
einer Verblendung. In dem großen Buche der Schicksale der
Menschen steht eine fortschreitende Entwickelung unwiderruflich eingetragen, und wo diese aufgehalten wird, müssen am
Ende gewaltsame Umwälzungen die Folge davon sein.

Eben so fehlerhaft, als die innere Politik, erweiset sich
die äußere. Dieselbe Passivität, welche sich in jener zeigt,

findet sich in dieser, beide haben einen gleichen Ursprung, das Bewußtsein der Schwäche, oder vielleicht auch nur ein dunkeles Gefühl derselben. Die Zeiten sind vorüber, in welchen man durch diplomatische Kunststücke die Völker regierte und die Welt blendete. Die Kraft der Staaten liegt nicht mehr allein in einem stehenden Heere, sondern in einem, den Ansprüchen der Zeit entsprechenden, inneren Organismus der Gesellschaft und in der innigen Vereinigung des Herrschers mit seinem Volke; alles dieses fehlt Oestreich und daher wird es sich machtlos zeigen, sowie Kraft von ihm verlangt werden sollte.

Der größte Fehler der Politik, die Oestreich verfolgt, ist sein Verharren auf einem Zustande, der, je länger er dauert, um so destructiver wird, und wenn der Repräsentant dieses politischen Systems, der Fürst Metternich, es überleben sollte, so wird es ihn wenigstens nicht überleben. Räthselhaft erscheint es jedenfalls, daß die ausgezeichneten Prinzen des Hauses, welche ein so nahes Interesse an die Erhaltung der Macht und Größe des Hauses haben, und die, wenn sie auch nicht ganz frei von Vorurtheilen sein mögen, doch dem Geiste der Zeit gefolgt sind, die Rolle der ruhigen Beobachter übernehmen und nicht den Augenblick benutzen, wo es bei den großen inneren Hülfsquellen der Monarchie und bei dem besonnenen Geiste in den deutschen Provinzen noch so leicht wäre, einzulenken und die Monarchie vor Erschütterungen zu bewahren.*)

*) Daß es der östreichischen Regierung angenehm sein sollte, die Zustände des Kaiserreichs einer freimüthigen Besprechung unterzogen

Preußen.

Unter den fünf Großmächten, in deren Händen das Schicksal von Europa liegt, steht Preußen, insofern es sich von der physischen und materiellen Stärke handelt, den übrigen so weit nach, daß es den ihm angewiesenen Platz unmöglich ausfüllen könnte, wenn es nicht durch geistige Entwickelung, durch die Concentration seiner Mittel, einer weisen Benutzung derselben und durch die moralische Kraft im Volke das Fehlende ersetzte. Allein diese Träger der Macht bilden noch keine dauernde Grundlage eines festen Gleichgewichts oder eines Uebergewichts, weil sie in jeder Beziehung vergänglich sind.

Wenn Rußland mit circa 62,000,000 Einwohnern, wenn Oestreich mit 35,000,000, die jetzt sowohl in ihrem Militair= als Verwaltungs=Organismus, in geistiger und moralischer Entwickelung Preußen weit nachstehen, dieses wieder einzu= holen vermöchten, wenn sie wie Preußen ihre Kraft zu concentriren, Fürst und Volk in Eins zu verschmelzen ver=

---

zu sehen, ist nicht wahrscheinlich; wir glauben aber, daß ein wohl= wollender Tadel nicht verletzen kann, um so weniger, wenn un= verkennbar die Absicht vorleuchtet, nicht zu tadeln, um zu tadeln, sondern um zu bessern. Hätte Oestreich den langen Frieden be= nutzt, um in seinen inneren Verhältnissen durch allmälige Reformen das Unabwendbare vorzubereiten, so wäre seine Zukunft gesicherter, als es jetzt der Fall ist. Inzwischen scheint es seinen Staats= männern noch nicht klar geworden zu sein, daß der Gang der Entwickelung auch Oestreich treffen müsse und werde, und es die Freundes=Stimme sei, die ruft: besser spät als gar nicht.

ſtänden, ſo würde das Uebergewicht, was Preußen in dieſem Augenblicke wenigſtens haben könnte wenn es wollte,
ſchwinden und Preußen iſolirt betrachtet, zu einer Macht
zweiten Ranges zurückſinken, mithin dadurch das jetzt geglaubte Gleichgewicht geſtört werden. Daß Preußen aber
eine Hauptmacht bleibe, dabei iſt ganz Europa und beſonders Deutſchland betheiligt, und vielleicht weit mehr als die
oberflächliche Anſicht unſerer jetzigen Politiker und Staatsmänner im In- und Auslande es ahnen mögen. Ob man
auf dem Wiener Congreß dies fühlte, oder ob man inſtinkt-
mäßig im allgemeinen Intereſſe gehandelt habe, als man
Preußen ſeine jetzige Stellung zuzutheilen ſuchte, darüber
geben die Protokolle keine Aufſchlüſſe und wir müſſen uns
dieſe aus den Verhältniſſen ſelbſt herausſuchen.

Seit Friedrichs II. Genie einen ſiebenjährigen Kampf
zugleich gegen drei der jetzigen europäiſchen Großmächte,
das deutſche Reich und Schweden, glücklich beſtand, trat
Preußen in die Reihe der europäiſchen Großmächte; aber der
Geiſt eines Sterblichen ſtempelte es damals allein dazu und
zwang Preußen, zur Erhaltung ſeiner Stellung, eine eroberungsſüchtige Politik zu verfolgen, und ſich zu vergrößern,
(die Theilung Polens belegt dieſe Behauptung).

Auf dem Wiener Congreß, und mehr oder weniger auch
noch auf allen nachfolgenden, ſchwebte den dort verſammel-
ten Staatsmännern, denen die Aufgabe geworden war, für
Europa ein neues politiſches Kleid anzufertigen, eine, aus
dem verhängnißvollen Umſchwunge der Zeitbegebenheiten ge-
reifte, höhere politiſche Anſicht vor, jedoch getrübt durch

frühere Erinnerungen, durch Sonder-Interessen und Gespensterfurcht. Die Befestigung des Friedens, die Anerkennung des Bestehens eines Völkerrechts, die Sicherung der
Existenz der minder mächtigen Staaten und der Souverai-
täts-Rechte der Fürsten bildeten im Allgemeinen die Unterlage zu dem neuen Bau.

Der tiefe Ingrimm, der in Preußen während der französischen Unterdrückungs-Periode bestand und der, durch Unglück nicht gebeugte Muth der Preußen führten zu den ungeheuren Anstrengungen, welche zuerst das preußische Volk,
seinen Monarchen an der Spitze, machte, um die Fremdherrschaft abzuschütteln. Der glückliche Erfolg, der diese
krönte, und der kriegerische Geist, den das aus dem preußischen Volke hervorgegangene Heer in so vielen Schlachten
entwickelte, in welchen es oft auf sich selbst reducirt, die
bis dahin für unüberwindlich gehaltene Armee Frankreichs
bekämpfte, überzeugten die in Wien versammelten Ordner
der künftigen politischen Zustände Europa's davon, daß
Preußen eine bedeutende Erweiterung seiner Gränzen im
Innern von Deutschland bedürfe, um stark genug zu sein,
Deutschlands westliche Gränzen zu vertheidigen, welches
Oestreich nicht vermag. Zugleich strebte man dahin, Preußen eine solche Stellung anzuweisen, die ihn dessen enthöbe
zur Erhaltung seiner eigenen Selbstständigkeit eine Vergrö-
ßerungs-Politik weiter zu verfolgen, die es vielmehr durch
die Verschmelzung seines Interesses mit dem des übrigen
Deutschlands der Friedens-Partei zuführte. Dies ist denn
auch vollkommen erreicht, und wenn wir auf die vorhin

ausgesprochene Ansicht zurückgehen, daß Preußen sich nur durch seine größere moralische Kraft mit den beiden nordischen Großmächten im Gleichgewicht zu erhalten vermöge, daß, wenn diese sich aber von der anderen Seite her ausgleichen sollten, Preußen zu einer Macht zweiten Ranges zurücksinken würde, so fällt eine solche Besorgniß fort, so lange Preußen und die übrigen deutschen Bundesstaaten in ihren Interessen identificirt bleiben.

Durch die Stellung, welche Preußen durch die Wiener Congreß-Acte erhielt und durch Unterzeichnung derselben acceptirt hat, wird ihm seine politische Richtung, wie in den innern, so in seinen äußeren Verhältnissen scharf vorgezeichnet. Wohin diese führen, ist wichtig zu wissen, um so wichtiger, da von der richtigen Auffassung und Verfolgung derselben, wie wir zeigen werden, sehr wahrscheinlich die künftige Gestaltung der Verhältnisse nicht allein in Preußen und Deutschland, sondern im ganzen Osten von Europa abhängen wird.

In den beiden vorhergehenden Abschnitten haben wir zu zeigen gesucht, daß Rußland Europa und seine Civilisation für die Folge ernstlich bedrohe, wie es aber auch möglich sei, daß dieser Coloß in sich selbst zusammenbreche und dann den ganzen Osten erschüttere. Wir haben ferner entwickelt, in welcher kritischen Lage Oestreich sich befinde, welche Schwierigkeiten sich der Ordnung der dortigen Verhältnisse entgegenstellen, und endlich gezeigt, daß, wenn innerliche oder äußerliche Veranlassungen die drei östlichen Reiche, Rußland, die Türkei und besonders Oestreich heftig erschüttern sollten, in Folge dessen eine allgemeine Schilderhebung der Slavenstämme nicht außer der Möglichkeit liege und dies Deutschland und Preußen in eine widerwärtige Lage versehen würde.

Wenn auch unläugbar zwischen der Möglichkeit und Wirklichkeit eine breite Kluft liegt, so bleibt es ausgemacht, daß die Staatsklugheit Nichts unbeachtet lassen darf und die Zukunft jederzeit im Auge behalten müsse, wenn sie die künftige Wohlfahrt des Landes sichern will.

Oestreich befindet sich, wie vorhin nachgewiesen ist, in einer so eigenthümlichen Lage, daß, wenn es nicht endlich die Zeit begreift, sich aus seiner Lethargie erhebt und auf dem Wege der Reform bedeutende sach- und zeitgemäße Aenderungen in seinem Systeme trifft, seine innere und äußere Politik ändert, es großen Erschütterungen entgegengehen müsse. Da aber diese Reformen aus den bereits angeführten Gründen nur allmählig und ihre Wirkungen erst langsam eintreten können, so ist es von der höchsten Wichtigkeit, daß durch eine feste Ordnung der politischen Verhältnisse Preußens, die jetzige Besorgniß erregende Bewegung der Gemüther daselbst glücklich beschwichtigt werde, Oestreich daher die Zeit und Ruhe behalte, sich allmählig neu zu gestalten und es von dieser Seite her gegen alle Zwischenfälle gedeckt bliebe, mithin seine ganze Sorge der Ordnung der inneren Verhältnisse und seine ganze Kraft der Sicherung seiner östlichen Gränze zuzuwenden vermöge.

Bis jetzt hat aber Oestreich sein eigenes Interesse so ganz verkannt, daß es jedem weiteren Schritt in der politi-

schen Entwickelung Preußens und einer zeitgemäßen Ordnung
der Verfassung mit der größten Besorgniß entgegen gesehen
und selbst Alles aufgeboten hat sie zu hindern; ob Mangel
an Einsicht oder eine kleinliche Eifersucht auf Preußen die
Veranlassungen dazu sind, wollen wir nicht untersuchen,
allein es steht fest, daß Oestreichs Zukunft unverkennbar davon abhängt, daß der politische Entwickelungs-Prozeß in
Preußen mit festem und gemessenem Schritte seine glückliche
Erledigung finde und ohne Erschütterung des monarchischen
Prinzips vor sich gehe.

Oben ist darauf hingedeutet worden, daß die Bewegung
der Gemüther, welche ganz Europa ergriffen habe, in dem
Streben liege, den Volksinteressen Anerkennung zu verschaffen, in Frankreich, Spanien, Portugal und theilweise in
Belgien haben blutige Revolutionen eine solche bewirkt. Der
ruhige, besonnene Geist der Deutschen hat sie bisher vor
gewaltsamen Umwälzungen bewahrt, und in Uebereinstimmung der Fürsten und Völker sind in den meisten deutschen
Ländern letzteren verfassungsmäßige Rechte eingeräumt, die
für jetzt im allgemeinen den Bedürfnissen entsprechen. In
wiefern dies auch für die Zukunft der Fall sein werde, ist hier
nicht der Ort zu untersuchen, um so weniger, da die einzelnen, minder mächtigen Staaten als solche keine entschiedene politische Bedeutung haben und da, wenn in den gegebenen Verfassungen auch noch der Stoff zu Reibungen
zwischen den einzelnen Klassen der Nationen und ihren Fürsten liegen sollte, diese immer unter dem mächtigen Einflusse

des Bundes, so lange dieser unerschüttert bleibt, eine gütliche Ausgleichung erfahren werden.

Ganz verschieden davon ist die Stellung Preußens mit seiner nahe an 16 Millionen starken, vollkommen militairisch ausgebildeten Bevölkerung. Wenn in Preußen König und Volk durch eine Verfassung enge verbunden werden, welche die Festigkeit des Thrones und die Rechte und Freiheiten des Volks vollkommen sichert, so liegt hierin für alle übrigen deutschen Staaten eine Bürgschaft der Unantastbarkeit der Rechte und Freiheiten, sowohl der Fürsten, wie ihrer Völker. Wenn aber der unmöglich scheinende jedoch denkbare Fall eintreten könnte, daß es in Preußen über die Verfassung oder Nichtverfassung zu ernstlichen Reibungen zwischen der Regierung und dem Volke kommen könnte, so würde jede Intervention der Bundesfürsten, besonders wenn Oestreich mit einschreiten wollte, nur den Brand allgemein machen und über ganz Deutschland verbreiten, niemals aber ihn zu unterdrücken vermögen. In Preußens Hand befindet sich der Barometer Deutschlands, und wenn Preußen wollte und sich seiner Kraft bewußt wäre, so würde der politische Courszettel der drei nordischen Höfe in Sansouci ausgegeben.

In diesem Augenblicke befindet es sich selbst noch in einer bedeutenden Crisis, in der sich zugleich eine politische und kirchliche Reformation vorbereitet. Nichts in der Welt vermag beide mehr aufzuhalten, dies ist so außer allem Zweifel, als es im tiefsten Dunkel gehüllt bleibt, welchen Ausgang sie nehmen würde, wenn die Regierung sich nicht wenigstens der politischen Bewegung bemächtigen sollte, sondern wie bisher durch halbe Maßregeln der Aufregung immer mehr Nahrung gäbe und als ruhiger Zuschauer den Ausgang abwartete.

Von den vielen, höchst wichtigen Zuständen, die wir in diesem Werke zum Gegenstande unserer Besprechungen gewählt haben, giebt es mit Bezug auf die Monarchien und die specielle Wohlfahrt Deutschlands keinen wichtigeren, als den: in wiefern es in Preußen möglich sein wird, in der künftigen Reichs-Verfassung das monarchische Prinzip unberührt zu erhalten und dennoch den billigen und gerechten Anforderungen des Volks so zu genügen, daß die Monarchie auf festen Säulen ruhen bleibt. Wenn sich auch in aller neuester Zeit die Hoffnung zeigt, daß ein solches Ziel vielleicht bald erreicht werden wird, so hat doch die Bewegung, die gegenwärtig besteht, noch einen so chaotischen Charakter, daß sie kaum mehr zu übersehen ist. Inzwischen werden wir versuchen, so viel wie möglich ein Bild von den Bewegungen der Geister und Gemüther, von den sich kreuzenden Absichten, Ansichten und Wünschen der Regierung und Regierten zu gewähren, sowie von den verschiedenen Einflüssen, die sich einander bekämpfen.

Durch den unglücklichen Krieg im Jahre 1807 ward Preußen in seinem Innern erschüttert; zugleich aber der preußische Monarch von der Nothwendigkeit überzeugt, wesentliche Reformen in der Gesetzgebung und Verwaltung einzuführen, desgleichen die damalige Verfassung aufzuheben, und seinem Volke eine der vorgeschrittenen Zeit angemessenere zu ertheilen. Mit richtiger Einsicht und vielem Eifer ward auch zum Werk geschritten, und nachdem die mittelalterlichen Zustände aufgehoben waren, begann man das Fundament zu einer neuen Verfassung zu legen.

Der im Jahre 1813 ausgebrochene Krieg gegen Napoleon führte den Beweis, welche schöne Früchte eine engere Verbindung des Königs mit seinem Volke zu tragen vermöchte, unterbrach aber zugleich den weiteren Ausbau der Verfassung, welchen jedoch nach Beendigung desselben wieder aufzunehmen in der Absicht lag. Inzwischen ward die Ausführung theils durch die Beschlüsse auf dem Wiener Congreß, theils durch einen neuen Ausbruch des Krieges verschoben, welches jedoch nicht hinderte, bei den Besitz-Ergreifungs-Patenten der neu hinzugekommenen Landestheile bestimmte Zusicherungen über eine künftige Verfassung zu ertheilen.

Inzwischen zeigte sich vom Jahre 1815 ab, da die Erwartungen des deutschen Volks durch die Wiener und die nachfolgenden Congreß-Acten nicht erfüllt worden waren, in Deutschland eine große Aufregung; die democratische Richtung, die diese nahm, die Intriguen der französischen Propagande und die theilweise Bewegung, die diese hervorriefen, erfüllten die Regierungen mit Besorgniß und hielten den preußischen Monarchen ab, mit dem weiteren Ausbau der Verfassung weiter vorzugehen. Erst im Jahr 1823 entschloß derselbe sich, wenigstens in Etwas den in dieser Hinsicht durch die Wiener Congreß-Acte und seine eigenen Versprechungen eingegangenen Verpflichtungen nachzukommen und führte eine provinzial-ständische Verfassung ein, die insofern von Bedeutung war, daß sie die Communal-Angelegenheiten den Händen der Communen-Corporationen, Kreisen und Provinzen übergab; allein in politischer Beziehung nur einen Schatten von Ständen ins Leben rief. Hierin lag ein entschiedener Fehlgriff, denn die halbe Erfüllung eines gegebenen Versprechens befriedigt nie, regt nur auf und spannt die Anforderungen immer höher.

Vom Jahre 1823 bis 1840 trat in der weiteren Entwickelung der inneren Verhältnisse ein Stillstand, ja mitunter eine Reaction ein, während die Entwickelung im Volke einen bedeutenden Aufschwung gewann. Inzwischen erfolgte keine äußere Demonstration; eine gewisse Pietät gegen einen Monarchen, den man so hoch verehrte und dem man die Größe des Landes und dessen Flor verdankte, unterdrückte jede Aeußerung dessen, was in dem Innern der Seelen vorging und ihm Unruhe hätte verursachen können.

Im Jahre 1840, — bekanntlich ist das Jahr 40 für das preußische Regenten-Haus verhängnißvoll, — bestieg der jetzige Monarch den Thron und die unendliche Begeisterung, mit welcher dies Ereigniß gefeiert ward, gehörte zur Hälfte der Liebe und Verehrung des preußischen Volks zu seinem Regenten an, zur Hälfte erklärte sie sich aus den hohen Erwartungen, die man auf den geistreichen, freisinnigen und wohlwollenden neuen Herrscher setzte, der sich überdem durch Rednergaben und durch seinen Sinn für Kunst und Wissenschaft auszeichnete.

Wenn es je eine schwierige Lage gegeben hat, so war es die, unter welcher Friedrich Wilhelm IV. das Ruder des

Staats ergriff. Den Plan, nach welchem der Grundbau der Verfassung angelegt war, hatte man verlaffen, und im Laufe der Zeit einen fast entgegengesetzten verfolgt. Daraus waren eine Menge Anomalien entstanden, die zu den größten Inconsequenzen führten; hierzu kam, daß die Verfassung, den gegebenen Versprechungen entgegen, eine so unvollständige geblieben war, daß sie nur die Gemüther aufregte, durch Nichts befriedigte; ja die Verwaltung verstand es den Einfluß der Stände, der ihrer Omnipotenz Gefahr drohte, so bedeutend herunterzusetzen, und diese weder dem Lande nützlich, noch dem Throne eine Stütze werden konnte, worüber gewisse Höfe, die Preußens Schwächung wünschten mit Freude erfüllt wurden. Aus dem Organismus der Verwaltung, wie der Monarch diesen beim Antritt seiner Regierung vorfand, traten demselben gleichfalls neue Hemmungen entgegen. Diese war von Hause aus darauf berechnet gewesen, stark genug zu sein, Reichsständen gegenüber das Ansehen der Krone aufrecht erhalten zu können. Allein ohne Stände, die diese einschränkten, war die Verwaltung übermächtig geworden und bildete fast die einzige Gewalt im Staate, die alle anderen, und in vielen Beziehungen selbst die des Königs in sich concentrirte. Die Folgen davon konnten unmöglich ausbleiben und zeigten sich in fortwährender Zunahme der Geschäfte und des Verwaltungs-Personals; das System, welches die Grundlage der früheren Organisation bildete war völlig aufgegeben, und man theilte die Geschäfte, je nachdem man Personen hatte, die angestellt werden sollten. Nicht zu verwundern war es da-

her, daß das Volk in Folge dessen durch vieles Regieren
belästigt, sich nach einer Verfassung sehnte, aber die Beam=
ten selbst wurden durch ein Uebermaß von Geschäften er=
drückt, zugleich ging die Einheit und jede Uebersicht verloren,
und ein Mangel an Staatsmännern mußte um so mehr
eintreten, weil die fähigen Köpfe oft in dem Gewühle der
Geschäfte untergingen und bei den Anstellungen mehr auf
so genannte gute Gesinnungen oder kirchliche Richtung, als
auf wirkliche Befähigung gesehen wurde. *)

So unerläßlich es nun war, gleich nach dem Antritte
der neuen Regierung, mit dem weiteren Ausbau der Ver=
fassung vorzugehen, frühere Versprechungen zu erfüllen und
der Verfassung ein stärkeres Fundament zu geben, und so
geneigt der König auch schien, dies zu wollen, so stellten
sich doch Hindernisse in den Weg, die für den Augenblick
schwer zu überwinden sein möchten. Diese bestanden nun,
wie gesagt, in der Macht, welche die Verwaltung übte,
und die man für die königliche auszugeben verstanden hatte
und in dem Mangel an Persönlichkeiten, die die Befähigung
besaßen den Monarchen zu unterstützen, seine

---

*) Unverkennbar liegt in dem eben Angeführten der Grund, daß, so=
wie von der Besetzung höherer Stellen die Rede ist, jedesmal
die größte Verlegenheit entsteht, geeignete Personen zu finden,
denen man bedeutende Posten anvertrauen könnte. Erst wenn
den Ständen eine größere Wirksamkeit eingeräumt werden wird
ist in dieser Beziehung eine Aenderung zu erwarten, weil die
Regierung dann die Gelegenheit erhält, die Befähigung der Be=
amten kennen zu lernen.

Gedanken zu systematisiren und die zugleich practisch und gewandt genug gewesen wären, sie auszuführen; endlich, die auch den aufrichtigen Willen hatten dies zu thun. Daß der Monarch selbst die Wichtigkeit fühlte, die Stände näher an sich heranzuziehen und die Absicht hatte den Wünschen des Landes entgegen zu kommen, beweisen seine ersten Schritte in dieser Beziehung, durch welche er eine regelmäßige Rückkehr der Landtage festsetzte, Ausschlüsse anordnete, die Veröffentlichung der Verhandlungen gestattete und endlich allgemeine Berathungen in Aussicht stellte. Allein bei diesem Anfange, der übrigens als ein Zeichen der Huld und des Wohlwollens des Königs freudig begrüßt ward, blieb es auch; denn nur zu bald gelang es, Besorgnisse und Mißtrauen zu erwecken und die radikale Richtung in den Ansichten gewisser Schriftsteller als eine im Volke sehr verbreitete auszugeben. Ganz besonders unterließ man es nicht den Monarchen mit allen dem, was ihn verletzen mußte, bekannt zu machen, dagegen ihm alles Das zu verschweigen, was einen entgegengesetzten Eindruck machen konnte.

Gleich nach dem Antritte der Regierung hatte der König die harten Fesseln bedeutend gelöst, welche bis dahin der Presse angelegt worden waren, und diese unterließ es denn auch nicht von ihrer größeren Freiheit vollen Gebrauch zu machen.

Wo eine lange Reihe von Jahren hindurch jedes freie Wort, jeder Tadel der Maßregeln der Regierung und der Verwaltung unterdrückt worden ist, da findet eine freie Rede sehr empfängliche Gemüther, aber auch sehr verletzbare bei denen denen, die nicht daran gewöhnt sind, ihre Maßregeln einer Critik unterzogen zu sehen. Während nun die Presse freier geworden war, hatten sich Zustände gebildet, die sehr beunruhigend auf das Volk einwirkten, und der Presse Gelegenheit gaben, die wachsende Aufregung noch immer höher zu steigern. Dies führte wieder zu Rückschritten, welche großes Aufsehen erregten, denen aber bald darauf wieder durch Einführung des Obercensur-Gerichts ein neuer Fortschritt folgte.

Ein solches Schwanken in einer Crisis wie der bestehenden konnte aber nur die Bewegung der Geister vermehren und der Regierung immer neue Verlegenheiten bereiten. Diese sind denn auch in vollem Maße eingetreten und führen einen Zustand herbei, welcher bei längerer Fortdauer nur bedauerliche Folgen haben kann, jedenfalls nicht zur Beschwichtigung der Aufregung führt. Welche Macht die öffentliche Meinung besitzt, darüber kann man sich nicht mehr täuschen und ebensowenig über den wohlthätigen Einfluß einer guten, und den gefährlichen einer schlechten Presse, gegen welche keine Regierung, die ihr bloßgestellt ist, sich auf die Länge zu halten vermag. So unläugbar eine gute Presse die Regierung und das Volk über ihre wahren Interessen aufklärt, kann eine schlechte Presse von Grund aus den Geist des Volks verderben, die öffentliche Meinung irre führen, Mißtrauen und Mißmuth erzeugen.

Preußen und seine Regierung und seine Verwaltung sind nun dahin gekommen, daß sie sich der schlechten und schlechtesten Presse blosgestellt haben und sich dieser schutzlos gegenüber befinden, weil die gute Presse eingeengt wird, und weil es überhaupt keiner Regierung und am wenigsten der preußischen in der Lage, in welcher sie sich befindet, möglich wird, gestützt auf eine Büreaucratie, die so viele Angriffs= punkte gewährt, sich der Presse gegenüber zu halten.

Durch die jetzt bestehenden Censur=Gesetze wird zweier= lei beabsichtigt: der freien Rede einen gewissen Spielraum zu lassen, billigen Tadel, auf schickliche Weise vorgetragen, zu dulden; dagegen giftige Angriffe gegen die Regierung, jede Verunglimpfung der Personen und Aufregung gegen die Ver= fassung zu unterdrücken. So verständig es auch erscheinen mag, daß eine Regierung da, wo bisher jedes freie Wort unterdrückt worden ist, auf diese Weise eine Uebergangs= Periode von der Unfreiheit zur Freiheit zu bilden sucht, so verfehlt sie doch ihren Zweck gänzlich. Daß die Regierung ein freimüthiges Wort und selbst einen entschiedenen Tadel der bestehenden Mängel, wenn dieser aus loyalen Gesinnun= gen hervorgeht und nicht in der Absicht geschrieben ist, die Regierung zu verdächtigen, sondern sie auf zweckmäßige Ver= besserungen in der Verfassung und Verwaltung aufmerksam zu machen, gestatte, davon zeugt die Druckerlaubniß unserer Schriften. Diesem Beispiele sind Wenige gefolgt, und all= gemein hält die Furcht vor Weiterungen bei der Censur und mehr noch der innere Groll, welchen man zu= weilen auf Diejenigen wirft, die nicht alle Maßregeln der Verwaltung loben, Andere ab, sich offen und freimüthig über die Tagesfragen, über die Ver=

faſſung und Verwaltung auszuſprechen. Dazu kömmt, daß
die Regierung ſelbſt bis jetzt kein feſtes Syſtem angenommen
hat und verfolgt, daß ſich mithin Niemand ihr anſchließen
kann. Hieraus erklärt es ſich nun, daß die große Mehrzahl der Federn, die vortheilhaft auf die allgemeine Stimmung einwirken könnten und würden, jetzt ruhen, und daß
ernſte Gegenſtände nur in geringer Zahl vor der Preſſe verhandelt werden, es überhaupt an einem heilſam einwirkenden
Einfluſſe derſelben durch Umtauſch der Ideen ſehr mangelt.
Deſto thätiger iſt ein anderer Theil der Preſſe, welcher die
vorherrſchende Stimme, die in dieſem Augenblicke eine oppo-
ſitionelle iſt, benutzt, um theils die Regierung vorwärts zu
treiben, theils die Bewegung der Gemüther zu vergrößern
und das für locker gehaltene Gebäude zu unterminiren.

Wenn eine freiere Discuſſion über die Punkte, welche
jetzt an der Tagesordnung ſind, möglich wäre, ſo würde ſich
bald das Gute von dem Schlechten ſondern, ſo würden
dieſe flachen, einſeitigen Beleuchtungen einzelner Gegenſtände,
mit welchen das Publikum jetzt überſchwemmt wird, und die
nicht dazu beitragen die Anſichten zu berichtigen, ſondern ſie
zu verwirren, bald von ſelbſt aufhören und keinen Leſer finden. Ganz beſonders würde es heilſam ſein, eine völlig
freie Discuſſion über die Verfaſſungsfrage zu geſtatten, es
würden dann die extremen Anſichten frei hervortreten und in
Folge deſſen gründlich erörtert werden können; bei dem vorherrſchenden geſunden Sinne würde es nicht zweifelhaft ſein,
wohin ſich die öffentliche Meinung in Deutſchland neigte.
Nicht das Königthum darf die freie Preſſe fürchten, nur die

Beamten die so kurzsichtig sind durch Unterdrückung der offenen Rede eine heimliche hervorzurufen. Gewiß den allernachtheiligsten Einfluß zeigt unsere Censur-Einrichtung darin, daß sie eine Prämie denjenigen Federn gewährt, welche ihren giftigen Stachel dazu verwenden, schonungslos und oft verläumderisch Vieles anzugreifen, was außer ihrem Bereiche bleiben sollte, die mithin sich einer Sprache bedienen, die selbst da, wo völlige Preßfreiheit ist, scharf bestraft und durch die öffentliche Meinung verdammt werden würden.

Der Druck dieser Bücher erfolgt nicht im Innlande, sondern in der Schweiz, in einer Vorstadt von Constanz, und in Christiania, und es verbreiten sich dieselben in Folge des Verbots erst recht. Da alle diese Bücher einen weit größeren Debit finden, als jedes andere Werk, so wird auch ein viel höheres Honorar für sie bezahlt, und um so mehr gelesen, da in ihnen oft Wahres und Falsches gemischt ist und Witz und pikante Wendungen nicht gespart wird, ebensowenig als grobe Verläumbungen. Die Verbreitung solcher Schriften zu verhindern ist unmöglich; denn jeder Weg der ihrem Eingange geschlossen wird, öffnet diesem neue Schleichwege. Ja in dem Verbote liegt eine Prämie für Diejenigen, die solche Bücher schreiben und herausgeben, und da sie gesetzlich nicht existiren, so kann auch kein anderer Schriftsteller sie widerlegen, denn die Censur giebt dies nicht zu, da sie, wie gesagt, nicht vorhanden sein sollen.

Ein solcher, die bestehende Aufregung noch befördernder, Zustand der Presse, führt alle Nachtheile, die diese hat, mit sich und hält die Gegenmittel fern, das einzige durchgreifende Mittel dagegen ist: freie Presse und entsprechende Strafbestimmungen. *)

Vorhin ist schon des Uebermaßes von Geschäften Erwähnung geschehen, in welchen die Zeit und auch wohl der Geist der preußischen Beamten untergehen; da aber bei der bestehenden Organisation der Behörden am Ende Alles, sei es bedeutend oder unbedeutend, sich im Cabinet concentrirt, so konnte es nicht ausbleiben, daß auch der König sich bald, gleichfalls von dem Uebermaße der Geschäfte erdrückt fühlte, die nach einer arithmetischen Progression zunehmen; und wenn er auch das Personal seines Cabinets vermehrt hat, es doch leicht zu begreifen ist, daß die Unzahl von Eingaben, die in einem Jahre einlaufen, es dem Monarchen unmöglich machen, von diesen selbst so genaue Kenntniß zu nehmen, daß eine, aus eigener Ueberzeugung hervorgegangene Entscheidung erfolgen könnte. Das Wesen und die Hauptbedingung einer väterlichen Regierung besteht aber darin, daß der Monarch selbst und kein Anderer für ihn entscheide; dies war auch bei der vorigen Regierung,

---

*) Die Richtung mancher Tagesblätter, in welchen die katholische Kirche und ihre Gebräuche heftig angegriffen werden, ohne daß den Gegnern eine Erwiderung erlaubt wird, beweiset auch, wie fehlerhaft unsere Censur-Gesetzgebung sei. Ueberhaupt ist es unziemlich, Verhältnisse zu verspotten, die Andersglaubenden heilig scheinen, es erzeugt sich dadurch eine Erbitterung, die vermieden werden sollte, und führt nur zu oft zu Reactionen, die denjenigen am meisten schaden, von denen der erste Angriff ausgegangen ist.

wo die Immediat-Eingaben auf eine unendlich geringere Zahl reducirt blieben, strenge beobachtet worden.

Durch die Unzahl der Gegenstände, die jetzt zur höchsten Entscheidung kommen, wird es aber dem Monarchen unmöglich gemacht, die Vorbedingung einer solchen Regierungsform, die immer nur in kleineren Ländern möglich scheint, vollkommen zu erfüllen, wodurch sich mithin das Wesen der väterlichen Regierung ändert, und wodurch sich sehr begreiflich die vermehrte Sehnsucht nach einer Verfassung, als dem sichersten Mittel, die wichtigsten Gegenstände wieder zur Entscheidung des Monarchen selbst zu bringen, erklärt. Hierzu kömmt, daß Personen, welchen der Monarch wegen ihres ehrenhaften Charakters und ihrer frommen Gesinnungen besonderes Vertrauen schenkt, die aber mannigfach befangen und nicht mit der Zeit fortgegangen sind, die Leitung der Geschäfte im Cabinet und in mehreren wichtigen Ministerien übertragen worden ist. Diese gehören nun zum Theil derjenigen Fraction der evangelischen Christen an, die, dem Geist des Protestantismus entgegen, auf eine äußere Anbetung großen Werth legen und in der Verehrung Gottes mit freiem geistigen Bewußtsein Freigeisterei wittern. Da sich nun die Meinung verbreitet hat, diese suchten den Monarchen nicht ohne Erfolg glauben zu machen, ein religiöser Sinn fehle im Volke und es sei seine Pflicht, diesen zu erwecken und zu stärken, so vermehrt dies die Unzufriedenheit und es erklärt sich daraus die heftige Opposition gegen manche Verordnungen und Gesetze, wie z. B. gegen das projectirte Ehegesetz,

so wie die Unpopularität so mancher Anstellungen von Män=
nern, die der oben bezeichneten Fraction angehören.

Während aber die eine, eben bezeichnete, einflußreiche
Partei es theils durch ihre Unbekanntschaft mit den Verhält=
nissen, theils geleitet durch ihre Befangenheit, an Mißgriffen
nicht fehlen läßt, die höchst bedauerlicher und irrthümlicher
Weise oft auf die Person des Monarchen zurückfallen, so be=
steht von dieser getrennt eine zweite Partei, die einflußreich
ist, entschieden jeder weiteren Entwickelung in der Verfassung
entgegentritt und nicht einsieht, welche Nachtheile ein länge=
res Festhalten eines unhaltbaren Systems mit sich führen,
und wie wenig eine Verwaltung allein die Monarchie gegen
die destructiven Elemente der Zeit zu stützen vermag.

Zwischen diesen beiden Parteien, denen noch andere, wenn
auch minder einflußreiche, doch mit einem entschiedeneren
Charakter zur Seite stehen, befindet sich der Monarch; seine
eigenthümlichen, freisinnigen, jedoch, wie es scheint, noch nicht
systematisirten Ideen festhaltend, und obgleich verstimmt
darüber, oft verkannt zu werden, bleibt er doch stets ent=
schlossen, das Wohl seines Volkes wahrhaft zu befördern,
wodurch es sich erklärt, daß so oft Verfügungen erlassen
werden, die ganz im Geiste der öffentlichen Meinung im
Widerspruche mit dem im Ganzen verfolgten Systeme stehen,
und daher Jedem räthselhaft erscheinen müssen, welchem die
Veranlassungen dazu unbekannt sind.

Doch wenn wir auf dem angefangenen Wege die Ur=
sachen der jetzigen Verhältnisse und den Grund der Wider=
sprüche, sowie der Unthätigkeit der Regierung weiter ent=

wickeln wollten, so würden wir dem Leser die Uebersicht erschweren; statt dessen wollen wir jetzt zu der Schilderung der
Verhältnisse, wie sie in diesem Augenblicke bestehen, übergehen,
welche Besorgnisse sie einflößen und demnächst, welche Heilmittel nöthig scheinen.

Es gehört vor Allem der ruhige, besonnene, gemüthliche
Charakter des Preußen dazu, bei welchem die Gefühle der
Liebe und Dankbarkeit für so manche Wohlthaten, die er von
seinen Regenten erfahren hat, zu tief eingewurzelt sind, als
daß sein Glaube und sein Vertrauen auf die wohlwollenden
Absichten des Königs erschüttert werden könnten, selbst dann
nicht, wenn ihn, wie es gegenwärtig der Fall zu sein scheint,
Mißtrauen zu treffen scheint.

Vor länger als dreißig Jahren wurde der Rest der früheren Verfassung aufgehoben, der alte Rechtszustand vernichtet und dem Volke dagegen eine, sein wahres Wohl fördernde,
den Fortschritten der Zeit mehr entsprechende reichsständische
Verfassung zugesagt, auch mit einem tüchtigen Unterbau derselben der Anfang gemacht; ähnliche Zusicherungen wurden
späterhin den neu hinzugekommenen Provinzen ertheilt. Seit
dieser Zeit hat das Volk mit Vertrauen auf seine Regenten und ohne zu drängen den Zeitpunkt erwartet, den
diese in ihrer Weisheit geeignet halten würden, das begonnene Werk zu vollenden.

Auch auf den in diesem Augenblicke versammelten Landtagen werden, dies sind wir überzeugt, von Seiten der mittleren Provinzen der Monarchie keine Anträge auf Verfassung
gemacht werden, obgleich man sich bereits der Hoffnung hin-

gegeben hatte, der Monarch selbst würde die Eröffnung der
Landtage benutzen, um diesen seine Absicht über die weitere
Entwickelung der Verfassung mitzutheilen.

Sehr würde man sich aber täuschen, wenn man glaubte,
daß der Wunsch nach einer Verfassung nur am Rhein und
nur im Königreich Preußen vorherrschend sei; dies ist keinesweges der Fall, und der Grund, weshalb derartige Petitionen
nicht auch von anderen Seiten her eingehen, liegt einzig und
allein in dem festen Glauben und Vertrauen, der Monarch
werde auch, ohne gedrängt zu werden, eine für die Wohlfahrt seines Volkes und die Stärke des Thrones gleich be-
dürftige Erweiterung der Verfassung eintreten lassen.

So sehr nun eine solche Gesinnung auch eine Würdigung
verdient, so bedenklich muß es dem Staatsmanne erscheinen,
wenn in Zeiten, wie die jetzigen, die Stände so vieler Provinzen die Regierung nicht mit ihren Rathschlägen unterstützen und es unterlassen, mit ihrer wahren inneren Ueberzeugung hervorzutreten. Die Absicht dabei mag die beste
sein, allein Pflicht wäre es, auf die zunehmende Gefahr aufmerksam zu machen, die daraus entspringen muß, wenn bei
einer so allgemeinen Aufregung, wie die jetzige, die Regierung
es unterläßt, zur Ordnung unhaltbarer Verhältnisse zu schreiten. Die dringendsten Anforderungen auf die weitere Entwickelung der Verfassung gehen bis jetzt vom Königreich
Preußen und von der Rheinprovinz aus. Es würde auf
einem entschiedenen Irrthume beruhen, wenn man hieraus
schließen wollte, daß ihre Anhänglichkeit an Könige und Vaterland geringer wäre, als in den anderen, sich passiv ver-

14*

haltenden Provinzen; die Ursachen dieser directen Mahnungen sind ganz in ihren eigenthümlichen Verhältnissen begründet. Beide Provinzen sind Gränzländer und haben mithin ein besonderes und nahes Interesse daran, daß die Monarchie ihre ungeschwächte Kraft behalte, die nur in der Einigkeit des Königs mit seinem Volke und in der näheren Verbindung der einzelnen Landestheile unter sich gefunden werden kann; denn nur in dieser beruht Preußens Stärke, nur aus dieser wird sich eine weitere innige Vereinigung mit dem übrigen Deutschland entwickeln. Der Rhein und Preußen sind diejenigen Provinzen, die, wenn Preußen ohne organischen Zusammenhang bleibt, zunächst der Gefahr ausgesetzt sind, von der Monarchie getrennt zu werden, und es zeugt von einem Verkennen dessen, was so nahe liegt, wenn man in Berlin nicht einsieht, daß in dem Streben dieser beiden großen Provinzen nach einem festen organischen Zusammenhange der einzelnen Theile zum Ganzen, des Volks zum Monarchen ein rein patriotisches Bestreben liegt, und keinesweges ein Angriff gegen das monarchische Prinzip, wofür es die eine Partei gerne ausgeben möchte. Zu diesem speciellen Interesse kömmt nun noch hinzu, daß in beiden Provinzen die politische Entwickelung vielleicht allgemeiner vorgeschritten ist, und daß es daher dort um so lebhafter empfunden wird, wie nöthig es sei, diesen inneren politischen Kampf, der am Ende nicht gefahrlos bleibt, durch eine Verfassung zu beenden.

Es ist unmöglich, daß irgend Jemand, der in den Verhältnissen, wie sie jetzt bestehen, lebt, sich darüber täuschen könne, wohin es führen wird, wenn die Regierung fortfährt, sich dem starken Andrange der democratischen Richtung, der Zeit und den Angriffen der destructiven Elemente derselben schutzlos entgegen zu stellen und das einzige Mittel versäumt, durch eine Verfassung und starke organische Institutionen die Kraft zu gewinnen, um den Angriff in Schranken zu halten.

Die Furcht, welche das Wort „Verfassung" mehreren unserer Minister und der ultra-aristocratischen Partei, Männern, die noch an der Unverdaulichkeit der von Hallerschen Lehren leiden, eingeflößt hat, spielt ins Lächerliche. Das Wort „Verfassung" bezeichnet ein geordnetes Rechts-Verhältniß, bestimmt den Umfang der Pflichten und Rechte der verschiedenen Klassen des Volks unter sich und zum Monarchen festzustellen. Der Verfassung gegenüber steht die Anarchie, dem gesetzlichen Zustande der gesetzlose, und doch wird der Ruf nach einer Verfassung als ein Angriff auf die Rechte der Krone betrachtet, während sie allein im Stande ist, diese zu schützen.

In denselben vorhin bezeichneten Kreisen wird nun ferner gegen die Verfassung angeführt, daß wenn die Regierung erst anfinge, etwas nachzugeben, so würde man die Forderungen immer höher spannen, und wenn diese nicht gewährt werden sollten, zuletzt Alles nehmen. Hierin liegt etwas Wahres, aber eben dieses schlägt völlig die vorstehende Ansicht. Wo gerechte und billige Anforderungen bestehen, da liegt es in der Natur der Sache, daß Reclamationen eintreten, und je länger jenen Gehör verweigert wird, je höher werden sich diese steigern. Die heutige Erfahrung bestätigt dies nur leider zu sehr. Von Tage zu Tage steigern sich die Anforderungen an die Regierung und was das aller Bedenklichste

ift, die große Maffe derjenigen, die vollkommen zufrieden fein
würden, wenn die Regierung billigen und gerechten Anfor⸗
derungen Gehör fchenkte, und in denen fie dann eine fefte
Stüße gegen überfpannte Anforderungen befißen würde, fehen
dem Kampfe, welchen die Regierung zu beftehen hat, und
welchen fie auf die Länge durchzuführen nicht vermögend ift,
ruhig zu.

In diefe Stellung haben fich nun namentlich die Land⸗
tage in den mittleren Provinzen der Monarchie verfeßt.
Zwar werden auch von diefer Seite her Anträge unterftüßt,
die entfchieden auf die geiftige und politifche Entwickelung
der Nation hindeuten, aber es wird überfehen, daß, je weiter
die Volksentwickelung vorfchreitet, es je nöthiger werde, daß
die Regierung fich auf eine ftarke ftändifche Repräfentation,
die nur in allgemeinen Ständen beftehen kann, ftüße. Ihre
Aufgabe wäre es gewefen, den Monarchen in dem jeßigen
Augenblicke als treue und aufrichtige Rathgeber der Krone
zu unterftüßen und offen und unumwunden zu erflären, daß
nach ihrer Ueberzeugung die Größe Preußens und die Wohl⸗
fahrt des Volks es wünfchenswerth mache, die monarchifche
Verfaffung in ihrer vollen Kraft zu bewahren, daß aber den
Ständen alle diejenigen Rechte eingeräumt werden müßten, die
unbefchadet der Rechte der Krone den Vertretern des Landes ge⸗
bühren, um die Freiheiten des Volks gegen eine mächtige Bureau⸗
cratie zu vertheidigen, den deftructiven Elementen ein Damm
zu werden und die Stimme des Landes für fich zu gewinnen.

Ganz befonders glauben wir, daß der Adel noch nicht
zum Bewußtfein der Stellung gekommen ift, die er in der

neuen Zeit einnehmen muß, wenn er nicht als solcher all=
mählig völlig absterben will. Den Verlust seiner früheren
Stellung zu beklagen, hat er Zeit genug gehabt, und eine
neue findet man nicht von selbst, diese muß geschaffen wer=
den und sich auf Verdienst um König und Vaterland stützen.
So wenig, wie nach christlichem Glauben bei der Taufe das
Waſſer allein selig macht, sondern der Geist Gottes, der in
diesem wohnt, eben so wenig macht das v o n allein den
Edelmann, sondern nur der Geist, der dieses begleitet.

Es ist in der That nicht zu läugnen, daß noch ein ge=
wiſſer Nimbus diejenigen umgiebt, die, alten Geschlechtern
entsproſſen,*) einen ehrenwerthen Namen in der Geschichte
des Vaterlandes einnehmen; aber dieser wird erst dann gül=
tig, wirkliches Geld, wenn sich neue Dienste den früheren
anreihen. Seiner früheren, nicht mehr zeitgemäßen Präro=
gative entkleidet, ist der Adel in die bürgerliche Geſellſchaft
wieder eingetreten und kann nur noch in der ständischen
Monarchie als Grundadel eine verfaſſungsmäßige Bedeutung
erhalten. Die ihm als solcher zugewiesene Stelle ist daher
nicht mehr eine excluſive, sondern wird eine conservative.

Die Bedeutung des Wortes „conſervativ“ ist es nun,
welche bis jetzt vom Adel nicht richtig aufgefaßt ist, und

---

*) Wir wiſſen vorher, daß diese Behauptung von einer gewiſſen Seite
    heftig angegriffen werden wird, dennoch bleibt sie wahr, und selbst
    diejenigen, welche ihrer Stellung nach sie bestreiten zu müſſen
    glauben, werden sich vielleicht innerlich geſtehen, daß es ihnen
    nicht unlieb sein würde, sich in gleicher Lage zu befinden.

worin die Ursache liegt, daß er den Augenblick versäumt hat, wo er sich einflußreich und nützlich beweisen könnte. Das Wort „conservativ", erhaltend, wird oft mit „festhaltend" verwechselt; ein nicht haltbares Verhältniß festhalten zu wollen, ist nichts weniger als conservativ. Nur das Werthvolle, dem Zweck Entsprechende erhalten zu wollen, verdient diesen Namen.

Die politischen Zustände Preußens befinden sich gegenwärtig in einer eigenthümlichen Lage. Die Bahn einer ständischen Landes-Verfassung ist beschritten, allein in acht isolirten Kammern werden die Angelegenheiten der Monarchie berathen, die aber wegen ihrer Trennung zu keinem Resultate führen. Die Regierung, durch die democratische Richtung der Zeit gedrängt, von allen Seiten von der Presse angegriffen, ist darüber enttäuscht, daß sie in den jetzigen Particulär-Ständen keine Stütze findet, sondern daß diese bei der Stellung, in welche sie sich ihnen gegenüber versetzt hat, ihr neue Verlegenheiten bereiten.

Der Adel in den alten Provinzen, welcher die Hälfte der Stimmen auf den Landtagen als die seinen zählt und daher den Ausschlag giebt, hätte im ächt conservativen Sinne die Vermittelung zwischen der Monarchie und der Democratie übernehmen sollen, indem er nicht durch ein Stillschweigen, wie er es bisher auf den Landtagen beobachtet hat, sich unbetheiligt bei dem Kampfe erklärte, sondern dadurch, daß er sich bestimmt und direct auf der einen Seite für die Bewahrung des monarchischen Prinzips ausgesprochen, auf der anderen aber die Regierung zu bestimmen gesucht hätte, gerech-

ten und billigen Anforderungen des Volks Gehör zu schen=
ken, um den jetzt bestehenden Kampf zu enden, aus welchem
ihr kein Heil erwachsen kann. Indem der Adel dies zu
thun unterlassen, hat er die Gelegenheit versäumt, dem
Throne und dem Volke Dienste zu leisten und sich eine neue
ehrenvolle Stellung zu verschaffen. Wohl zu glauben ist es,
daß seine Passivität der Regierung für den Augenblick ange=
nehm gewesen sein mag, und daß sie dadurch Zeit gewonnen
hat, sich zu entschließen; allein während dieser Bedenkzeit ge=
winnt die Bewegung mehr Boden und erschwert immer mehr
eine definitive und vollständige Ausgleichung.

Allein noch ein anderer wesentlicher Nachtheil ist die
Folge dieser Passivität des Adels. Eine ständische Monarchie
setzt eine Gliederung der Gesellschaft voraus, und die Mon=
archie bedarf, soll sie der Democratie eine freiere Bewegung
gestatten, in der Grundaristocratie eines Gegengewichts, da=
mit die Bewegung in gewissen Schranken gehalten werde und
nicht die Ordnung bedrohe.

Wenn nun die Grundaristocratie, wie es ihre Aufgabe
war, sich zugleich als treue Verfechterin des monarchischen
Prinzips bewies und zugleich wieder als die Vertheidigerin
gerechter und billiger Ansprüche des Volks, so würde sie sich
dadurch eine populäre und eine solche Stellung erworben
haben, auf welche sich die Monarchie dereinst hätte stützen
können, wenn die destructiven Elemente der Zeit gegen sie
anstürmen sollten.

Doch wenden wir den Blick zurück auf den gegenwärti=
gen Stand der Verhältnisse, so ist nichts dringender, als daß

die Regierung sich endlich für irgend ein festes System, und
ein durchführbares, entschließe. So lange dies nicht der Fall
ist, befindet sich die Regierung ganz isolirt, denn wenn Keiner
weiß, wohin sie sich neigen wird, kann sich ihr auch Nie=
mand anschließen. Die democratische Partei, wenigstens die
äußere Linke derselben, will eine Theilung der Staatsgewalt
wie in den constitutionellen Staaten, verlangt ein physisches
Gegengewicht gegen die Uebergriffe der Regierung, und hält
die Rechte und Freiheiten des Volks, die Verfassung nicht
anders gesichert, als durch Steuerverweigerung und eine Ap=
pellation an das Volk. Die entgegengesetzte Partei geht von
der Ansicht aus, daß jedes Recht und jede Freiheit, dem
Volke zugestanden, eine Schmälerung der Prärogative der
Krone wäre, daß diese eine religiöse Verpflichtung habe, ge=
recht zu regieren, daß dies aber nur als ein Gnaden=Act
zu betrachten sei. (Wir verweisen auf das, was vorhin über
die Lehre vom göttlichen Recht gesagt ist.)

Zwischen diesen beiden, von der richtigen Würdigung des
wahren Verhältnisses des Monarchen zu seinem Volke gänz=
lich verworfenen Ansichten steht der König in der ständischen
Monarchie, seiner Souverainitäts=Rechte und der Ausübung
der Staatsgewalt nicht beraubt, aber durch die Verfassung
an die Erhaltung des Rechtszustandes und gewisse Formen
gebunden, die vom Monarchen wie vom Volke als sie ver=
pflichtend anerkannt werden. In der ständischen Monarchie
ruht daher die Staatsgewalt ungetheilt in der Hand des
Herrschers und es findet in dieser keine Appellation an die
rohe, physische Gewalt, wegen Uebergriffe, wie in den con=

ſtitutionellen Staaten, ſtatt; dagegen eine moraliſche, die in Zeiten, wie die jeßigen, in welcher ein aufgeklärter Geiſt die Maſſen immer mehr durchdringt, weit wirkſamer iſt, als die phyſiſche, die nur zu leicht und nur zu oft umgangen und gemißbraucht werden kann.

Eben weil in der ſtändiſchen Monarchie nicht die phy= ſiſche Gewalt entſcheidet, ſondern das in dem Monarchen, wie im ganzen Volke tief eingedrungene Gefühl für Recht und für eine, innerhalb der geſeßlichen Gränze vollkommen beſtehende Freiheit Aller, ſo liegt in ihr eine größere Bürg= ſchaft, als dieſe gewähren kann, und dadurch ſtempelt ſie ſich zur Verfaſſung eines in der höheren geiſtigen und moraliſchen Entwickelung anderen vorgeſchrittenen Volkes. *)

Die Regierung befindet ſich aber in dieſem Augenblicke wie in politiſcher, ſo auch in religiöſer Beziehung in der Iſolirung und läßt die Parteien gegen einander kämpfen; wird ſie die Abſicht haben, ſich demnächſt am Ende an die Spiße der ſiegreichen zu ſtellen?

Die jeßigen, ſich mit jedem Tage mehrenden religiöſen Zerſpaltungen ſind es nun, die den Wirrwarr, in welchen das Land gerathen iſt, unbereichbar machen. Wenn eine

---

*) Obgleich in dieſem Augenblick die Reſultate der Berathungen der eben beendeten Provinzial=Kammern nicht zu überſehen ſind, ſo hat ſich doch ein bedeutendes Reſultat herausgeſtellt. In faſt allen Landtagen hat ſich ein bedeutender Fortſchritt in der politi= ſchen Entwickelung herausgeſtellt. Wer wird den Monarchen ta= deln wollen, wenn er dieſen Zeitpunkt erwartet hat, um mit der Entwickelung der Verfaſſung vorzugehen?

Regierung stark ist, wenn sie sich auf eine Landes-Repräsen-
tation stützt, wenn der allgemeine und besondere Rechtszustand
geregelt und geordnet ist, dann darf sie eine freie Bewegung
keinesweges fürchten, dann hat sie die Mittel, diese, wenn
sie ungesetzlich wird, zu unterdrücken. Wo aber die Regierung schwach ist, sich allein auf eine colossale, aber keinesweges kräftige Verwaltung stützt, die sie selbst unpopulair
gemacht hat, deren politische Ansichten überdem, gewisse höchste
Spitzen abgerechnet, ganz von denen, welche die Regierung
bis jetzt befolgt, wie in politischen, so in religiösen Dingen,
abweichen, da geräth sie in Gefahr, wenn sich im Staate
so viele kleine Staaten bilden, als dies der Fall zu werden
droht. Wir wollen hier nur unter mehreren den Gustav-
Adolphs-Verein, die neue deutsch-katholische Kirche und manche
Local-Vereine zur Verbesserung der Lage der arbeitenden
Klasse anführen, von welchen letzteren einige an die Jakobiner-
Clubs in Frankreich sehr lebhaft erinnern. Der Name
und der vorgebliche Zweck e n t s c h e i d e n b e i d i e s e n V e r -
b i n d u n g e n N i c h t s ; eben so wenig die A b s i c h t d e r
e r s t e n G r ü n d e r. Es sind V e r e i n e , a u s d e n e n d a s
wird, w a s d i e Z e i t a u s i h n e n m a c h t , und in
e i n e r Z e i t , wo die p o l i t i s c h e R i c h t u n g s o v o r -
h e r r s c h e n d i s t , werden sie a l s m ä c h t i g e p o l i t i s c h e
V e r b i n d u n g e n e n d e n.

Was die religiösen Vereine speciell betrifft, so haben
diese jetzt schon, wir möchten sagen, unbewußt eine politische
Bedeutung erhalten. Preußen zählt $\frac{2}{5}$ katholischer und $\frac{3}{5}$ pro-
testantischer Christen; indem nun die letzteren sich in große,

weit verzweigte Vereine conſtituiren und der katholiſchen Bevölkerung gegenüber eine körperliche Geſtaltung annehmen,
machen ſie eine feindliche Demonſtration gegen dieſe, trennen
die Bürger eines Staats und reizen die Gegenüberſtehenden,
ein Gleiches zu thun.

In einem Lande mit gemiſchten Religionsbekennern muß
die Politik der Regierung ſtets dahin gerichtet ſein, die
verſchiedenen religiöſen Anſichten auf das Innere des Menſchen zu verweiſen und die größte Toleranz hervorzurufen. Inzwiſchen iſt die religiöſe Aufregung, die der
Guſtav-Adolphs-Verein bewirkt hat, für den Augenblick weniger bedeutend, als der Angriff gegen die Verehrung des
heiligen Rockes und was darauf gefolgt iſt; dies hat in den
Provinzen, wo die Bevölkerung gemiſcht unter einander lebt,
einen Saamen ausgeſtreut, von welchem noch nicht abzuſehen
iſt, welche Früchte er tragen wird.

Nicht minder unvorſichtig war auch die, vom Miniſterio
des Cultus einſeitig und ohne Rückſprache mit den competen-
ten Miniſterien veranſtaltete Verſammlung der Provinzial-
Synoden, welchen man verſchiedene, von der pietiſtiſchen
Fraction beantragte Gegenſtände zur Berathung vorgelegt
hatte, wodurch die Gemüther von Neuem in Bewegung verſetzt wurden. Inzwiſchen haben ſich in den Provinzial-Sy-
noden zur großen Beruhigung Mancher und Beunruhigung
Anderer keine pietiſtiſchen Tendenzen kund gegeben, ſondern
Alles deutet darauf hin, daß eine neue Reformations-Periode
wie in der proteſtantiſchen, ſo auch in der katholiſchen Kirche
kaum mehr fern ſei, wo es dann vielleicht dahin kommen

wird, daß sich unsere Religion von den daran gehängten Menschensatzungen reinigen und zugleich mit dem Aberglauben auch den Keim des Unglaubens tödten wird. Welche Convulsionen aber mit dem, uns bevorstehenden Reformations-Versuche verbunden sein werden, ist nicht abzusehen. Es erinnert an ähnliche Erscheinungen im 16. Jahrhundert, und die Frage wird es sein, ob die moralische Kraft, deren wir uns zu erfreuen schmeicheln, wirklich die Macht besitze, die gleichen Folgen abzuwenden.

Wenn wir nun das Bild der jetzigen Lage der Verhält-nisse, wie sie in Preußen bestehen, noch einmal ins Auge fassen, so liegt der Grund der großen Aufregung nach allen Seiten darin, daß der Monarch in jeder Beziehung seinem Volke eine freie geistige Entwickelung gestattet, daß diese in politischer, wie religiöser Beziehung einen großen Aufschwung genommen hat, daß es aber bedenklich sei, das Staatsschiff in solchen Zeiten schwachen Händen anzuvertrauen, oder Männern, die den verkehrten Weg für den rechten halten.

Vor Allem scheint es unerläßlich die Verfassungsfrage zu ordnen und der Regierung in den Ständen die Kraft zu verleihen, den vielfachen Wirren, die sich allenthalben vor-finden, mit Erfolg entgegen treten zu können. Noch kann die Regierung ganz fest auf den guten und gesunden Sinn des Volks bauen und unverantwortlich ist die Tendenz, die-sen zu verdächtigen; bestände er nicht, so wäre wahrlich Al-les verloren. *) Der preußische Monarch wird sich darüber

---

*) Es giebt viele der höchsten und einflußreichsten Personen, die glau-

auch nicht täuschen lassen und hat dem Lande schon zu viele
Beweise gegeben, daß es Sein Wille sei, ein festeres Band
zwischen ihm und seinem Volke zu knüpfen. Nur zu bekannt
ist es, auf welche Widersprüche er nach vielen Seiten hin
stößt, wie wenig er auf eine kräftige, gewandte, umsichtige
Unterstützung rechnen kann, aber dennoch unterliegt es keinem
Zweifel, daß sein Geist die Hindernisse und, täuschen wir
uns nicht, bald entfernen werde, die sich ihm entgegenstellen.
Nichts wird aber demnächst nach vollendetem Werk ihm die
Liebe seines Volks mehr zuwenden, als die Erinnerung der
Hindernisse, mit welchen er zu kämpfen gehabt hat, ja Deutsch-
land und Europa werden in ihm einen Monarchen erkennen,
der in der Einigkeit mit seinem Volke seinen Stolz und seine
Stärke zu finden wußte.

Wenn wir uns nun wieder der höheren politischen Seite
zuwenden, so hängt von der Ordnung der Verhältnisse in
Preußen nicht nur das Schicksal des Monarchen und des
Volks ab, sondern zunächst das Deutschlands und Oestreichs.
In den westlichen Staaten Europa's haben die Volks-In-
teressen sich durch gewaltsame Revolutionen Bahn gebrochen,

---

ben, die ultra-liberale Partei sei eine große und einflußreiche.
Dies beruht auf einem entschiedenen Irrthum; sie lebt von der
Furcht, die man vor ihr hat und von den Blößen, die sich die
Regierung giebt. Die junge philosophische Schule und die Theorien, die sie aufstellt, verlieren in dem Augenblicke ihre Bedeutung, in welchem den billigen Anforderungen des Volks genügt
wird, und wenn sie auch noch hinterher etwas schreien sollte, so
wird ihre Stimme bald heiser werden.

sie haben aber in den Stürmen, die diese begleiteten, nur ein sehr zweifelhaftes und keinesweges befriedigendes Ziel erreicht.

Preußen scheint berufen, durch die Erfahrungen anderer Völker belehrt, auf dem Wege einer weisen Reform eine Verfassung einzuführen, welche auf der einen Seite der Monarchie ihre Kraft bewahrt, auf der anderen die wirklichen Bedürfnisse des Volks vollkommen befriedigt, oder mit anderen Worten: eine, der Zeit und ihren Anforderungen entsprechende, ständische Monarchie zu gründen, die keine Nachahmung fremder Modelle wird, sondern aus dem Geiste des deutschen Volks hervorgeht, und wenn auch nicht mit Bezug auf veraltete äußere Form, doch der Idee nach einen historischen Untergrund behält.

Wenn es Preußen gelingt, dieses Problem der Zeit zu lösen, und wir wiederholen es noch einmal, ohne Erschütterung der monarchischen Form dem Volke alle Vorzüge der constitutionellen Regierung zu gewähren, zugleich aber die Nachtheile, die sie hat, wie sie bei den Berathungen der französischen Kammern so grell hervortreten, glücklich zu entfernen, so ist eine der wichtigsten Fragen der Zeit gelöst, und kann namentlich Oestreich als Muster und Anhaltspunkt dienen, auch seiner Seits den Uebergang aus einer Zeit in die andere, seinen Verhältnissen gemäß, zu bewirken.

Preußen kann seine europäische Bedeutung nur durch die Concentration aller Kräfte, der geistigen wie der physischen, behaupten. Für die Concentration ist die monarchi-

sche Verfassung Grundbedingung; die Kraft liegt aber auch
vor Allem in einem fernhaften Volke. Aber nur ein,
in seinen inneren Verhältnissen freies, Volk,
kann ein fernhaftes werden, sowie nur da, wo die
Interessen der verschiedenen Stände sich innig verschmelzen,
auch eine vollkommene Vereinigung zwischen den einzelnen
Gliedern bestehen kann.

Die ständische Monarchie, auf persönliche Freiheit und
einen Rechtszustand gebaut und in allen Beziehungen aus
den großen Lehren der Zeit hervorgegangen, verbindet alle
Anforderungen und ist die Erfüllung des Kampfes der Zeit.
Dies möge Preußens Staatsmännern vorschweben, und daß
der Absolutismus ein Namen sei, der in der Geschichte der
aufgeklärten Staaten nur noch aus bedeutungslosen Buch-
staben besteht. Wer die Verhältnisse beherrschen will, muß
die Zeit begreifen und sich auf die richtige Höhe der Zeit
stellen. Daß in der Befestigung der Macht Preußens die
von Deutschland liege, darüber kann sich Niemand täuschen
und es nicht oft genug wiederholt werden, daß Preußen in
gleichem Maaße der innigsten Verbindung mit Deutschland
bedarf, um die Sicherheit nach Außen und die Freiheit der
verschiedenen Volksstämme zu bewahren.

Oestreich ist ein anderes Hauptglied in dem großen
Bunde der Hüter des europäischen Friedens, aber es darf
sich darüber keinen Täuschungen hingeben, daß es in seiner
jetzigen Verfassung dem Strome der Zeit und der Macht
der Ideen auf die Länge nicht widerstehen könne, und daß,
wenn in Preußen oder Deutschland bedeutende Bewegungen

entstehen sollten und die Regierung, namentlich in Preußen, diese zu zügeln unvermögend wäre, es mit fortgerissen werden würde, und unabsehbar.

Preußen ist durch die Reform des vorigen Königs schon in die neuere Gestaltung der Verhältnisse eingetreten. Preußen erfreut sich eines freien Bauernstandes, einer selbstständigen städtischen Bevölkerung, seine Unterthanen sind der größeren Mehrzahl nach gewöhnt ihre Angelegenheiten selbst zu ordnen; Preußen hat einen, in der allgemeinen Aufklärung vorgeschrittenen Adel und Mittelstand, einen gebildeten und ehrenhaften Beamtenstand, wenn man sich dessen zu bedienen versteht, geordnete Finanzen, geringe Staatsschuld. Alles dieses fehlt Oestreich, und während in Preußen eine bedeutende Bewegung nur eine moralische bleiben wird und bleiben kann, da die materielle Wohlfahrt wenig zu wünschen übrig läßt, was nicht leicht zu ordnen wäre, so handelt es sich nur von dem Einflusse, welcher den Ständen an der Beschützung der Verfassung und an der Staats-Controlle einzuräumen sei. Eine Revolution in Oestreich könnte dagegen nur zu leicht in die Masse übergehen, und den Staat um so mehr von Grund auf erschüttern, als die Bevölkerung aus Italienern, Oestreichern, Tyrolern, Böhmen, Polen, Slaven und Magyaren zusammen gesetzt ist, die sich keiner gleichen Nationalität erfreuen.

Wenn daher die östreichischen Staatsmänner, wie wir es ihnen schon in dem vorigen Artikel angerathen haben, einer weisen Staatsklugheit Gehör schenken wollten, so müssen sie den Zustand der unteren Volksklassen zu verbessern

und die Verfassung von unten auf zu bauen suchen; dazu
werden sie die Zeit gewinnen, wenn die Verhältnisse in
Preußen nicht getrübt werden. Eine ganz verwerfliche und
gefährliche Politik würde es aber sein, wenn Oestreich eifersüchtig auf die Einigkeit Preußens mit dem übrigen Deutschland werden sollte. Preußens moralische und physische
Kraft verstärkt die Oestreichs; Preußen ist eine rein deutsche
Macht, Oestreich nicht; Preußen in geistiger und materieller
Beziehung mit dem übrigen Deutschland enge verbunden,
Oestreich nicht und kann es in langer Zeit noch nicht werden, denn so schnell gestalten sich so verschiedenartige Verhältnisse nicht um. Da Preußen ein eben so entschiedenes
Interesse an Oestreichs Größe und Wohlfahrt hat, als umgekehrt, so kann und wird es Preußen nur freuen, wenn
dieses seine inneren Verhältnisse ordnet, seine Macht erhöht.
Die Zeit einer kleinlichen, neidischen, eifersüchtigen Politik
der Höfe ist vorüber, oder sollte es wenigstens sein, denn
es handelt sich jetzt von höheren Dingen.

So wichtig es nun ist, um noch mal auf die Verfassungsfrage zurückzukommen, daß diese sich in Preußen aus-
bilde, so stellen sich ihr doch manche wesentliche Hindernisse
entgegen. Denn angenommen, die Gespensterfurcht,*) mit

*) Wir glauben Denen, die sich einbilden, daß wenn man die Stände
zu einem Körper zusammenberufe, diese sich zu einer constitui-
renden Versammlung erheben würden, einen Präcedenzfall anführen zu müssen. „Im Jahre 1812, in einer sehr aufgeregten
Zeit, hatte der König wirkliche Reichsstände zusammen berufen,

der noch immer gekämpft wird, sei überwunden, so besteht eine große Verschiedenheit in den Verhältnissen der einzelnen Provinzen und ihrer Bewohner, die einer definitiven und zufriedenstellenden Ordnung derselben sehr wesentliche Hindernisse entgegenstellt, die um so schwieriger zu beseitigen sein werden, je weniger sie in ihrem ganzen Umfange gekannt sind.

Hierin liegt nun auch einer der Haupt-Bedenken gegen eine allgemeine reichsständische Verfassung mit Aufhebung der jetzigen provinzial-ständischen. Nur zu leicht könnte diese, weil bei ihrer Einführung so manches Bestehende entfernt werden müßte, neue Spaltungen der Provinzen unter sich zur Folge haben. Daher scheint es immer am angemessensten, die künftigen allgemeinen oder Reichsstände (der Name ist gleichgültig) aus den Provinzial-Kammern hervorgehen zu lassen.

In dem Vorhergehenden haben wir nun versucht, ein Bild von den politischen Zuständen in Preußen zu entwerfen und die Widersprüche zu erklären, welche die, mit den Verhältnissen weniger Vertrauten verleiten könnten, ein falsches und verworrenes Bild aufzufassen.

Preußen hat alles Material zu seiner Größe und Wohlfahrt, wie wenig andere Reiche; es hat allen Stoff in sich

---

die unter dem Namen interimistische National-Versammlung zusammentrat und wir selbst als Mitglied derselben können versichern, daß auch in keinem Punkte Anträge gemacht wurden, die auf ein Weitergreifen hingedeutet hätten."

zu einem großen Gährungsprozeß und befindet sich an einem
bedeutungsvollen Scheidewege. Die Wahl sollte nicht zweifelhaft sein! Der eine ist der Weg der Blinden und führt
in eine finstere Zukunft, überläßt einem Fatum die Zukunft
Preußens, das Schicksal Deutschlands. Der andere ist der
zum Tempel des Heiles, ihn an der Hand der Staatsklugheit mit festem Schritte zu betreten, ist die Aufgabe, die der
hohe Lenker der Schicksale einem Fürsten gestellt hat, aus-
gerüstet mit allen Gaben, seine Bestimmung zu erfüllen.

Es giebt Momente in dem Leben der Völker, die, wenn
sie unbenutzt bleiben, nie wiederkehren. Sie zu erkennen,
sie mit Kraft zu erfassen, mit Klugheit auszubeuten, bezeichnet bedeutende Männer der Geschichte.

Deutschland.

Von der Besprechung der Zustände Oestreichs und Preußens, wenden wir uns jetzt zu den übrigen, minder mächtigen Gliedern des deutschen Fürstenbundes, welche gemeinschaftlich mit jenen, im Herzen von Europa eine Macht
bilden, hinlänglich stark, ihre eigenen Gränzen zu schützen.

Dieser große Fürstenbund aus dem gemeinsamen Bedürfniß der Erhaltung des Friedens und der wechselseitigen
Sicherung des Besitzes entsprungen, wird hoffentlich dereinst
die Kraft gewinnen, in Europa mit fester Hand die Palme
des Friedens aufzupflanzen, ohne daß Jemand es wagen
darf sie zu berühren. Nicht zu läugnen ist, daß die Verfassung des Bundes sehr mangelhaft sei und gleich bei seiner Errichtung den Keim seiner Schwäche bekommen hat;

schon zeigten sich mehrfach die Spuren davon, als eine neu
erwachte kriegerische Stimme im Nachbarlande einen engeren
Anschluß bewirkte. Ein Bund von souverainen Fürsten ist
und bleibt, wie so viele Beispiele aus der Geschichte und
namentlich des eigenen Vaterlandes beweisen, immer ein
lockeres Band, wenn er nicht zugleich ein Bündniß der
Völker selbst wird und dadurch die Politik der Fürsten-Fa-
milien gewissermaßen in den Hintergrund gestellt werden. *)

Soll Deutschland ein einiges, nach Außen starkes, nach
Innen glückliches Land werden und bleiben, so muß ein
gemeinsamer Volkssinn den Bund der Fürsten besiegeln.
Ohne diesen wird Deutschland entweder den Einfällen der
großen Nachbarstaaten, wie früher, Preis gegeben bleiben,
oder sich wie Frankreich und so viele andere Länder der
Centralisation zuwenden müssen, als das letzte Mittel seinen
Rang in Europa zu behaupten und nicht von der Laune
einzelner Fürsten die Interessen Deutschlands dem Auslande
geopfert zu sehen, wie in neuester Zeit Hannover ein Beispiel davon gegeben hat. Die Fürsten selbst sind am nächsten dabei betheiligt, daß die Vereinigung der Interessen in
Deutschland eine vollständige werde, es liegt ihre eigene Zukunft darin.

Soll Deutschland für alle Zwischenfälle gesichert sein,
so muß nicht allein im ganzen deutschen Volke der feste Wille

---

*) Wir verweisen den Leser, der die Mängel näher zu kennen
wünscht, auf den zweiten Theil unseres Werks, Preußen und
seine Verfassung rc., bei Veit in Berlin herausgekommen.

vorherrschen, für Vaterland und Fürsten, für Freiheit und
Recht, Alle für Einen und Einer für Alle zu stehen, sondern es muß jeder Neid, jedes Mißtrauen fallen und jeder
deutsche Fürst sich freuen, wenn die einzelnen Theile des
Ganzen durch innige Verbindung der Fürsten mit ihren
Völkern sich stärken, weil dadurch wieder die Kraft der Gesammtheit wächst. Leider hat bis jetzt in Beziehung auf
die innere politische Entwickelung wenig Uebereinstimmung
geherrscht.

Als auf dem Wiener Congreß Preußen, Oestreich und
die große Mehrzahl der deutschen Fürsten dafür stimmten,
ihren Völkern eine freie, ständische Verfassung durch einen
gemeinschaftlichen Beschluß zu ertheilen, scheiterte dies an
der entschiedenen Weigerung der süddeutschen Fürsten; als
dagegen Bewegungen in Deutschland diese beiden Mächte
bestimmten, die Ausführung auszusetzen, gingen eben diese
mit Ertheilung der Verfassung bei sich vor, und während
der Zeit, wo die beiden Großmächte sich, wenn auch vergebens bemühten, die ihnen bedenklich scheinende Richtung
der Zeit nieder zu drücken, wurden mit wenigen Ausnahmen
freiere ständische Verfassungen in ganz Deutschland eingeführt,
und namentlich die preußische Regierung dadurch sehr unpopulair gemacht. Seitdem sich diese aber mit der weiteren
Entwickelung der Verfassung beschäftigt, kann man die Unruhe darüber von Seiten, wo sich dies wohl erwarten ließ
und auch von anderen, wo dies am wenigsten vorauszusehen
war, nicht unterdrücken. Welches, möchte man fragen, sind
die Gründe? fürchtet man die Verstärkung der Macht Preu-

ßens? glaubt man diese nicht zu bedürfen, oder würde man es ungern sehen, wenn Preußen in Deutschland populair würde? wenn der frühere Unterschied zwischen Preuße und Würtenberger und Baier und Böhme fortfiele und es der brüderlichen Gesinnung nach nur Deutsche gäbe? Daß es einst dahin kommen werde, ist kaum zu bezweifeln; das Wie wird von dem weisen Benehmen seiner Fürsten und von der aufrichtigen Eintracht derselben abhängen.

Gleich thöricht ist die Sorge, daß, sollte sie bestehen, wenn König und Volk in Preußen enger verbunden wären, dies die Existenz der minder mächtigen Fürsten und Volks= stämme bedrohe.

Der Drang nach Vergrößerung besteht in der heutigen Zeit nicht mehr unter den Fürsten. Das Streben nach Ein= heit und das Verlangen einer engeren Verbindung der Stammverwandten geht von den Völkern aus. Es liegt hierin nichts Beunruhigendes für die Fürsten, wenn diese die Zeit und ihre Stellung begreifen. Der Fürst, welcher die Interessen seines Volks als die seinigen betrachtet, ver= stärkt die physische Macht, die ihm zu Gebote steht, durch die moralische, die im Volke liegt. Unter den vielen gro= ßen Mängeln der Bundesverfassung trat als einer der be= deutendsten hervor, daß die Förderung des inneren Verkehrs und die der materiellen Interessen dabei ganz unbeachtet geblieben waren. Dieser wesentliche Mangel machte sich auch sehr bald fühlbar und bestimmte die umsichtigeren, für das Wohl ihres Landes besorgten, Fürsten, einen neuen Bund einzugehen, der, ohne die Fäden des alten zu zer=

reißen, jetzt als der eigentliche Kern betrachtet werden kann.

Dieser neue Bund, unter dem bescheidenen Namen „des Zollvereins" errichtet, hat die Barrieren aufgehoben, welche die einzelnen Regierungen im Innern von Deutschland trennten, und eine Menge Einrichtungen getroffen, die zur Förderung eines freieren inneren Verkehrs führten. Ein wesentlicher Nutzen dieses Vereins besteht in der Wahrung der materiellen Interessen seiner Glieder. Laut Vereinbarung sind, wie schon erwähnt, alle Barrieren im Innern aufgehoben und zum Schutz der Industrie auf den äußeren Gränzen eine Zolllinie errichtet, woraus den Vereinsstaaten zugleich eine bedeutende Einnahme erwächst und es diesen möglich macht, ein gemeinschaftliches System der Handelspolitik zu verfolgen. Welchen glücklichen Einfluß dieser Zollverein bereits auf die Entwickelung der deutschen Industrie gehabt hat, beweiset die mit jedem Jahre so bedeutend steigende Einnahme aus den Zöllen und es ist dies durch die Gewerbe-Ausstellung in Berlin noch anschaulicher geworden.

Der politische Einfluß des Zollverbandes ist jedoch vielleicht noch wichtiger als der materielle Nutzen, den er schafft. Abgesehen davon, daß er die Deutschen mit den Deutschen in nähere Verbindung bringt, so giebt er dem ganzen Bunde einen inneren Zusammenhang, der ihm völlig fehlte, und es ist nur zu bedauern, daß sich noch immer einzelne Theile, und namentlich Hannover, davon fern gehalten haben, und letzteres selbst nicht allein eine ihren eigenen, sondern auch den deutschen Interessen nachtheilige Verbindung eingegangen ist.*)

Nicht zu verkennen ist es ferner, daß der Zollverein auch auf das Verhältniß Oestreichs einen gewissen Einfluß zeigt, und daß durch ihn die eigentliche Stellung Deutschlands zu Oestreich sich immer mehr und mehr herausbildet, aber weil diese natur- und sachgemäß geschieht, im wahren und wohlverstandenen Interesse aller Theile.

Oestreich gehört noch zu den Monarchien, an welchen die großen Fortschritte der Zeit in vielen Beziehungen, wie vorhin gezeigt ist, vorübergegangen sind. Sowohl die innere Verfassung der meisten Provinzen dieses Reichs, als die bürgerliche Lage der unteren Volksklassen, befinden sich im

---

*) So sehr wir auch Hannover deshalb tadeln müssen, so ist nicht zu läugnen, daß die Schuld der Nichtvereinigung theilweise Preußen und die Vereinsstaaten mit trifft. Hannover verlangte als Vorbedingung ein Präcipuum von einigen hundert Tausend Thalern, dies wurde aus dem Grunde abgeschlagen, weil es gegen das Prinzip sei. Der Zollverein sollte aber nur ein Prinzip verfolgen und dieses heißt: immer das zu thun, was den Gesammtinteressen am meisten zusagt. Der Beitritt von Hannover war aber zu wichtig, um diesem nicht temporair einige hunderttausend Thaler zu opfern. Eine solche Handlungsweise ist kleinlich! Die Gründe durch welche Hannover seine Forderungen unterstützte, waren ganz national. Der Hannoveraner liebt den süßen und ganz besonders den dünnen Kaffe; ihm diesen Genuß vertheuern, ist ein Angriff auf seine nationale Geschmacksympathie. Ihm ist der dünne Kaffe, was dem Baier sein Bier ist, der, als man ihm den Genuß dieses Lieblings-Getränks in der Residenz schmälern wollte, einen schlimmen Polterabend feierte.

Wesentlichen noch auf demselben Punkte, wie im vorigen
Jahrhundert. Dazu kömmt, daß dort der ganze Verwaltungs-Organismus, die geistige Entwickelung u. s. w., noch
in dem Verhältniß zu Deutschland sehr weit zurückgeblieben
ist; mithin Oestreich ein politisches System in seinem Innern
verfolgt und verfolgen muß, welches in Deutschland immer
den Fortschritt um so mehr gehemmt hat, als es ihm vor
dem Beginne der jetzigen Regierung in Preußen stets gelungen war, dieses zu demselben Systeme mit fortzureißen.

Daß hierdurch die innere geistige Verbindung in Deutschland und die Einigkeit nicht gefördert, sondern der ultra-
liberalen Partei eine willkommene Gelegenheit dargeboten
wurde, die Regierungen und namentlich die preußische anzugreifen und in Deutschland unpopulair zu machen, ist eben
so bekannt, als daß dieses Verhältniß sich seit Errichtung
des Zollverbandes und den Veränderungen in dem politischen
Systeme Preußens immer mehr verloren hat, das übrige
Deutschland mithin nicht mehr fürchtet, durch die Gesammt-
Autorität der beiden Großmächte ihre Verfassung gefährdende
Maßregeln zu erfahren.

Für die Folge wird daher der Einfluß Oestreichs auf
die Entwickelung der inneren politischen Verhältnisse kein
Besorgniß erregender sein können, und man wird aufhören,
in ihm einen Gegner des Fortschrittes zu fürchten, sondern
nur den mächtigen Bundesgenossen erblicken, dem sich fest anzuschließen das eigene Interesse auffordert. Inzwischen ist
man von einigen Seiten keinesweges damit einverstanden,
Oestreich, wie man es nennt, zurück- und Preußen vorange-

stellt zu sehen. Obgleich hiervon gar nicht die Rede ist und
sein kann, sondern nur davon, daß sich in Deutschland durch
die Gestaltung der Verhältnisse Preußens eine größere com-
pacte Masse verbinde, die in materieller, geistiger, wie in
politischer Beziehung ein und dasselbe Ziel verfolge, so ist
man doch so engherzig und kurzsichtig, hieraus Besorgnisse zu
schöpfen und eine Hegemonie Preußens zu wittern. Wenn
das übrige Deutschland Ursache hätte, etwas zu fürchten, so
wäre es das starre Festhalten der beiden großen Schutzmächte
an dem früher verfolgten Prinzip und ihre Uebereinstimmung,
sich jedem Fortschritt in Deutschland entgegen zu stellen.
Recht thöricht ist es aber, wenn man Besorgnisse zu wecken
sucht, wo nur Grund vorhanden ist, sie zu verscheuchen.
Wie aus unseren früheren Schriften, so wird man vielleicht
auch aus dieser herleiten wollen, daß die Stimmung in
Preußen dahin gehe, sich einen überwiegenden Einfluß auf
Deutschland anmaßen zu wollen, ja daß vielleicht selbst eroberungssüchtige Pläne dabei im Hintergrunde liegen.

Dem Schriftsteller, der die politischen Zustände Deutschlands, die nichts weniger wie geordnet sind, bespricht, liegt
vor Allem die Pflicht ob, die Verhältnisse zu schildern, wie
sie sind, und die Folgen hervorzuheben, die, je nachdem so
oder anders verfahren wird, eintreten können. Wir verlangen ein einiges, starkes Deutschland, wir fordern für alle
Deutsche gleiche Rechte, gleiche Pflichten, wir wünschen einen
geordneten Rechtszustand, freie geistige Entwickelung und
materielle Wohlfahrt.

Da Deutschland von 39 Souverainen mit ganz unglei-

cher Macht beherrscht wird, und da nur in der vollkommenen
Einheit des Ganzen die nöthige Stärke nach Außen liegt,
diese Einheit aber, wenn sie auf persönlichen Ansichten beruht, nicht verbürgt ist, so kann sie nur durch die Uebereinstimmung der Gesinnungen und des Willens des deutschen
Volks erlangt werden.

Ob eine solche erfolgen, und welchen Effect sie haben
werden, liegt in der Zukunft verborgen; jedenfalls sind die
so oft sichtbar werdenden Eifersüchteleien nicht das Mittel
zum Zweck.

Der Hauptfehler in der Verfassung des Bundes besteht
darin, daß 39 Fürsten eine Republik von Souverainen errichtet haben. Hierin liegt gewissermaßen eine Anomalie, ein
innerer Widerspruch, der sich über kurz oder lang lösen wird
und lösen muß. Wie diese Lösung erfolgen werde, ist mit
einem dichten Schleier bedeckt, welchen wahrscheinlich der erste
ernste Conflict, in welchen Deutschland geräth, zerreißen wird.

Doch wir brechen hier diesen Gegenstand ab; noch ist
die politische Ausbildung des deutschen Volks nicht weit genug vorgeschritten, um Gegenstände dieser Gattung einer öffentlichen Besprechung zu unterziehen, noch ist der Gesichts-
kreis zu enge, zu abgeschlossen, noch erblickt man auf 39
Punkten nur erst sich und dann Deutschland, während es
umgekehrt der Fall sein sollte.

Was uns betrifft, so suchen wir die Wohlfahrt Preußens
in der von Deutschland, ohne deshalb aufzuhören, mit Leib
und Seele Preuße zu sein, und wenn es, was das Schicksal
abwenden wolle, einst dahin kommen sollte, daß sich die

Einheit Deutschlands als illusorisch beweise, so vertrauen wir fest darauf, daß Preußen die Worte bewähren wird, die wir Seite 10 des Buches „Preußen und seine Verfassung" Band I. ausgesprochen haben, die so häufig angefeindet sind, von denen wir aber keine Sylbe zurücknehmen, denen wir vielmehr noch hinzufügen möchten, daß wenn Deutschland sich selbst aufgeben könnte, es die Aufgabe Preußens sei, die Einheit Deutschlands wieder herzustellen, aber nicht als Eroberer, sondern als Befreier.

Frankreich.

Frankreich ist von den Großmächten entschieden diejenige, welche auf dem europäischen Continent ein bedeutendes Uebergewicht hat, und weder Oestreich, noch Preußen, noch Rußland werden es mit Hoffnung auf Erfolg wagen dürfen, sich einzeln in einen Kampf mit Frankreich einzulassen.

Dieses Uebergewicht zu Lande verdankt Frankreich nicht allein seiner glücklichen geographischen Lage, seiner Volkszahl und seinen inneren materiellen Hülfsquellen, sondern besonders dem feurigen Geiste des Volks, welches, von Ehrgeiz und Eitelkeit zugleich getrieben, dem National-Ruhme Alles opfert, und wird noch dadurch gesteigert, daß es in der Herrschaft der Meere nur England allein den Rang einräumen darf. Wenn daher von der europäischen Staaten-Politik die Rede ist, so sollte Frankreich eigentlich eine der Hauptaxen bilden, um die sich das große Rad dreht, und im Rathe der Fürsten wenigstens eine der gewichtigsten Stimmen führen, was jetzt in dem Maße, wie es sein sollte, keinesweges der Fall ist,

da Frankreich sich durch seine inneren politischen Zustände
selbst außerhalb des Kreises gestellt hat; und der Uebermuth,
mit welchem eine mächtige Partei im französischen Volke so
oft die Nachbaren mit Krieg, die Fürsten mit Volksaufstän-
den bedroht, hat ganz Europa Frankreich gegenübergestellt.

Welchen Einfluß es auf die Befestigung des Friedens
von Europa und auf die Sicherung der Rechtszustände der
mittleren und kleinen Staaten haben würde, wenn jede der
fünf Großmächte ihren rechten Platz einzunehmen und zu behaupten vermöchte, werden wir weiterhin entwickeln, für jetzt
aber untersuchen, welchen äußeren und inneren Verhältnissen
Frankreich seine Stärke verdankt, in wie fern diese durch die
Verfassung gestärkt oder geschwächt, ja vielleicht untergraben
wird, welches die Ursachen des Mißtrauens sind, mit welchem
Europa Frankreich beobachtet und sich von ihm zurückzieht,
so daß es, die Schein-Allianz mit England abgerechnet, keinen Verbündeten auf der Erde besitzt.

Frankreich steht mit Bezug auf das, was einem Staate
Kraft verleihet, gegen seine Nachbarstaaten sehr im Vortheil.
Der einzige mächtige Nachbar ist Deutschland, welches aber
in viele einzelne Fürstenthümer zerrissen ist, während Frankreich ein vollkommen geschlossenes, abgerundetes Ganze dar-
bietet, aus welcher Zerrissenheit sich die vielen Niederlagen
erklären lassen, die Deutschland früher von dieser Seite her
erfahren hat.

Spanien, welches nächst Deutschland das bedeutendste
Nachbarreich ausmacht, ist Frankreich zu sehr an Macht untergeordnet, um sich isolirt mit diesem in einen Kampf ein-

laſſen zu können. Die ſchwache Bevölkerung dieſes Reichs, ſeine zerrütteten inneren Verhältniſſe, die Erſchütterung ſeiner Finanzen und der wenig eroberungsſüchtige Charakter der Spanier gewähren nebſt der Kette der Pyrenäen Frankreich von dieſer Seite her eine große Sicherheit; von zwei andern Seiten durch Meere beſpült, bildet ſich an ſeiner Oſtgränze in der höchſten Bergkette Europa's eine Felſenmauer, die jeden Angriff ſehr erſchwert, und wozu Sardinien eben ſo wenig, wie die Schweiz und der letzte Nachbarſtaat, Belgien, Luſt bezeigen möchten. So von allen Seiten, die deutſche ausgenommen, gegen jeden ernſtlichen Angriff geſichert, wird es Frankreich bei ſeiner Abrundung ſehr leicht, ſeine Militairmacht auf jeden Punkt, ſowohl zur Vertheidigung als zum Angriffe, zu concentriren, und es ſteht dadurch bedeutend im Vortheil gegen die anderen Mächte. Ein Hauptträger der Stärke Frankreichs liegt aber nicht allein in den reichen Hülfsquellen des Landes, ſondern darin, daß es von 35 Millionen Franzoſen bewohnt wird, die ein Volk bilden, welches, von Nationalſtolz durchglüht, ſich eben ſo tapfer als kriegsluſtig, eben ſo leichtfertig als mäßig im Genuſſe erweiſet.

Vor der Revolution von 1789 war das franzöſiſche Volk durch Willführherrſchaft und deren Begleiter, durch maßloſe Ausſchweifungen aller Art, ſo entnervt, daß in der Schlacht bei Roßbach die Kavallerie des kleinen preußiſchen Heeres die ganze Armee aus einander ſprengte; allein die Revolution, die Kriege, welche ſie hervorrief, der erwachte Nationalſtolz und das Kaiſerreich haben der Nation ihre Elaſtizität wiedergegeben, ja augenblicklich in eine so fieberhafte Stimmung versetzt, daß Frankreich eine Zeit lang Herr von Europa ward und, England ausgenommen, diesem Welttheile Gesetze vorschrieb. Die Ueberschätzung seiner Kräfte, die eisigen Gefilde Rußlands und die Vereinigung von ganz Europa stürzten es von seiner Größe und drängten es in seine Gränzen zurück.

Von der Willführherrschaft seiner Könige, dem Stolze eines übermüthigen Adels, einer intriguanten Geistlichkeit und von der Geißel habsüchtiger Beamten befreite die furchtbarste Staatsumwälzung, welche die Geschichte der Völker kennt, Frankreich; allein die Revolution, ihrem Charakter treu, zertrümmerte zugleich Alles, ohne in demselben Maaße wieder aufzubauen; der Zustand der schrecklichsten Anarchie und die Blutströme, welche ihre Folgen waren, führten bald zu dem einzigen Nothanker der Militairherrschaft, in deren Gefolge ein glänzender Soldaten-Adel den Geburts-Adel ersetzen sollte; allein diese ward nach kurzer Dauer durch die Coalition der Mächte von ganz Europa vernichtet, und aus ihren Trümmern erstand nun unter den Bajonetten der Engländer, Preußen, Deutschen, Oestreicher und Russen, und in Folge des Gesetzes der Stärkeren die Restauration, welche Frankreich in einen constitutionellen Staat mit einem Bourbon als Haupt verwandelte.

Während der Regierung Ludwigs XVIII. und der ersten Regierungsjahre Karls X. glich Frankreich einem Menschen, der aus den heftigsten Fieberphantasien erwacht ist und ganz ermattet, der Zeit bedarf, um sich seines Zustandes bewußt zu werden. Inzwischen das Bewußtsein der Revolution, mit dem nur ein Waffenstillstand stattfand, blieb nicht lange aus. In den ersten Acten des großen Dramas waren alle organischen Staats-Elemente, die ganze Vorzeit Frankreichs und mit ihr alles Bestehende vernichtet, und nur Eins zurückgeblieben, — der Egoismus in tausendfältiger Gestalt, — welcher, einmal entfesselt, durch Nichts zu bändigen ist, als durch den ihm gegenüberstehenden Egoismus.

Da der einzelnstehende Egoismus aber in der Vielheit unterging, so bildeten sich lauter Gruppen und Cotterien von Egoisten und zeigten sich in den Kammern, in den Clubs, in der National-Garde und vor Allem in der Propaganda, diesem Schwamm, welcher den Pilzen gleich sich jedem Baume, der auf europäischem Boden erkrankt, ansaugt, um ihn wo möglich zu zerstören. Alle diese Fractionen von zusammenaddirten Egoisten hatten eine egoistische Tages-Presse zum Organ, die mit verbissener Wuth sich untereinander bekriegte und nur darin übereinstimmte, Alles anzugreifen, was die Ordnung erhielt, oder eine Macht bekleidete, nach welcher sie selbst lüstern waren.*)

---

*) Wir sind weit davon entfernt, hier die Gesammtheit des französischen Volks eines gehässigen Egoismus zu beschuldigen. Frankreich zählt mindestens eben so viele Männer von Kopf und Herz, von Edelmuth und Gemeingeist, als jedes andere Land, aber sie bleiben bei den bestehenden Verhältnissen im Hintergrunde unsichtbar, können sich nicht vereinen, weil die Verfassung dem Egoismus das Regiment übergeben hat; sie sind mithin nicht da, nützen dem Vaterlande, dem sie angehören, nichts, weil sie der Führung des

Karl X., gestützt auf den Fürsten Polignac, war nicht ge=
eignet, das Reich des Egoismus zu beherrschen, und er
träumte wahrscheinlich noch von der alten goldenen Zeit der
Bourbons, als er eine Ordonanz erließ, die ihn und die
alte Linie der Bourbons zugleich mit vom Throne stürzte.
Allein die verhängnißvollen 221 Stimmen in der Kammer
und alle diejenigen, welche die Revolution vom Juli 1830
leiteten, wollten nicht Frankreichs Glück, sondern ihr eigenes,
wollten herrschen, und die Wenigen, wie Lafayette, Lafitte
und Andere, die dabei an die Wohlfahrt des französischen
Volks dachten und für Volks=Souverainität schwärmten,
waren nur die Puppen, deren man sich bediente, um das
Volk zu gewinnen, und die man, wenn auch langsamer,
weil sie ganz unschädlich waren, beseitigt hat, gleich Karl X.
und seinen Ministern und so vielen andern guten Kindern,
die heftig schreien und mit Füßen stampfen, wenn man ihnen
die Puppen nimmt.

Daß die Juli=Revolution nur die Freiheit des französi=
schen Volks als Aushängeschild zeigte, darüber ist man ent=
täuscht, und es bedarf wohl keiner Ausführung, da der Er=
folg keinen Zweifel darüber zuläßt; eben so wenig bedarf es
des Beweises, daß Niemand geeigneter war, den durch Un=
fähigkeit leer gewordenen Thron zu besteigen, als Louis Phi=
lipp; darüber ist die Welt und wird die Nachwelt einig sein;

Egoismus auf Discretion verfallen sind. Wird Frankreich noch
einmal zur Einsicht kommen, daß nicht in den Worten, in dem
Geschrei die Freiheit liege?

16*

auch könnte sich wohl Keiner noch einbilden, daß, wenn Louis Philipp, wie es von den Legitimisten verlangt worden ist, nur als Vormund des Herzogs von Bourdeaux das Regiment übernommen hätte, es ihm möglich geworden wäre, die Revolution zu überwinden. Nie hat ein Herrscher unter schwierigeren Verhältnissen das Staatsruder ergriffen und vielleicht keiner es mit mehr Geschick geführt.

Louis Philipps Scharfsinn entging es nicht, daß, da der Egoismus Frankreich erobert hatte, dieser auch nur durch den Egoismus zu zügeln sei; daher richtete er gleich sein Auge auf die beiden mächtigsten Klassen der Selbstsüchtigen, um durch sie den anderen, der Ruhe und Wohlfahrt Frankreichs gefährlicheren Fractionen entgegentreten zu können. Diese waren die Industriellen und die Fondsinhaber, Freunde des Friedens und der Ordnung, weil sie viel zu verlieren hatten und noch mehr zu gewinnen hofften. Diese suchte er nun unter einander und mit sich zu vereinigen; hohe Schutzzölle bot er den ersteren, Staatsanleihen den anderen und Aemter solchen, die das Talent besaßen, Frankreich zu beweisen, daß die wahre Freiheit in hohen Abgaben, in Zwangsmaßregeln gegen den freien Verkehr und in der Erlaubniß bestehe, durch die Presse Europa zu verkündigen, wie wenig die Volksinteressen durch die Juli=Revolution gefördert worden seien. Durch die Allianz, welche sein Egoismus (der in der Befestigung seiner Dynastie bestand) mit dem ihrigen schloß, ist Frankreich bisher vor Erschütterungen bewahrt worden; aber es gehört auch die Klugheit des Königs der Franzosen dazu, alle Häupter der Parteien, einen Molé, einen Guizot und Thiers wechselseitig zu benutzen, ohne in eine Abhängigkeit von ihnen zu gerathen und sich doch durch sie gegen die Revolution aufrecht zu erhalten.

Wenn wir uns aber fragen, in wie fern Louis Philipp den politischen Zuständen Frankreichs während seiner Regierung eine festere Grundlage ertheilt habe, ob durch organische Gesetze die Verfassung besser gegen die Angriffe der Parteien geschützt worden sei, so wissen wir in dieser Beziehung Nichts anzuführen. Zwar hat er den Straßen-Aufruhr bis jetzt mit Kraft unterdrückt, hat einen Einfluß auf die Wahl der Personen geübt, welche über Preß-Vergehen aburtheilen, hat den auswärtigen Frieden erhalten, hat im Allgemeinen wesentlich auf den Flor des Landes gewirkt, hat den Wohlstand bedeutend gehoben, hat große Canal-Bauten ausgeführt, die Kunststraßen vermehrt, bedeutende Eisenbahnstrecken votiren lassen und zu bauen angefangen, mithin, was ein großes Verdienst ist, die innere Sicherheit erhalten und den materiellen Wohlstand gehoben, aber alles Dieses mehr als geschicktes Haupt der herrschenden Partei, denn als König von Frankreich, und man kann sich nicht der Besorgniß erwehren, welchem Schicksale Frankreich entgegengeht, wenn er die Bühne verläßt. Die Geschichte beweiset es nur zu häufig, daß ein Gebäude, welches nur das Product des Genie's und der Kraft eines ausgezeichneten Mannes ist, oft mit diesem zu Grabe zu gehen pflegt, wenn nicht starke Institutionen vorhanden sind, die verlorene geistige Einwirkung zu ersetzen. Zwar scheint sich Frankreich immer mehr zu seiner Person und seiner Dynastie hinzuneigen, und die Glieder seiner Fa-

milie zeichnen sich durch Eigenschaften aus, die Liebe und
Achtung erzeugen und den französischen Nationalstolz schmei=
cheln; allein bei einem Volke von so leichtem Sinn, wie das
französische, bedarf es oft nur eines Hauches und die An=
hänglichkeit ist verweht.

Nicht in Abrede ist es zu stellen, daß Louis Philipp
klug genug sei, um mit der Gegenwart auch die Zukunft ins
Auge zu fassen, und daß er gern der Verfassung mehr
Festigkeit gegeben hätte, als sie besitzt; aber bei der Stim=
mung des jetzigen Frankreichs liegt es außer dem Bereich der
Möglichkeit, so etwas nur versuchen zu wollen. Nur eine
Chance scheint derselbe für möglich zu halten und diese hat
er wenigstens vorbereitet, indem er Paris mit einer Mauer
und einem Gürtel von Forts umgeben läßt; Paris ist Frank=
reich und beide sind synonym. Wenn man daher von Frankreich
spricht und von der Stimmung desselben, so redet man eigent=
lich nur von Paris mit einem kleinen Bruchtheil, den Lyon,
Bourdeaux und Marseille etwa in Anspruch nehmen. Frank=
reich ist der That nach in dieser Hauptstadt der Welt (wie
man sie zu Napoleons Zeiten nannte) untergegangen, und
wer diese gute Stadt hat, ist Herr von ganz Frankreich;
wer aber Paris, den Zusammenfluß aller unruhigen Geister,
und den erregbaren Character der Pariser kennt, wird begrei=
fen, daß diese nimmer oder nur à la Napoleon zu überzeugen
sind. Sowie es der Militairherrschaft vorbehalten war, die
erste Revolution zu unterdrücken, so wird auch die zweite
vielleicht nur in dieser den fünften und letzten Act des
Drama's finden, welches seit 1789 aufgeführt wird.

Louis Philipp, ohne Selbſtüberſchätzung, ſieht es nur zu gut ein, in welcher Lage er Frankreich einſt zurückläßt, und die große Sorgfalt, die er an die Erziehung und Ausbildung ſeiner Söhne verwendet, die ſo gerechte Erwartungen erregen, beweiſen es, daß er kein Mittel verſäume, um ſeine Dynaſtie auf dem Throne zu befeſtigen. Sein ächter franzöſiſcher Sinn und ſeine Liebe zum Vaterlande und deſſen Wohlfahrt, von welcher er ſo vielfältige Beweiſe gegeben hat, bürgen dafür, daß er lieber durch feſte Inſtitutionen Frankreichs Zukunft und die Freiheit des franzöſiſchen Volks ſichern möchte, als das letzte Mittel, die Militairgewalt, in Ausſicht zu ſtellen; aber zu erſterer Alternative fehlt ihm ganz die Macht.

Es iſt die Grundbedingung aller ſocialen Verhältniſſe, daß der Einzelne auf ſeine natürliche Freiheit verzichte und ſeine Sonderintereſſen den allgemeinen unterordne. Wo aber der umgekehrte Fall, wie in Frankreich, eingetreten iſt, die Verfaſſung dem Ehrgeize ſo viel Spielraum geſtattet, daß ein allgemeiner Kampf um das Regiment ſich gleichſam organiſirt hat, da verliert die moraliſche Kraft alle Wirkung und nur die phyſiſche entſcheidet. Frankreich würde ein Beiſpiel ohne Gleichen in der Geſchichte der Völker geben, wenn ſich aus dem jetzigen Zuſtande allmählig ein ſolcher herausbildete, daß die Regierung die zur Förderung der allgemeinen Wohlfahrt nöthige Stärke gewönne und dem Egoismus diejenigen Schranken gezogen würden, in welche er im Intereſſe des Volks eingegränzt bleiben muß.

Völlig unmöglich wird es ſein, diejenige feſte Ordnung

der Dinge, deren die Wohlfahrt so nothwendig bedarf, je
zu erlangen, so lange das Königthum noch gezwungen ist
um sein Dasein mit den Parteien zu kämpfen und häufig zu
capituliren, und die Regierung, statt mit fester Hand innerhalb der Schranken der Verfassung die Verwaltung
leiten zu können, gezwungen bleibt, nur den Männern ihrer
Partei die Aemter zu übertragen, und statt eine gerade feste
Richtung zu verfolgen, sich mit halben Maßregeln zu begnügen, sich in Serpentinen zwischen den Parteien durchzuwin-
den und jeder einige Brocken hinzuwerfen, damit diese ihr
nicht den Kopf zertreten. Am allerbesorglichsten scheint es
zu sein, daß die Charte selbst eine Lüge ist und die Regierung sich in die Unmöglichkeit versetzt sieht, das Land ohne
Intrigue zu regieren und daß die Minister öfter gezwungen
sind, in Verfolgung dessen, was die Interessen des Landes
gebieterisch fordern, die eigentlichen Gründe zu verschweigen,
weil diese gegen den Wortlaut der Verfassung streiten und
sich, weil sie die Wahrheit verschlucken müssen, Blößen geben und sich den ungebührlichen Anfeindungen der Opposition aussetzen, die, wenn sie die Macht erhielte, dasselbe
zu vertheidigen gezwungen wäre, was sie bekämpft hat.

Die große Lüge der Charte aber ist die Volks-Souverainität. Von den 35 Millionen Franzosen sind 150,000
Quasi-Delegirte, diese Souverainität auszuüben, alle übrigen
mithin von der Souverainität ausgeschlossen. In England
ist die Königin Souverainin und in England ist der Rechtszustand und die Freiheit des Volks geschützt, wie in keinem
anderen Lande. In Frankreich ist, wie sich ein geistreicher

Schriftsteller darüber ausdrückt, das Königthum einzig auf die Domainen der Klugheit und Ueberlistung beschränkt. In diesem Satze liegt Wahrheit, und so lange der König der Franzosen nicht als König von Frankreich in Besitz der Souverainität gesetzt und zur gesetzlichen Ausübung derselben berechtigt wird, gehört die Souverainität nicht dem französischen Volke, sondern bleibt der Zankapfel der Selbstsucht einiger Ränke schmiedender Personen.

Daß ein solcher Zustand der Dinge, da Louis Philipp das 72. Lebensjahr erreicht hat, auf der einen Seite alle Franzosen, die in die Zukunft blicken und das Vaterland lieben, mit Unruhe erfüllen müsse, auf der anderen Seite die Hoffnungen der revolutionairen Partei und der Legitimisten belebt, kann keiner Frage unterworfen sein.

Welchen Gang die inneren politischen Zustände Frankreichs nach dem Tode des Königs nehmen werden, liegt außer aller Berechnung; jedenfalls steht aber fest, daß diese Theilung der Parteien bedeutend zur Schwächung der Kraft Frankreichs führen müsse, und diesem die Kraft raubt, die es haben würde, wenn es sich einer gesicherten Regierungsform mit solchen Institutionen erfreute, die den Rechtszustand und die Freiheit zu verbürgen vermöchten.

Wenn wir uns nun wieder den äußeren politischen Verhältnissen Frankreichs zuwenden, so unterliegt es keiner Frage, daß seine inneren Angelegenheiten auf diese vom größten Einfluß sind. Sollte Frankreich selbst in diesem Zustande der politischen Verwirrung, in der es sich befindet, von außen angegriffen, oder an seiner Nationalehre verkürzt werden, so unterliegt es keinem Zweifel, daß alle Parteien mit gleichem Interesse, und vielleicht die Legitimisten nicht ausgenommen, die Waffen zur Vertheidigung des Vaterlandes ergreifen und Frankreich dann wieder in ungetheilter Kraft dem Auslande gegenüber auftreten würde. Allein von Deutschland und von den Fürsten des deutschen Bundes, Oestreich und Preußen eingeschlossen, wird Frankreich entschieden weder angegriffen noch verletzt werden, weil man den Frieden liebt und andere Nationen achtet. Am allerwenigsten wird man sich in die inneren Angelegenheiten Frankreichs mischen, da Frankreichs inneren Zerwürfnisse Deutschlands Macht indirect verstärken. Wenn daher das Land durch Parteien zerrissen wird, die sich einander bekämpfen, so muß man bedauern, daß dadurch das politische Gewicht dieser großen Continentalmacht für Europa mehr oder weniger verloren geht.

Die isolirte Stellung, die Frankreich jetzt einnimmt, ist ein zu wichtiger Gegenstand für die Aufgabe dieser Schrift, um die Ursachen davon nicht einer gründlichen Betrachtung zu unterziehen. In den französischen Kammern klagt man öfter die Minister an, daß sie durch ihre Ungeschicklichkeit, Sorglosigkeit und Nachgiebigkeit die Schuld der Verminderung des französischen Einflusses und der Isolirung trügen; allein dies sind ganz unbegründete Anklagen, die Ursachen liegen tiefer und es hängt nicht von den französischen Ministern ab, sie zu entfernen. Die erste und wesentlichste von allen entspringt aus den inneren politischen Zuständen des französischen Volks selbst.

Welche europäische Macht kann sich einer Regierung vertrauungsvoll anschließen, deren Politik von derjenigen Partei vorgeschrieben wird, die zufällig die Majorität in den Kammern bildet, da sie besorgen müßte, bei jedem Minister-Wechsel blosgestellt zu werden. In England giebt es auch zwei Fractionen, die im Parlament um die Macht und das Portefeuille kämpfen, aber welche von beiden auch das Staatsruder erfaßt, die Politik des englischen Volks bleibt im wesentlichen dieselbe, denn das große englische Volk kennt seine eigenen Interessen. Ganz anders in Frankreich; dort hat eine Volkspolitik noch keinen Boden gefunden und die Volksleidenschaften liegen fast unvertilgbar gewurzelt in dem Charakter der Nation; wer diesen schmeichelt, wer das Volk an die ruhmvolle Periode der Kaiserzeit, an die verlorenen Eroberungen erinnert, der ist der Mann desselben, und ob es dem zu einer Partei herabgewürdigten Königthum möglich sein werde, die Leidenschaften zu beschwichtigen, ist ein Hasardspiel, wie die orientalische Streitfrage gezeigt hat. Auf solche Gefahr hin schließt man kein Bündniß.

Ein anderer Grund des Mißtrauens und der Besorgnisse gegen Frankreich liegt in der Erinnerung an die Vorzeit. Seit Jahrhunderten hat Frankreich Deutschland mit Krieg überzogen, schöne Provinzen von Deutschland getrennt, mit Feuer und Schwerdt die schönsten Gauen verheert, Ströme deutschen Blutes dem Ehrgeize Frankreichs geopfert und um das Maaß voll zu machen, hat Frankreich während des Kaiserreichs über Deutschland verfügt, als wäre es eine französische Domaine, gut, um sie unter die Sippschaft des

Herrschers zu vertheilen. So tiefe Wunden verschmerzen
Völker nicht leicht, und daß Deutschland Ursache habe auf
der Hut zu sein, sagt ihm die französische plauderhafte
Presse, welche in ihren heftigsten Organen von Nichts
träumt, als von Eroberungen in Deutschland.

Doch wir glauben, daß die Verständigen in Frankreich
wie in Deutschland es mit der Zeit einsehen werden, daß
es klüger sei den alten Groll und alle luftigen Projecte zu
vergessen, sich als Nachbaren freundschaftlich zu vertragen
und in den Künsten der Wissenschaft und dem Kunstfleiß
mit einander zu wetteifern. Doch der Deutsche spricht:
Vertrauen will verdient sein und die Herstellung desselben
muß dem Bündniß vorangehen.

Gleich trübe Erfahrungen wie Deutschland haben Spanien, Holland und Italien gemacht, sie alle wissen es, was
es bedeutet, wenn Frankreich die Macht besitzt. Wie in
Deutschland das Königreich Westphalen einen Bruder Napoleons zum Regenten erhielt, so erfuhren Holland und Spanien das gleiche Schicksal, und Neapel empfing als König
den Schwager des Kaisers. Ueber die anderen Fürstenthümer Italiens wurde mit noch despotischerer Willkühr
verfügt, bald eine Republik errichtet, dann wieder mit der
eben eingeführten Regierungsform der Regent gewechselt zc.
Wenn auch der gutmüthige Deutsche bald den Groll vergißt, wenn man ihn nicht daran erinnert, und der Holländer alte und neue Unbilden über seine Speculationen, über
seine Colonien und seiner Käse-Fabrikation aus dem Ge-
dächtnisse verliert, so doch nimmer der Spanier und Italie-

ner; daher kann Frankreich sich nicht wundern, daß sich
Alles von ihm trennt, und wenn es glaubt, daß Spanien
die früheren Kriege, die Invasionen zu Gunsten Ferdinands VII.
vergessen habe und sich Frankreich ernstlich anschließen oder
unterordnen würde, so liegt eine gänzliche Verkennung des
spanischen Charakters dabei zum Grunde; Spanien vergißt
nie Etwas.

Wenn es auch nicht passend erscheint hier auf Einzeln-
heiten einzugehen, sondern nur im Ganzen die Ursachen
anzudeuten, weshalb Frankreich von allen übrigen Nachbarstaaten mit Mißtrauen und Besorgniß beobachtet wird, so
können wir doch den nachtheiligen Eindruck nicht übergehen,
den die Thätigkeit der Propaganda hervorruft. Die revolutionaire Propaganda hat ihrem innersten Wesen nach kein
anderes Ziel als die Umwälzung alles Bestehenden und insbesondere aller Staatsverfassung, und kann daher als die
personificirte Revolution betrachtet werden. Wie viel Unheil
sie in Frankreich angerichtet hat, wie sie bald die Armeen
zu verführen, bald die niedrigen Volksklassen zu revolutioni-
ren gesucht hat, und welcher Mittel sie sich zum Zwecke
bediente, ist bekannt, die Prozesse vor der Pairs-Kammer
geben Zeugniß davon; allein sie hat sich auch in Deutschland, in Italien, in der Schweiz und in Spanien gleich
thätig bewiesen und eine Menge partieller Unruhen hervorgerufen, viele Personen ins Verderben gestürzt und dadurch
ihrer eigenen, wie den fremden Regierungen Verlegenheiten
bereitet, wobei wir nur an den, von ihr veranstalteten,
Polenzug nach Savoyen, sowie an die blutige Empörung

in Barcellona erinnern wollen, welche man ihr Schuld
giebt.

Daß es jeder Regierung sehr unangenehm sein muß,
wenn in einem Nachbarstaate ein revolutionairer Heerd förm=
lich organisirt, besteht, der seine Feuerbrände nach allen
Seiten fortschleudert, ist ebenso natürlich, als daß man
eine Landesregierung für schwach und nicht gut organisirt
hält, welche weder sich selbst, noch die Nachbaren gegen die
destructiven Elemente einer solchen Verbindung zu schützen
vermag und daß man sich daher von jeder innigeren Be=
rührung mit einer solchen zurückzieht.

Wenn nun die pyrenäische Halbinsel, Italien, Deutsch=
land, Preußen, Oestreich und Holland bisher in Frankreich
diejenige Macht erblicken mußten, welche von langer Zeit
her nur Verderben über ihr Land geschleudert hat, und sie
dadurch zu der Ueberzeugung gekommen sind, sich vereint
der französischen Anmaßung fest entgegenstellen zu müssen
und hierin der Grund liegt, weshalb Frankreich keinen ei=
gentlichen Freund und Bundesgenossen besitzt, so bleibt nur
England noch übrig, welches allein durch keine solche Erfah=
rungen traurigen Andenkens von Frankreich zurückgestoßen
wird, im Gegentheil, aus den früheren Kämpfen stets sieg=
reich hervorgegangen ist.*) Auch hat sich nominell wenig=
stens zwischen beiden in verschiedenen Perioden eine Allianz

---

*) Auch Rußland, Schweden und Dänemark können Jeremiaden über
 Frankreich und das Unglück, welches es über sie verhängt hat,
 anstimmen.

angeknüpft, wie dies zur Zeit des Abfalls Belgiens von Holland der Fall war, wo sogar von einem projectirten Bündniß der beiden constitutionellen Staaten gegen die absoluten die Rede war, und wie dies die Quadrupel-Allianz zwischen diesen beiden Mächten, Spanien und Portugal beweiset.

Wenn es aber je eine Wahrheit gewesen ist, daß der Schein oft trüge, so hier. Ein Bündniß zwischen Frankreich und England, wegen einer gleichen Richtung der Verfassung, der politischen Grundsätze und Ansichten, trägt den Schein einer Satire. England, das Vaterland der Aristocratie, wo diese noch durch die Gesinnung des freiesten Volkes der Erde hochgeehrt wird, England mit seiner souverainen Königin, in welchem die alte Verfassung, selbst mit ihren Mängeln, in der Gesinnung des Volkes fortwurzelt, sollte gleiche politische Grundprinzipien mit Frankreich haben, wo die Aristocratie verhaßt, die Geschichte vernichtet ist? wo der König zum Chef einer Partei heruntergezogen wird und die Revolution noch in den Köpfen eines großen Theiles der Nation fortspukt? Frankreich und England sollten sympathisiren, ein gemeinschaftliches Prinzip repräsentiren, über dieser neuen Sympathie ihre National-Eifersucht, ihre stets collidirenden Handels-Interessen vergessen? ehe dies geschieht wird das Weltmeer vertrocknen.

Wie wenig haltbar diese Schein-Allianz zwischen beiden Völkern war, ist und sein wird, beweiset der kleine Umstand, daß periodisch der unbedeutendste Zwischenfall beide Nationen in Feuer und Flammen einander gegenüber stellt, und beide

Cabinette Mühe haben, den Frieden zu erhalten. Doch wir werden an einem andern Orte Gelegenheit bekommen, diesen Punkt weiter zu beleuchten und wenden uns wieder den inneren politischen Verhältnissen Frankreichs zu, welche wir bisher erst aus einem Gesichtspunkte ins Auge gefaßt haben.

Vorhin ist gezeigt, daß in dem, durch die Revolution losgebundenen, Egoismus und in der Machtlosigkeit der Regierung, der Krebsschaden liege, an welchem Frankreich leidet, und daß bei den bestehenden vorgefaßten Ansichten über die Volksfreiheit man sich kaum entschließen werde, der Regierung so viel Gewalt zuzugestehen, wie die allgemeine Wohlfahrt fordere, und daher neue Umwälzungen als wahrscheinlich in Aussicht bleiben. Inzwischen bleibt zu untersuchen, ob es denn unmöglich sein sollte der Verfassung einen festeren Unterbau zu ertheilen als deren sie sich jetzt erfreut, wo ein Gebäude ohne Fundament besteht, in welchem zwar Jeder die Freiheit hat zu lärmen, zu loben, zu schimpfen, den Anderen von seinem Platz zu vertreiben, allein in welchem man nicht wohnen mag und auf die Länge nicht wohnen kann, weil Niemand einen festen Ruhepunkt findet; oder sollte vielleicht die Nation, endlich eines solchen Zustandes überdrüssig, sich der Militair-Herrschaft unterwerfen? Der letztere Fall ist nicht unmöglich, wenn der erstere nicht eintritt.

Abgesehen von dem unglücklichen Zustande, welcher daraus entsteht, daß das Land in so viele sich feindliche Parteien getheilt ist, so findet sich ein Hauptübel darin, daß das Grundgesetz auf Prinzipien beruht, deren Anwendung mit den Gesinnungen der großen Majorität des Volks im Widerspruch steht. Die Verfassung, welche in einem revolutionairen Moment improvisirt ward, auf Gleichheit, Freiheit und Volks-Souverainität gebaut, erhielt eine republikanische Unterlage. Da aber die kleine Zahl der Personen, die die neue Charte dem Volke aufgedrungen haben, nicht die Republik, sondern selbst regieren wollte, und dies am leichtesten und gefahrlosesten erreicht werden konnte, wenn sie einen König ohne Macht vorschoben, so ward auf republikanischer Grundlage eine Monarchie errichtet, die im Widerspruch mit der Charte stand. Dieser Widerspruch ward aber noch um so größer, als man dem, als souverain proclamirten Volke so wenig Freiheit einräumte, daß nur einer kleinen Fraction, der der Höchstbesteuerten, die Ausübung der Souverainitäts-Rechte übertragen ward, mithin an die Stelle des alten Erb- und Grundadels eine Geld- und Industrie-Aristocratie gestiftet ward. Aus diesem Verhältniß folgt nun, daß entweder die Charte oder das Königthum eine Lüge sei. Ein solcher Widerspruch kann aber nicht lange dauern, sondern muß nothwendig zum Extrem nach der einen oder anderen Seite hin führen, wenn nicht eine Capitulation erfolgen sollte. Eine Menge Umstände treffen aber in Frankreich zusammen, eine friedliche Umformung der Verfassung wenigstens im höchsten Grade zu erschweren.

In einem gesunden, kräftigen und wohlorganisirten Staate ist es Grundbedingung der allgemeinen Wohlfahrt, daß auf der einen Seite eine freie geistige und materielle Bewegung bestehe, auf der anderen ein Etwas vorhanden sei, welches das Bestehende schütze und bewahre, damit nicht aus der fortgesetzten Bewegung eine Zerstörung werde. Nach der Natur der Sache liegt dies Etwas im Grund und Boden und dessen Besitzern, während die höheren Potenzen, die Arbeit, die Wissenschaft, die Industrie und der Handel die natürlichen Repräsentanten der Bewegung sind.

In Frankreich fehlt nun das Gleichgewicht zwischen diesen beiden Potenzen. Grund und Boden ist in Folge der Freiheit dazu so bis ins Unendliche vertheilt, daß die große Mehrzahl der hochbesteuerten und verschuldeten Grundbesitzer nicht von der Rente aus ihren Grundstücken, sondern nur von der Arbeit leben, die sie selbst auf diese verwenden. Daß solche Grundbesitzer kein Gewicht in der politischen Wageschale den Fractionen der Bewegung gegenüber haben können, ist klar. Zwar giebt es in Frankreich auch noch eine gewisse Zahl von großen Grundbesitzungen, aber diese befinden sich größtentheils in der Hand der Legitimisten, mithin in der einen Klasse, die thöricht genug ist, den Umsturz des Bestehenden und der jetzigen Regierung zu wünschen, und die zum Theil in ihrer Verblendung so weit geht, sich zu diesem Zwecke mit ihren Todfeinden, den Radicalen, zu verbinden, mithin ihre Prinzipien verläugnen.

Vor der Juli-Revolution des Jahres 1830 bestand die Erblichkeit der Pairs-Kammer, in welcher nur große Gutsbesitzer Sitz hatten, wodurch mithin ein kleines Gegengewicht der beweglichen Deputirten-Kammer gegenüber bestand, allein auch das einzige conservative organische Staatselement ward nach der Juli-Revolution aufgehoben und an dessen Stelle

die Pairs-Kammer aus Beamten und sogenannten hervor-
stechenden Personen auf Lebenszeit gebildet, welche auch nur
allein auf den Einfluß angewiesen sind, welchen ihr Talent
ihnen verschafft. Einer auf Grund und Boden basirten
Pairs-Kammer, die ein nahes Interesse an der Erhaltung
des Bestehenden hat, würde, wenn sie bestände, selbst in
Frankreich mit der Zeit ein gewisser Einfluß im Volke nicht
fehlen können, jetzt aber und so lange die am meisten begüterten Legitimisten der Dynastie feindlich bleiben, eine Unmöglichkeit wird. Unter den jetzt bestehenden unglücklichen
Verhältnissen entbehrt mithin die Nation ganz den conservativen Einfluß der Grundbesitzer, und der Thron sieht sich
zugleich seiner natürlichen Stützen beraubt, die ihn gegen die
stürmenden Elemente der Zeit stützen könnten.

Hätte Louis Philipp noch ein halbes Lebensalter in Aussicht, so würde seine Klugheit und die Erhaltung der Ordnung, für welche er sorgt, und an welche die Nation sich
mit der Zeit vielleicht gewöhnt, es dahin bringen können, daß
der Widerspruch in der Verfassung und deren Anwendung
sich nach und nach ausgliche; allein im 72. Jahr des Lebens sind seine Tage gezählt; es wird daher einzig von der
Gunst des Schicksals abhängen, ob sich nach seinem Tode
ein Mann von so großem Talent finden wird, der auf der
einen Seite durch die Macht der Rede die Massen zu leiten
und zu überzeugen versteht, und der auf der anderen sein
Land, die Franzosen und die Bedürfnisse vollkommen kennt
und dabei ein organisirendes Talent besitzt; ein solcher könnte,
wenn keine Zwischenfälle eintreten, die Regierung noch wohl

auf dem jetzigen Wege erhalten, wollte er es aber versuchen, der großen Masse des französischen Volks selbst mehrere Rechte einzuräumen, als sie jetzt besitzt, den Druck der Abgaben zu mildern, die übermäßigen Eingangs-Abgaben zu ändern, so würde er weder die Massen zu beherrschen im Stande sein, noch auf Unterstützung derjenigen rechnen können, die jetzt die Majorität bilden, sondern die Regierung der Linken überlassen müssen.

Doch wo die Verhältnisse sich so gestaltet haben, wie in Frankreich, da hört alle Berechnung der Zukunft auf und das Land ist dem Fatum verfallen. Vielleicht werden einen nicht unbedeutenden Einfluß auf die Zukunft Frankreichs und auf seine friedliche Stellung zu Europa die jetzigen Eroberungen in Afrika üben.

Das französische Volk zeichnet sich durch einen großen Thätigkeitstrieb und einen unruhigen Geist aus; dazu kommt, daß sein Land ihm selbst zu enge geworden ist. Frankreichs starke Bevölkerung zu ernähren, dazu reicht der Ackerbau und die Fabrikation kaum mehr hin, und bei steter Zunahme derselben bleibt daher fast nichts übrig, als entweder seine Gränzen oder seine Handelsverbindungen zu erweitern. Das Eine ist in Europa ohne einen Continental-Krieg nicht möglich, und das Andere in bedeutendem Umfange sehr schwierig, ohne mit dem Beherrscher der Meere in wesentliche und ungünstige Conflicte zu gerathen.

In Afrika eröffnet sich nun für Frankreich eine Aussicht, sich zugleich seiner starken Bevölkerung zu entledigen, seinem Kunstfleiß neue Märkte zu eröffnen und seinen Handel zu

erweitern, und zwar auf einem der wenigen Punkte der
Erde, wo dies noch möglich ist, ohne mit England in zu
nahe Conflicte zu gerathen. Ein weites Reich im nördlichen
Afrika ist von Frankreich bereits erobert, und wenn die Regierung es versteht, diese Eroberung zu benutzen, so kann sie
eben so segensreich für Frankreich als für Afrika werden.
Ob sie es thun werde, ist eine andere Frage; bis jetzt hat
Frankreich es nie verstanden zu colonisiren, und bis jetzt
verspricht der in Afrika gemachte Anfang auch keinen besseren Erfolg.

Ob der Krieg in Afrika früher mit Umsicht geführt
worden ist oder nicht, ob er mehr Menschen und mehr Geld
gekostet hat, als nöthig war, ob die in der Cassuba vorge-
fundenen Schätze gestohlen sind und von wem; endlich ob die
unerhörte Grausamkeit, mit welcher der Krieg gegen die
unglückliche einheimische Bevölkerung geführt worden ist, einer
civilisirten Nation würdig sei, wollen wir hier nicht weiter
untersuchen, sondern uns mit dem Einflusse beschäftigen, welchen die Besitznahme von Algier auf die inneren Verhältnisse
von Frankreich und seine politische Stellung zu Europa haben
wird, und welche Vortheile Frankreich von dieser Eroberung
ziehen kann.

Ob Frankreich es zu schätzen weiß, was ihm der Besitz
des nördlichen Afrika's einst werden kann, scheint nach den
Verhandlungen darüber in den Kammern nicht wahrscheinlich, und die Schonungslosigkeit, mit welcher gegen die Ein-
gebornen verfahren wird, spricht dagegen. Wünscht Frankreich sich den Besitz dieses großen nordafrikanischen Reichs

für alle Zwischenfälle zu sichern, und will es von dieser Co‑
lonie den mannigfachen Vortheil ziehen, welcher sich hoffen
läßt, so ist die Vorbedingung dazu eine starke und mit der
französischen Herrschaft versöhnte Bevölkerung. Wenn daher
die jetzige ausgerottet oder vertrieben wird, wie es die Ab‑
sicht zu sein scheint, so ist dies eine verkehrte Maßregel, die
wahre Politik muß auf Erhaltung und Civilisation der Be‑
völkerung gerichtet sein. Leichter wird es freilich den tapfern
und kriegserfahrenen Franzosen, die Araber mit dem Schwerte
zu besiegen und ihre Reihen mit Geschützen zu lichten, und
in Niedermetzelung der Frauen und Kinder die künftige Ge‑
neration zu vernichten, aber nützlicher, ehrenvoller und mensch‑
licher würde es sein, sie zu civilisiren.

Sehr leicht ist es zu berechnen, daß wenn man ein Reich,
wie Algier, mit Menschen und mit Vieh von Frankreich aus
bevölkern wollte, der Erfolg nur sehr langsam eintreten könnte,
und Menschen und Vieh sind es doch, die man vor Allem
bedarf, um den zum Theil so fruchtbaren Boden zu benutzen.

Daß der Muth der Araber im Kriege erst gebrochen
werden muß, ehe sie sich der fremden Herrschaft unterwer‑
fen, wird Niemand ableugnen wollen, und daß, wenn man
ihnen, wie es französische Sitte in Afrika ist, im Kriege die
Kornfelder und ihre Wohnungen abbrennt, ihnen ihre Frauen
und Kinder ermordet oder mit dem Vieh fortführt, sie da‑
durch mehr eingeschüchtert und schneller unterwürfig gemacht
werden, ist leicht einzusehen,*) aber es führt nicht zur Civi‑

―――――――――

*) Wer nähere Kenntniß nehmen will von den empörenden Grausam‑

lifation, nicht dahin, ihnen die Begriffe von Recht, Befitz, Liebe, Wohlwollen und Edelmuth beizubringen, sondern dahin, ihre Volkszahl, ihren Wohlstand, ihre Luft an dem Landbau zu vermindern und einen ewigen Haß gegen die Franzosen in ihre Bruft zu graben, der, wenn Frankreich je in einen Krieg mit England kommen sollte, ihnen, wenn die Araber nicht versöhnt sind, den Befitz einer Colonie koften würde, die mit so vielem Gelde und so vielen Menschenleben erkauft ist.

Wir möchten uns hier als Deutscher eine Frage an Frankreich erlauben: giebt es noch einen Punkt auf Erden in und außerhalb Europa, wo die Franzosen geliebt werden? — in Europa nicht, — wie wir schon gezeigt haben; denn ganz Europa hat sich, wenn auch aus verschiedenen Zeitabschnitten, über Frankreich bitter zu beklagen. In Afrika wahrlich bis jetzt auch nicht, und selbst die harmlosen Bewohner der Inseln des stillen Oceans sind von Wuth gegen die Franzosen entbrannt, und die Vorgänge im stillen Ocean schaden Frankreich in der Meinung von ganz Europa sehr.

---

keiten, welche die Franzosen sich gegen die Araber erlauben, dem empfehlen wir ein in Paris 1845 herausgekommenes Buch, betitelt: Souvenirs du maréchal Bugeaud, de l'Agerie et du Maroc, par Christian, ancien secretaire particulier du maréchal. Bei Lesung dieses Buches fühlt man sich eben so empört über die Verwilderung der Soldaten, als über ihre Officiere, die solche Grausamkeiten zulaffen, und fragt sich, ob eine Barbarei, wie sie hier verübt wird, des 19. Jahrhunderts würdig sei. Am beklagenswertheften erscheint es aber, daß sich in der Deputirten-Kammer keine Stimmen erheben, um diesen Gräueln ein Ende zu machen.

Eine große Nation muß nicht kleinlich eitel sein, und was war es mehr, als die Befriedigung einer kleinlichen Eitelkeit, von Inseln das Protectorat zu übernehmen, welche im Frieden keinen Vortheil gewähren, im Kriege aufgegeben werden müssen.

Lächerlich ist der Streit mit der Königin Pomare, ungeschickt die Besitzergreifung von Otaheite, welcher die Rücknahme folgte, grausam der Krieg gegen die unglücklichen Bewohner derselben, und was Allem die Krone aufsetzt, sind diese zweijährigen Kammer-Debatten über eine gemachte Bêtise. Zeigt sich so eine große Nation vor dem übrigen Europa? flößt dies Achtung oder nicht vielmehr nur Mitleiden und Verachtung ein? — Frankreich hat allen Grund, zu erwägen, daß es die Würde der Nation und seine Zukunft preisgiebt, wenn es die Achtung der übrigen Völker verliert und nur die Kunst versteht, sich Feinde zu schaffen. Afrika gewährt Frankreich jetzt die Gelegenheit, sich mit Europa zu versöhnen.

Frankreichs weltgeschichtlicher Beruf ist: das ihm gegenüberstehende Afrika der Barbarei zu entreißen und diesen Theil der Erde der Civilisation zu übergeben; wenn es dies mit weiser Umsicht und menschenfreundlichem Herzen vollbringt, wenn es, statt Europa mit Krieg und propagandistischen Umtrieben zu bedrohen, seine Thätigkeit dazu verwendet, den reichen Boden, in einem warmen Clima belegen, aus einer Wüste in einen Garten umzuschaffen, und die wilden Nomaden-Stämme in Ackerbautreibende zu verwandeln, so wird dies ganz Europa erfreuen, und Niemand, selbst die

Engländer werden Frankreich um den Besitz des Landes beneiden, und die Nachwelt wird ausrufen, daß die Ohrfeige, die der Dey von Algier dem französischen Consul ertheilte, eine segensreiche geworden, und Frankreich durch eine Ohrfeige klug gemacht und angetrieben worden sei, seine Civilisations-Aufgabe zu erfüllen.

Daß Frankreich, und nur Frankreich allein, auf den Besitz des Königreichs Algier (denn diesen Namen verdient es wirklich) angewiesen sei, wird leicht zu beweisen sein. Nur eine Macht, wie die von Frankreich, ist vermögend, über so bedeutende Streitkräfte zu verfügen, als die Eroberung und die Sicherung des Besitzes es fordern, und nur durch eine Macht, die in wenig Tagen die Ueberfahrt nach jenem Welttheile bewerkstelligen kann, mithin jeden Augenblick der Colonie zusenden kann, was sie bedarf, ist ein glücklicher Erfolg gesichert; allein auch nur Frankreich kann sich veranlaßt fühlen, so große Kosten an diese Colonie zu verwenden, da sich in ihr dem Mutterlande die reichsten Quellen des Erwerbes öffnen.

Das Clima von Afrika nähert sich dem der Tropenländer und es werden sich dort bei sorgfältiger Cultur eine Menge Producte gewinnen lassen, welche Frankreich selbst und ganz Europa jetzt aus den beiden Indien, aus Südamerika und zum Theil aus Aegypten bezieht (namentlich Baumwolle, Taback und Südfrüchte); welche reiche Quellen des Erwerbes öffnen sich dadurch dem Mutterlande, und welchen Einfluß würde es rückwirkend auf den Handel und bei Zunahme der afrikanischen Bevölkerung auf den Absatz

von Manufactur-Waaren dorthin haben, da bei einem friedlichen, ruhigen Besitz sich zugleich für Frankreich der Handel
in das Innere von Afrika eröffnet. Dazu kommt noch, daß
Frankreich an Uebervölkerung leidet und die Armuth eines
großen Theiles derselben, wenn keine Ableitung besteht, der
französischen Regierung große Verlegenheiten bereitet und
leicht die Lust erwecken könnte, durch europäische Kriege sich
eines Theiles derselben zu entledigen.

Vor Allem darf bei der afrikanischen Occupation nicht
übersehen werden, welcher Nutzen aus dieser für die Gewin-
nung höherer Erträge des eigenen Bodens gezogen werden
könne. Schon oben ist erwähnt, daß die Zerstückelung der
Grundstücke in Frankreich von nachtheiligem Einflusse auf
die Ertragsfähigkeit des Bodens sei. Der ganz kleine Grundbesitzer bestellt den Boden mit denjenigen Producten, welche
er zu seiner nothdürftigen Existenz bedarf, ihm fehlt Capital,
Intelligenz und die Bodenfläche zu einem rationelleren Betriebe. Durch eine so große Grundfläche, wie die afrikanischen Besitzungen darbieten, zeigt sich nun die Gelegenheit,
in Frankreich diese kleinen Parcellen zusammen zu ziehen,
ihnen reichere Erndten abzugewinnen und die dadurch frei
gewordenen Hände in Afrika lohnender zu beschäftigen.

Doch sollen die Vortheile, welche Frankreich von dieser
Besitzung ziehen kann und von denen hier nur einige ange-
deutet sind, wirklich genossen werden, so muß der Plan der
Colonisation eine andere Unterlage erhalten als die bisherige.
So viel uns bekannt, beabsichtiget man bisher, und ohne
günstigen Erfolg, daselbst, in Nachahmung der Russen, Mi-

litair-Colonien anzulegen, oder Colonisten dort anzusiedeln,
welche die Regierung selbst auf mehrfache Weise zu unter=
stützen beabsichtiget. Soll aber die Boden=Cultur in Afrika
rasche und glückliche Fortschritte machen, so darf man nicht
daran denken, dort Colonisten=Dörfer zu bauen, sondern
sollte die Anlagen von großen Landgütern durch reiche Ca=
pitalisten begünstigen, die den Unternehmern gewiß sehr rei=
chen Gewinn bringen würden.

Um ganz unbebaute Landstriche zu cultiviren, dazu gehö=
ren nicht allein Menschenhände, sondern Capital, und wo
ein ganzer Haufen Colonisten an der Arbeit vermüdet und
demnächst verhungert oder davon läuft, da setzt der Capita=
list bloß sein Geld zu, macht Vorschüsse und weil er im
Stande ist das begonnene Werk durchzuführen, so genießt er
hinterher großen Gewinn von seinem Unternehmen. Um
einen bedeutenden Reinertrag zu erzielen, ist ein großer Um=
fang des Guts und ein fabrikmäßiger Betrieb desselben nö=
thig, desgleichen eine vielseitige Benutzung, durch den An=
bau von verschiedenen Früchten, die jede für sich eine ganz
andere Behandlung erfordern. Alles dieses setzt Capital
und Kenntnisse voraus, die der einzelne Colonist nicht hat.
Dazu kömmt ferner, daß bei dem Betriebe im Großen das
Umreißen des Bodens durch die Anwendung guter Acker=
werkzeuge erleichtert und beschleunigt wird und daß hiezu
wieder ein großer Zugviehstand erforderlich ist. Nur der
große Grundbesitzer allein ist mithin im Stande schnell und
wirksam auf die Cultur des Bodens einzuwirken.

Wenn man nun noch die Unsicherheit hinzurechnet, von

herumstreifenden Araber-Horden überfallen zu werden, und
daß der kleine Grundbesitzer schwer dagegen zu schützen sei,
der große aber, welcher im Stande ist sich geschlossene, gegen
einen plötzlichen Ueberfall vollkommen gesicherte, Höfe zu
bauen, einer solchen Gefahr um so weniger ausgesetzt ist,
als er mit dem zahlreichen Dienst-Personal, welches er zur
Bewirthschaftung seines großen Landguts braucht, kräftigen
Widerstand leisten kann, so wird man sich leicht überzeugen,
welche Vorzüge eine solche Cultur-Methode vor anderen
hat. Doch wir begnügen uns mit dieser Andeutung, bekennen jedoch, nicht beurtheilen zu können, inwiefern Local-
Verhältnisse der Ausführung bedeutende Schwierigkeiten entgegenstellen oder der Unternehmungsgeist in Frankreich zu
solchen Unternehmungen fehlt.

Uns bleibt nun noch eine Frage zu berühren, und diese
betrifft die, so oft in der Politik erwähnte, Herrschaft des
Mittelländischen Meeres. Alle Eroberer unter den Beherrschern Frankreichs haben die Herrschaft des Mittelmeeres
in Anspruch genommen, und noch immer gefällt sich die
französische Politik darin, das Mittelländische Meer als eine
Domaine ihrer Nation zu betrachten. Wer das Mittelmeer
beherrscht und stets beherrschen wird, diese Frage ist leicht
zu lösen: diejenige Macht, welche der Zahl und Tüchtigkeit
nach die erste Marine besitzet, wenigstens so lange, als man
noch keine Schiffsbrücke über den Canal bei Gibraltar gebaut hat, unter welcher man nur den durchläßt, der einen
visirten Paß vorzeigt.

Diese Frage über die Herrschaft des Mittelmeeres, so

wie der Meere überhaupt, datirt noch aus der bedauerlichen Periode der Fürsten-Politik, in welcher der Kriegszustand unter den Völkern als den normalen betrachtet ward, eine Politik, die eine der verdammungswürdigsten ist und insofern sie noch besteht, nur beweiset, auf welcher geringen Stufe der Erkenntniß der Volkswohlfahrt und Volksklugheit die Völker sich befinden. Daß diese Politik als ein Zeichen des feindlichen Gegenüberstehens der Völker, einst verdammt werden wird, wenn die Volkspolitik erst tiefere Wurzel gefaßt hat, scheint unzweifelhaft; aber es ist wenigstens an der Zeit sie zu verdammen und in der öffentlichen Meinung zu brandmarken.

Die Meere sind von dem weisen Ordner der Geschicke den Menschen geschenkt, um darauf einen friedlichen Verkehr zu betreiben, die Erzeugnisse der verschiedenen Zonen und die Producte der Kunstfertigkeit gegen einander auszutauschen. Die Herrschsucht, der Eigennutz und das Verkennen der eigenen Interessen mißbrauchen das Geschenk, um sich einander zu bekriegen, und bewirken oft weiter Nichts, als daß sie ihren Unterthanen zum Bau und zur Unterhaltung einer Kriegsflotte hohe Abgaben auflegen, die den Nutzen des friedlichen Handels-Verkehrs wieder schmälern oder ganz verzehren.

Die Erfindung der Dampfschiffe wird wahrscheinlich den Luxus der großen Kriegsflotte und die Last, die sie den Völkern auflegt, vermindern, man wird in Zukunft den Erbauern von Handels-Dampfschiffen, von Seiten der Regierung eine Prämie bewilligen, um diese demnächst als Kriegsschiffe benutzen zu können. Noch heilsamer würde es sein, wenn sich die Erfindung bewährte, mit kleinen Schiffen in selbst nicht unbedeutender Entfernung, die größten Kriegs= schiffe in die Luft zu sprengen, und wenn sie noch nicht vollständig gemacht worden ist, so wünschen wir, daß es geschehe, denn dann hat die Frage über die Herrschaft der Meere ihre Erledigung gefunden.

Nur solche Erfindungen und etwa eine Ohrfeige (siehe oben) sind geeignet die Völker klug zu machen. Um jedoch auf die Herrschaft des Mittelmeeres zurückzukommen, so wird England, wenn wir den interessanten Mittheilungen eines geistreichen und offenherzigen französischen Prinzen Glauben schenken dürfen, sein Uebergewicht noch behalten und Frank= reich wohlthun, es nicht auf eine Probe ankommen zu lassen, ob der Königliche Prinz sich geirrt habe oder nicht.

England.

Seit dem pariser Frieden, der den Kampf Frankreichs mit Europa beendete, aus welchem England allein, als in keiner Periode besiegt hervorging, steht das Cabinet von St. James an der Spitze der europäischen Politik, ja man kann sagen, es ist der Leiter derselben geworden, und sein Einfluß auf die europäischen Verhältnisse wird in eben dem Maße größer, als der Frankreichs durch seine Isolirung kleiner geworden. Seit dem pariser Frieden ist, dies kann man als feststehend annehmen, in der äußeren Politik Nichts geschehen, was England nicht wollte, und wohl fast immer geschehen was es wollte. Die Allianz Englands mit Frank=

reich), welche einige Zeit bestand und die persönlichen Beziehungen der Königinn von England mit Louis Philipp von Frankreich haben Europa nicht beunruhiget und werden es auch nie, denn ein Bündniß zwischen diesen beiden ewigen Rivalen ist unmöglich und naturwidrig, Alles widersteht einem solchen, der Nationalhaß von Stolz und Eitelkeit genährt, sowie die Handels-, Industrie- und Colonial-Interessen der beiden Reiche.

Die Allianz und die freundschaftlichen Beziehungen beider Regierungen bedeuten weiter nichts, als ihre verständigen wechselseitigen Wünsche, im Interesse ihrer Völker den Frieden zu erhalten, und es ist nicht abzuläugnen, daß England so klug sei der französischen Eitelkeit einige Concessionen, das heißt in untergeordneten Punkten zu machen, sehr zufrieden, daß Frankreich mit Europa jede nähere Verbindung abgebrochen hat.

Der Grundtypus der englischen Politik ist der Egoismus; einen solchen hatte sie seit der Regierung der Elisabeth und dieser ist ihr noch geblieben. Inzwischen unterscheidet er sich insofern von dem Frankreichs, daß letzteres stets auf Eroberungen und Befriedigung der National-Eitelkeit gerichtet ist, während der Englands die Förderung seiner Industrie und seines Handels zum Ziele hat. Inzwischen hat das englische Volk bisher selbst die größten Opfer nicht gescheut, wo es darauf ankam das Gleichgewicht des europäischen Continents herzustellen, und diesem Interesse an der Wohlfahrt der europäischen Mächte, wenn es auch nicht ganz uneigennützig war, verdankt es seine ehrenvolle Stellung;

sollte es aber einst in dieser Beziehung sein System ändern,
wozu es einige Neigung zeigt, sollte es in Zukunft nur seine
Handelspolitik allein verfolgen, so wird es aufhören den
hohen Rang in Europa einzunehmen, den es jetzt behauptet
und zu einem Kaufmanns-Volke, einem zweiten Holland,
wenn auch eine Nummer höher, heruntersteigen.

Sowie Frankreich die erste Militair-Macht auf dem
Continent bildet, so England die erste Seemacht diesseits und
jenseits des Oceans und dieses Uebergewicht zur See wird
es behalten und zum Nachtheil des Handels aller Völker so
lange üben, bis es seine eigenen Interessen besser erkennt
oder Frankreich ein anderes System gegen die übrigen Mächte
annimmt und annehmen kann. Die Landmacht Englands
steht der der vier anderen Großmächte entschieden nach;
allein es bedarf auch keiner größeren, weil seine insularische
Lage es für europäische Angriffs-Kriege schützt.

Wenn wir nun den Blick auf das Innere dieses merkwürdigen Reichs werfen, so ist es von einem kernhaften
Volke bewohnt und besitzt durch die treffliche Cultur seines
Bodens, durch die hohe Stufe der Industrie und durch seinen, über den ganzen Erdboden verbreiteten, Handel, eine
Macht, die es außer seinem Range in Europa, noch zum
Herrn der übrigen Welttheile erhebt und möglich macht, die
reichsten Colonien mit seiner zahllosen Bevölkerung in Abhängigkeit zu erhalten.

Wenn wir auf den Ursprung der Größe Englands zurückgehen, so haben wir diesen zunächst in seiner Verfassung
zu suchen, welche ungeachtet vieler Mängel, den Rechtszu-

stand und die persönliche Freiheit vollkommen sichert; das Vorhandensein oder der Mangel dieser sind es aber, welche über die Wohlfahrt der Völker entscheiden. Die englische Verfassung zeichnet sich vor allem Anderen dadurch aus, daß sie nach und nach aus dem Kampfe der Parteien und aus den Verhältnissen Englands hervorgewachsen, und daher tief in die Gesinnungen des englischen Volks eingewurzelt ist. Weil die englische Verfassung aber keine papierne, sondern aus hundertjährigen Kämpfen der Parteien und gegen den Absolutismus hervorgegangen ist und demnächst als eine Geburt der Verhältnisse der Zeit und der geistigen und der materiellen Zustände des Volks betrachtet werden kann, so paßt sie auch nur für England, und dadurch, daß man dies übersehen hat, ist man in den Irrthum verfallen, die englische Verfassung könne als Modell für andere Länder dienen. Allein die Verhältnisse dort und auf dem Continent sind weit von einander verschieden. So z. B. steht in England der Beweglichkeit des Unterhauses, obgleich dieses mehr Vertreter des Grund und Bodens als der Industrie zählt, das Oberhaus entgegen, gebildet von den großen und reichen Grundbesitzern, die der Mehrzahl nach zu ihren Pächtern und Untersassen in einem patriarchalischen Verhältnisse stehen, sich mit ihnen als eine Familie betrachten, die die gegenseitigen Freuden und Leiden mit einander theilen; diesen Umständen schreibt man meistens den großen Einfluß des Oberhauses zu, allein dies beruht auf einen Irrthum, denn die großen und eben so reichen Gutsbesitzer, die im Unterhause Sitz haben, befolgen dieselbe Sitte.

Der Einfluß und das Gewicht des Oberhauses besteht vielmehr darin, daß jeder Engländer seine Verfassung liebt und weiß, daß das Oberhaus sie stützt und daß ein solcher Schutz nöthig sei. Aber das Gewicht des Oberhauses stützt sich auch auf die allgemeine Achtung, die es sich dadurch erworben, daß es stets festhält am Recht; denn jeder Engländer, selbst der radicalste, sowie der irländische Repealer wissen, daß wo es sich um das Recht und die Freiheit handelt, das Oberhaus als oberster Richter auf alle Partei-Interessen verzichtet. Die Freisprechung O'Connell's ist ein neuer schlagender Beweis, wie begründet dieser Glaube sei. *)

Doch so bewährt sich auch die englische Verfassung im Allgemeinen durch die Resultate bewiesen hat, so unläugbar ist es, daß auch sie in einer gewissen Zeit einen Stillstand in der Entwickelung erfahren hat, wodurch jetzt, wo dies wieder eingeholt werden muß, Verwickelungen mancher Art entstanden sind, welche die Besorgniß erregen, diese könnten zum Umsturz der Verfassung selbst führen. Obgleich unläugbar gegenwärtig Verhältnisse bestehen, deren Beseitigung sehr schwierig ist, so ist doch keinesweges zu besorgen, daß sie die Zukunft Englands bedrohen, denn an einem gesunden Körper heilen die Wunden schon wieder aus. Doch der

---

*) Wenn wir auf die französische Pairs-Kammer und auf die ersten Kammern in manchen deutschen Ländern blicken, so fehlt ihnen allen das Fundament, welches allein durch die Volksstimmen den wohlthätigen Einfluß des Oberhauses sichert.

Gegenstand ist zu wichtig, um ihn nicht einer näheren Prü=
fung zu unterziehen; wir werden dabei die Verhältnisse Ir=
lands zuletzt und besonders besprechen.

Schon vor dem Ausbruch der französischen Revolution
fühlte es die Volkspartei in England, welche damals die
Whigs bildeten, denen sich der reiche und mächtige Mittel=
stand Englands anschloß, daß es an der Zeit sei, in der
Entwickelung der Verfassung vorzugehen. Ja selbst der äl=
tere und jüngere Pitt, ein Moore, späterhin Canning, ohne
Rücksicht auf ihren verschiedenen Parteienstand, erkannten die
Nothwendigkeit von Reformen an. Inzwischen hielten die
Torry's mit Halsstarrigkeit fest an der Verfassung und da
während der französischen Revolution und des Kaiserreichs
die Macht ganz in ihren Händen war und es während der
äußeren Kriege nicht an der Zeit zu sein schien die Verfas=
sung zu ändern, so blieb es beim Alten. Nach Beendigung
des Krieges aber ward die Opposition gegen die Monopole
der Hochkirchen und die fehlerhafte Volks=Repräsentation
immer heftiger, und da die Torry's einsahen, daß es un=
möglich sei, die Stagnation, welche sie herbeigeführt hatten,
länger durchzuführen, so entschlossen sie sich, nachdem sie
bis dahin alle Anträge auf Emancipation der Katholiken
zurückgewiesen hatten, diese zu gewähren, und der Herzog
von Wellington und Sir Robert Peel selbst waren es, die
den ersten Riß in der englischen Verfassung machten. Die
Vertretung der verfaulten Burgflecken war nun nicht mehr
zu halten, und die Reformbill führte in's Parlament die
Abgeordneten mehrerer großen Städte — welche sich zum

Theil einige Jahrhunderte früher von der ihnen damals lästigen Vertretung im Unterhause durch Geld losgekauft hatten — wieder in dieses zurück.

Durch obige beiden Bills war nun freilich das Gewölbe der englischen Verfassung gebrochen und die Bahn zu allen weiteren Veränderungen eröffnet, welche die geistigen und materiellen Interessen des Volks fordern möchten. Als eine feste Säule in der englischen Verfassung hat bis · jetzt die Hochkirche, auf dem Felsen der Test=Acte erbaut und mit Wällen und Gräben umgeben, dagestanden, der als Staats=kirche große Vorrechte zukommen und die von allen Kirchen in Europa am überreichlichsten dotirt ist. Dieser Felsen war nun, — ob freiwillig oder durch die Verhältnisse gezwungen, lassen wir dahingestellt sein, — vom Herzoge von Welling=ton unterminirt, und er und alle Torry's, welche sich vor diese Mine stellen, um die Dissenter zu verhindern, den Felsen zu sprengen, werden dies nicht hindern können, wenn sie selbst oder ihre Nachfolger es nicht vielleicht vorziehen sollten, es selbst zu thun. Die Kirche hat durch die Emancipations=Bill aufgehört, mit dem brittischen Rechtsstaat identisch zu sein, da im Parlament jetzt auch Katholiken und Dissenters ihren Sitz nehmen, und sie ist auf ihr eigenes geistliches Regiment zurückgewiesen.

Je starrer die Hochkirche sich seither hingestellt hatte, um so feindlicher wird sie beim Sinken ihrer Macht von allen Seiten her in der ihr noch verbliebenen Position ange=griffen, und es unterliegt keiner Frage, daß mit ihr einer der Pfeiler der englischen Verfassung fällt. Inzwischen ist diese

stark genug, um dadurch nicht einen tödtlichen Stoß zu empfangen; bedenklicher dagegen für die innere Einigkeit des
brittischen Volks wird die, mit jedem Jahr größer werdende
religiöse Spaltung in England wie in Schottland. Die Zahl
der Katholiken, besonders in den Fabrikstädten, wächst mit
jedem Jahre, imgleichen die der Klöster und der Kirchen.
Das jesuitische Collegium in Stonyhurst vergrößert sich und
zugleich ihre Pensionate, und die Puseysten, welche ihren
Hauptsitz in Oxford haben, verheimlichen es nicht mehr, daß
sie eine papistische Proseliten-Schule sind. Besondere Thätigkeit entwickelt die katholische General-Association für Großbritanien unter der Leitung des Grafen Shrewsbury; überhaupt zeigt die katholische Partei in England wie allenthalben einen merkwürdigen Eifer, der nirgends mit so bedeutendem Erfolge gekrönt wird, wie dort. Während dieses Wachsthums der Katholiken in England mehren sich die protestantischen Dissenter in dem Maaße, daß z. B. die Zahl der Methodisten sich in 25 Jahren mehr als vervierfacht hat; in
gleichem oder doch ähnlichem Verhältnisse haben auch die anderen Sekten zugenommen. Die der Hochkirche freundlichsten
Weslaianer haben sich vereinigt und verlangen völlige Gleichheit der Rechte mit ihr.

Derselbe religiöse Zwiespalt, wie in England, herrscht in
Schottland und in Irland ebenfalls und in vollem Maaße,
und wird höchst wahrscheinlich einen besorglichen politischen
Charakter annehmen. Die Staatskirche und die Torry's bilden eine gemeinschaftliche und zwar die conservative Partei;
was ist natürlicher, als daß die Dissenters die entgegengesetzte

wählen und mithin das Lager der Whigs oder das der Ra=
dicalen verstärken.

Am besorglichsten erscheinen diese unendlichen religiösen
Spaltungen, weil sie nur zu leicht auf das schöne Familien=
leben in England einwirken können, welches jetzt besteht und
recht eigentlich in den höheren und mittleren Klassen zu
Hause ist. Der Frieden in den Familien und die Gesin=
nungen, die er andeutet, fördern den Frieden im Volke; Nichts
ist aber geeigneter, den Frieden in Feindschaft zu verwan=
deln, als religiöse Irrthümer.

Von allen Gefahren, welche die inneren Zustände Eng=
lands bedrohen, sind die kirchlichen die bedenklichsten, und es
wird die große Aufgabe der Torry's wie der Whigs sein,
den jetzt bestehenden Kampf der Dissenters gegen die Hoch=
kirche nicht dahin zu treiben, daß sich aus ihm eine politische
Partei herausgestalte, welche den Radicalismus, der, aus der
Reformbill hervorgegangen, noch eine schwache Partei bildet,
nicht in eine starke umwandele.

Was nun die Reformbill und deren Folgen auf die po=
litische Gestaltung in England betrifft, so wird diese dem un=
befangenen Beobachter als nothwendig und heilsam erscheinen.
Die frühere Vertretung war so fehlerhaft, daß sie nicht
mehr bestehen bleiben konnte; während die größten Manu=
facturstädte von der Repräsentation ausgeschlossen waren,
hatten einzelne Lords 6 und 8 Stimmen zu vergeben, und
wo Reformen nöthig sind, ist es rathsam, sie je eher je lie=
ber vorzunehmen. In Folge dieser Bill ist, wie eben gesagt,
auch eine Radical=Partei entstanden, die für den Augenblick

weniger bedenklich ist, als Manche fürchten, ja vielleicht selbst heilsam auf die fortschreitende Entwickelung der englischen Verfassung einwirken kann, weil sie aus dem inneren Wesen des Volks hervorgeht und sich daher im Gleichgewicht mit dem erhalten muß, was sich in diesem verändert. Wohin der Radicalismus Englands einst führt, ist nicht zu berechnen. Durch die Reformbill hat sich der That nach die frühere Stellung der Torry's und der Whigs zu einander verändert, und die frühere Veranlassung, sich einander zu bekämpfen, ist sehr gemindert.

Die Torry's, welche die Grundaristocratie repräsentiren, benutzen oft ihre Macht zu egoistischen Zwecken. Die Whigs, die zum Theil auch dem Grundadel angehören, bildeten in manchen Punkten die Opposition und verschafften sich einen bedeutenden Einfluß durch die Verbindung mit dem reichen Handels- und Fabrikstande, welcher zu schwach im Unterhause vertreten ward und dessen Interesse daher oft dem der Grundaristocratie geopfert wurde. Die Reformbill war der Sieg, den sie erkämpften, in Folge dessen der Mittelstand wenigstens stärker wie bisher vertreten wird.

Ob die erste Reform ausreichend sei, ist schwer zu beurtheilen; allein wenn ihr auch noch eine zweite folgte, so würden die Interessen des brittischen Volks darunter keinesweges leiden und die conservative Partei wahrscheinlich nur verstärkt werden. Der Radicalismus hat bis jetzt nur in einem Theil der niedrigen Volksklasse Wurzel gefaßt, und je mehr sich der Einfluß der hohen Aristocratie und des Fabrik- und Handelsstandes das Gleichgewicht halten, je fester werden beide Parteien in den Punkten, wo sich ihre Interessen vereinigen, an einander schließen. Und wenn auch noch der Streit über die Kornbill und über eine freiere Handelspolitik fortdauern sollte, bis sich das rechte Maaß herausgestellt hat, so werden sich doch Whigs und Torry's immer fester an einander schließen, so wie es nöthig wird, den Radicalismus zu zügeln. Dies fühlen auch die Führer der letzteren Partei, wenn man ihr anders schon diesen Namen beilegen kann; daher schließen sie sich auch den rohen Volksmassen an, gründen den Chartismus und was dem ähnlich sieht, die beide wohl tauglich sind, partielle Aufstände zu bewirken, die jedoch leicht zu unterdrücken sein werden, so lange die einflußreichen Volksklassen diese nicht unterstützen.

Wenn nun auch England von dieser Seite her keine Gefahr droht, so beweiset doch seine Geschichte, wie verderblich es werden könne, wenn religiöser Fanatismus und politische Parteien sich zum Umsturz einer Verfassung verbinden, und die Führer der beiden großen Volksparteien in England dürfen sich daher nicht der Sorglosigkeit überlassen, der gegenwärtige Zustand der kirchlichen Angelegenheiten ist ein sehr bedenklicher und wir rufen ihnen das Jahr 1649 ins Gedächtniß; die Wiederholung einer Revolution, wie sie damals England erschütterte, würde zugleich seine ganze politische Stellung in Europa vielleicht für immer vernichten.

So viel Gewicht auch der gute Kern, welcher im englischen Volke liegt, gegen Zustände, wie die jetzigen, in die Wagschale zu legen hat, so viel Ursache ist, mit einem Blick auf Irland, vorhanden, die Sache ernster zu nehmen, als es

bisher geschehen ist. Irland, das von England schrecklich
mißhandelte und früher verachtete Irland, hat in O'Connell
ein Haupt bekommen, welcher das Land bisher fast mit un=
umschränkter Gewalt regiert und es zu seiner Domaine ge=
macht hat, in welcher er Steuern erhebt und eine Menge
Leibeigener zählt, die ihm zu Hofe gehen. Durch die Kraft
des Geistes hat er sich eine solche Herrschaft über diese er=
oberte Provinz Alt=Englands und dessen Bevölkerung erwor=
ben, daß es einige Zeit das Ansehen gewann, England
bleibe nur übrig, mit O'Connell zu capituliren oder Irland
noch einmal mit der Gewalt der Waffen zu erobern, wozu
ihm leicht die Macht fehlen konnte, weil ihm das Recht nicht
zur Seite stand.

Es giebt keinen größeren Triumph für die brittische
Verfassung, als den, daß die Herrschaft des Rechts dort so
hoch steht, daß ihr die physische Gewalt untergeordnet bleibt.
O'Connell, einer der größten Volkstribune aller Zeiten, weiß
dies und schöpft aus dem Unrecht Englands gegen Irland
seine Stärke. Namens Irland verlangt er, daß man auf=
höre, es stiefmütterlich zu behandeln, und als Vertreter der
zahlreichen katholischen Bevölkerung, für die er die Eman=
cipation erkämpft hat, greift er die Staatskirche von Irland
an, und die von England mit.

Vielleicht noch nie hat sich ein englisches Ministerium in
größerer Verlegenheit befunden, als das jetzige während des
Prozesses und nach der Freisprechung O'Connells. Ob diese
in Folge eines frommen Fehlers oder aus welchen anderen
Gründen erfolgte, bleibt im Effect gleich; O'Connell ward

frei; seine Haft hatte den Enthusiasmus seiner Anhänger bis aufs Höchste gesteigert, und das ganze englische und europäische Publikum glaubte, O'Connell habe gesiegt und das Ministerium sei geschlagen. Doch man täuschte sich; O'Connell und Irland sind beide nur zu fürchten, so lange ihnen Unrecht geschieht, und die Gerechtigkeit, die das Oberhaus gegen O'Connell geübet, war der empfindlichste Stoß, den sein Einfluß nur erfahren konnte. Niemand fühlte dies schneller und richtiger, als O'Connell selbst. Wenn die Aufregung der Gemüther den höchsten Gipfel erreicht hat und nicht zur physischen Gewalt übergeht, so muß sie sinken. Dies bestimmte O'Connell, nach seiner Freisprechung einen Mittelweg einzuschlagen, den er aber wieder verlassen mußte, um seinen Anhang nicht zu verlieren, indem er wieder zu der Repeal zurückkehrte.

O'Connell fordert von England die Aufhebung der Union und ein irisches Parlament. Er würde dadurch aus Irland ein Schwester-Reich bilden, mit gleichen Rechten und Freiheiten, ohne herrschende Kirche; es würde England mithin ein Föderativ-Staat mit gesonderter Legislatur. Wohin würde dies führen? Will Irland gleiche Rechte, so muß es auch verhältnißmäßig gleiche Pflichten übernehmen, gleiche Lasten tragen. O'Connell ist zu klug, um nicht einzusehen, daß hierin ein unausführbares Project liegt, und überdem ein solches, was Irland zu Grunde richten würde. England mit seinen reichen Colonien, mit seinen Schätzen, seinem Handel, seiner Industrie bleibt England auch ohne Irland; dieses dagegen kann ohne den englischen Markt für seine

Producte und Arbeiten nicht bestehen. Daher gewinnt auch die Ansicht derer an Wahrscheinlichkeit, daß die Aufhebung der Union nur die Parole sei, die O'Connell ausgiebt, und daß er Nichts weiter wolle, als in politischer Beziehung Gleichstellung mit England und Einziehung der reichen Pfründen der Hochkirchen zum Besten des katholischen Cultus, und den persönlichen Fortgenuß der Repeal-Rente.

Ersteres will die englische herrschende Partei nicht bewilligen, weil dadurch die irische Repräsentation im englischen Parlament zu stark werde und die Torry's in Irland leicht auch noch die wenigen Stimmen verlieren würden, die sie dort haben, und die Einziehung der Kirchengüter nicht, weil dann der Sieg der Dissenter in England entschieden sein würde. Inzwischen wozu sich auch das englische Cabinet und Parlament entschließen mögen, geschehen muß Etwas, und etwas Ganzes; denn alle halben Maßregeln werden nur die Macht der irländischen Volkstribunen stärken, und den Theil Irlands, der wohl Reformen, aber keine Trennung will, immer mehr und mehr entmuthigen.

Dieser Zustand der kirchlichen Wirren in den drei Königreichen öffnet England ein Labyrinth, aus welchem herauszufinden es dem gewöhnlichen menschlichen Auge unmöglich scheint, und wir wagen daher auch nicht, den Vorhang zu lüften, der in dieser Beziehung die Zukunft Englands in Dunkel hüllt; wir werden uns dagegen jetzt der Handelspolitik Englands zuwenden, die in materieller Beziehung einen gleich großen Einfluß auf die Wohlfahrt des brittischen

Volks hat, als die Landes=Verfassung und die kirchlichen
Zustände auf die geistige und moralische desselben.

Die Politik oder Staatsklugheit beschäftigt sich mit zwei
Hauptgegenständen: Der erste betrifft die äußeren Verhält=
nisse, die Beschützung der Gränzen und Sicherung der Selbst=
ständigkeit des Staates durch Stärkung der inneren Kräfte;
mit dieser haben wir uns bis jetzt vorzugsweise beschäftiget.
Der zweite betrifft die Handelspolitik, die Förderung des
Verkehres der erzeugten Producte und Fabrikate mit den an=
deren Nationen; von ihrer guten Leitung hängt ganz beson=
ders die materielle Entwickelung des Landes und der Grad
des Wohlbefindens seiner Bevölkerung ab. In England hat
die Handelspolitik eine so vollkommene Ausbildung gewonnen
und giebt gegenwärtig der ganzen englischen Politik eine so
entschiedene Richtung, daß wir die Besprechung dieses wich=
tigen Gegenstandes uns bis zu diesem Augenblicke um so
mehr verspart haben, da, wenn wir bei den einzelnen Län=
dern auch auf diese hätten Rücksicht nehmen wollen, es nur
den Faden unserer Besprechung unterbrochen haben würde,
und überdem bei den meisten bis jetzt berührten Reichen die
Handelsrücksichten eine so untergeordnete Stellung einnehmen,
daß uns nur übrig geblieben wäre, von den Fehlern oder
dem gänzlichen Mangel derselben zu sprechen.

Die Handelspolitik Englands, wie sie jetzt besteht, ist
eben so wenig ein Product der Berechnung, als wie seine
Verfassung, sondern sie hat sich wie diese aus der Zeit, aus
den Verhältnissen und aus der Oertlichkeit herausgebildet.
Die Hansen waren es, von welchen England die Grundzüge

seiner Handelspolitik entlehnt hat, und die darin besteht, die
rohen Stoffe bei sich einzuführen und sie verarbeitet wieder
auszuführen. Mehrere Jahrhunderte gehörten dazu, bis
England es überdrüssig ward, den Hansen seine rohen Stoffe
zu verkaufen und die fabricirten ihnen abzukaufen. Aber die
Hanse war auch noch in anderer Beziehung der Engländer
Lehrmeister; zur Monopolisirung ihres Seehandels hatte sie
ein Gesetz erlassen, daß nur auf den Schiffen der Hansen
hanseatisches Gut ausgeführt werden konnte, und indem
England die Navigations-Acte erließ, copirte es die Praxis
der Hansen.

Ohne das große Verdienst der englischen Regierung
schmälern zu wollen, welches darin bestand, daß sie es früh-
zeitig erkannte, welche Vortheile es dem Volke gewährte,
wenn sie die Industrie förderte und durch den Handel diesem
Absatze Wege verschaffte, so liegt doch der Grund des glücklichen Erfolges vor Allem darin, daß England die Macht
besaß, sein Handels-Uebergewicht den übrigen Völkern gegenüber durchsetzen zu können. Die Besiegung der Holländer zur
See und die gleichzeitige Wegnahme von 1600 holländischen
Handelsschiffen war der Wendepunkt, wo der bis dahin blü-
hende Handel Hollands sank und der Englands von Stufe
zu Stufe zu seiner jetzigen Höhe gestiegen ist, wo die Fabrikation und der Handel Englands denen des gesammten
Europa's gleichkommen, ja noch überragen.

Die Klugheit, mit welcher England ihm vortheilhafte
Verträge zu schließen verstand, von welchen nur der, für die
Portugiesen so unheilvolle Methunsche Vertrag bezeichnet zu

werden braucht, und noch mehr seine Uebermacht haben es im fast ausschließlichen Besitz des Welthandels gesetzt.

Eins der größten und reichsten Länder der Erde, Indien, mit seinen Schätzen gehört einer englischen Handels-Compagnie.*) Die Südspitze von Afrika, die reichen Inseln

---

*) Es wird vielleicht manchem Leser nicht unangenehm sein, über die wenig gekannten Verhältnisse der ostindischen Compagnie hier eine kurze Mittheilung zu erhalten, die wir einem Artikel in Mac Gregor's Commercial-Statistics entnehmen: Der Minister Pitt war es, der im Jahre 1783 die s. g. India-Bill entwarf und derselben die Genehmigung des Parlaments verschaffte. Durch dies Gesetz ward das aus 6 Mitgliedern des Geheimraths bestehende Oberaufsichtsamt (Board of control) geschaffen, welches zur Aufgabe hat, alle administrative oder militairische Angelegenheiten der ostindischen Compagnie zu untersuchen und zu controlliren. Außerdem ward aus den Mitgliedern der Direction, deren Anzahl 24 beträgt, jedes Jahr im April zu ¼ sich wiedererneuernd, ein geheimer Ausschuß von 3 Mitgliedern ernannt, um mit dem Board of control diejenigen Angelegenheiten zu besprechen, die das Königl. Amt nicht für passend erachtete, dem ganzen Directorium mitzutheilen. Im weiteren Verlauf bei den verschiedenen Erneuerungen der Concession der Compagnie im Jahre 1793, 1814 und 1829 wurden die Privilegien derselben im Interesse der Handelsfreiheit immer mehr beschränkt, bis endlich im letztgenannten Jahre das ganze Handels-Privilegium vom Jahre 1834 an aufgehoben ward, so daß jedoch die Gesellschaft als solche bis 1854 bestehen bleiben sollte. Das Eigenthum der Compagnie wird denn auch noch bis zu diesem Jahre von ihr und unter ihrer Verantwortung für die Krone verwaltet. Die Dividende der Actionaire ist ein für allemal auf 10½ pCt. festgesetzt und wird alle 6 Monat in London aus den Einnahmen der Compagnie regelmäßig bezahlt. Diese Dividende ist das Parlament gehalten bis zum Jahre 1874 zu

Weſtindiens, Canada, Neu-Foundland, Auſtralien und dergl. ſind engliſche Colonien.

England, nicht zufrieden mit ſo vielen großen und reichen Colonien, über alle vier Welttheile verbreitet, hat ſich noch der wichtigſten Punkte bemeiſtert, um den Handel der übrigen Völker nöthigenfalls völlig beherrſchen zu können. In ſeinem Beſitz befindet ſich am Ausfluſſe der Elbe Helgoland, die franzöſiſche Küſte bewachen Guernſey und Jerſey, die von Nordamerika Neuſchottland und die Bermuden, Jamaica, Central-Amerika, in China hat es Macao, Hang-

---

zahlen, und erſt dann befugt, ſolche mittelſt L. 200 per jede urſprüngliche L. 100 Actie abzulöſen. Sämmtliche Actien der Compagnie belaufen ſich auf L. 6 Millionen, und können von einem Jeden ohne Unterſchied der Nation beſeſſen werden. Die jetzigen Befugniſſe der Compagnie bis 1854 ſind nur politiſcher Art; das Directorium ernennt unmittelbar alle ihre Beamten, ſowohl die in England, als die in Indien, und ſind ſolche für treue Pflichterfüllung der Compagnie verantwortlich. Den Europäern iſt die Anſiedelung in Indien und namentlich die dortige Erwerbung von Grundbeſitz früher immer ſehr erſchwert worden, jetzt aber bedeutend erleichtert, da nur mit der Zunahme einer anſäſſigen engliſchen Bevölkerung in Indien ſich Kunſtfleiß und Wiſſenſchaft dort allmählig verbreiten und europäiſcher Einfluß eine neue und erwünſchte Grundlage erlangen kann. Denn jedenfalls wird die engliſche Herrſchaft in Indien immer eine precaire bleiben, ſo lange es den Engländern nicht gelungen ſein wird, im Lande Wurzel zu faſſen und einen bedeutenden Theil der Bevölkerung durch die Bande der Verwandtſchaft, des Wohlwollens und des gegenſeitigen Intereſſes an ſich ketten. In dieſer Hinſicht wird alſo jetzt die Politik der Römer und nicht die der Griechen zu befolgen ſein.

kong ꝛc. im Besitz, am Eingange des rothen Meeres Adena, und im Mittelmeer erblickt man die englische Fahne auf dem Felsen von Gibraltar, auf Malta und den Sieben-Inseln aufgepflanzt.

So großartig sich auch die Macht Britaniens in allen Theilen der Welt hingestellt hat, um seinen Handel und die zahllosen Handelsflotten zu beschützen, die alle Meere durchkreuzen, so zeigt sich der Stand der inneren Industrie dieses in jeder Beziehung merkwürdigen Inselreichs noch großartiger. Schützende Zölle, Gelegenheit zum Absatz seiner Fabrikate im Welthandel, die Ausbeutung reicher Colonien zum Besten des Mutterlandes, Ueberfluß an Capital, eine unendlich erleichterte innere Communication und die Anwendung der vollkommensten Maschinen, durch welche es einer Million Menschen möglich wird, die Arbeit von Hunderten von Millionen zu verrichten, sind nebst dem Unternehmungs-Geiste und der Kunstfertigkeit der Engländer und der Sorgfalt der Regierung, die Ursachen des hohen inneren Flors, in welchem es sich befindet.

Die Gesammt-Manufacturproduction Großbritaniens und Irlands, welche auf $279\frac{1}{2}$ Mill. Pfund Sterling ($1956\frac{1}{4}$ Mill. preuß. Thaler) jährlich gerechnet werden kann und die wiederum einen so überaus günstigen Einfluß auf die Ertragsfähigkeit des Ackerbaues gehabt hat, daß der Gesammt-Ertrag den aus Grund und Boden mit veranschlagt zu 539 Mill. Pfund Sterling (oder 3773 Mill. preuß. Thaler jährlicher Einnahme berechnet werden kann; wenn man zu diesen Einnahmen noch hinzuzählt den Gewinn, den der Handel

bringt, die Fracht, welche seine Handelsflotten verdienen und
die Zinsen der dem Auslande geliehenen Capitalien, so wird
man sich einen Begriff von den Hülfsquellen Englands
machen können. Es gehört nothwendig die Kenntniß dieser
Summen dazu, um zu würdigen, zu welchen Resultaten
Englands Handelspolitik es gebracht habe und welche Aufmerksamkeit eine so hoch gestiegene Industrie verdient.

Unter den Industrie-Zweigen, die in diesem Augenblicke die größte Sorge der Regierung in Anspruch nehmen,
sind es besonders drei, deren Erhaltung von hoher Wichtigkeit sind; der eine derselben betrifft die Fabrikation von baum-
wollenen Geweben und Gespinsten, durch welche für circa
52 Millionen Pfund Sterling Werthe fabricirt werden; der
zweite die von Eisen und Stahl, welche 31 Millionen, der
dritte, die der Steinkohlen, welche 34 Mill. Werth schafft,
deren Gesammtwerth sich mithin 117 Mill. Pfund Sterling
belaufen, von welchen ein großer Theil zum Export kommt.
Da in den beiden ersteren dieser Industrie-Zweige ungeheure
Capitalien verwandt worden sind, da von ihrem Betriebe
die Ernährung einer großen Masse von Menschen abhängt,
so ist es von der größten Wichtigkeit den Absatz in's Ausland auf seiner jetzigen Höhe zu erhalten. Daher wendet
die Regierung auch diesen Industrie-Zweigen die größte Aufmerksamkeit zu, und sind es eben sie, welche nach den Zollvereins-Staaten einen bedeutenden Absatz finden, den England für die Folge gefährdet, fürchtet.

So umsichtig nun im Ganzen die englische Handelspolitik gewesen ist, und so große Sorge England auf die all-

seitige Förderung seiner materiellen Interessen verwandt hat, so fehlerhaft zeigt sie sich öfter im Einzelnen. Dahin rechnen wir das frühere Aussaugungs-System seiner Colonien, die Absperrung seiner Märkte der fremden Concurrenz, die thörichte Belastung der Einfuhr der rohen Stoffe durch Eingangsabgaben, die Fortdauer der Navigations-Acte, nachdem Englands Handelsmarine ihren jetzigen Stand eingenommen hat, und dergleichen mehr.

Wohin es führt, wenn ein Mutterland fortgesetzt seine Colonien ausbeutet, sehen wir an Spanien und Portugal, die von den Schätzen Amerika's schwelgten, sich darüber der Indolenz ergaben, den Ackerbau, die Fabrikation und den Bergbau im eigenen Lande vernachlässigten, und weil sie dadurch machtlos wurden, ihre Colonien selbst verloren. Auch England hat durch zu starke Ausbeutung seiner nordamerikanischen Colonien diese eingebüßt, und sich zugleich seinen gefährlichsten Handels-Rivalen und einen übermächtigen Grenznachbaren geschaffen. Holland verfolgt ein förmliches Aussaugungs-System auf Java und seinen übrigen ostindischen Colonien und wird es dereinst bereuen. England hat Ostindien, das reichste Land der Erde durch die Unterdrückung des dortigen blühenden Kunstfleißes und durch das der ostindischen Compagnie früher ertheilte Handels-Monopol ausgesogen und seine Industrie sich tributair gemacht, und wenn die dortige Bevölkerung, wie einst die nordamerikanische, aus Engländern oder Deutschen bestanden hätte, so würde es längst diesen Fehler gebüßt haben und sich wahrscheinlich jetzt nicht mehr Herr derselben nennen; allein der Hindu läßt sich viel gefallen.

Ohne alle Frage fängt England an, die gemachten Fehler einzusehen und bemüht sich seine Handelspolitik von diesen zu befreien. Bei der im Jahre 1834 erfolgten Erneuerung des Privilegiums der ostindischen Compagnie, hat es den Anfang gemacht, indem es den Handel nach Ostindien und China freigegeben und nebenbei auch die Souverainität der kaufmännischen Beherrscher eines Reichs, welches größer und bevölkerter ist als England mit seinen Colonien, beschränkt hat. Bei diesen ersten Zeichen einer liberalen Handels = Politik ist es nicht geblieben; der Frieden mit China, durch welchen der Handel mit diesem bevölkertsten Reiche der Erde allen Nationen geöffnet worden ist, beweiset dies.

Aber auch die Nachtheile, welche aus hohen Einfuhr=Zöllen für rohe Producte entspringen, werden gefühlt, und England hat in diesem Sinne bereits angefangen, die Einfuhrzölle auf Getreide, Holz, Lebensmittel, rohe Wolle 2c. herunterzusetzen. *) Das Prohibitiv = System, welches es

---

*) Nachdem dies bereits geschrieben war, hat Peel dem Parlament einen Plan vorgelegt, wodurch ein großer Schritt auf der Bahn einer besseren finanziellen Gesetzgebung erfolgt ist. Diesen hier zu beleuchten ist nicht möglich. Die Herabsetzung des Einfuhr=Zolls auf rohe Baumwolle wird nicht den Effect auf die Preise haben, den die deutschen und französischen Fabrikanten fürchten. Die Herabsetzung des Zolls auf Zucker scheint uns eine unreife Geburt. Es liegt hierin ein großes Opfer mit verfehltem Erfolg. Das jetzt von Peel eingeführte Finanz=System ist ganz dasselbe, welches Preußen vor länger als einem Viertel=Jahrhun-

bisher verfolgte, hat die Continental-Länder gezwungen, ihrer eigenen Fabrikation größere Sorgfalt zuzuwenden, um sich von England unabhängiger zu machen.

Während England die Deutschen mit Colonial-Waaren, mit seinen Fabrikaten fortwährend zu versorgen bemüht war, verschloß es seine Märkte ihren rohen Producten, womit sie diese nur bezahlen konnten; dies war ein Mißgriff, dem England es allein zuschreiben muß, wenn sich der Absatz seiner Waaren in Deutschland vermindert hat und wenn dies anfängt, als Concurrent auf den fremden Märkten aufzutreten. Ein gleich großer Fehler ist es, wenn England noch ferner die Navigations-Acte aufrecht erhält.

Da England so viel zu verkaufen hat, da seine Fabrikation in stetem Steigen ist, so kann es nur Absatz für diese finden, wenn sich der Wohlstand in den übrigen Ländern hebt und sich die Consumtion in Folge dessen vermehrt. Die meisten Continental-Völker müssen ihre Bedürfnisse beschränken, weil sie zu arm sind, sie zu bezahlen; das Resultat ihrer Gewerbthätigkeit ist aber, wie die Uebersicht der Eingangs- und Ausgangs-Listen, namentlich des Zollvereins nachweisen, daß sie Alles, was sie durch ihren Kunstfleiß verdienen, wieder dazu verwenden, sich die bisher entzogenen Genüsse zu verschaffen. Wenn England daher ein System der Handels-Politik annehmen will, um seiner fortschreitenden Industrie und seinem Handel Absatzwege für die

___

bert angenommen und eingeführt hat. Allein Preußen ist seitdem leider stehen geblieben und unsere Verwaltung alt geworden.

Zukunft zu sichern, den Wohlstand seines Volks fest zu begründen, so darf es nicht die Industrie der anderen Continental-Länder unterdrücken, sondern muß sie zu fördern suchen; denn nur ihr vermehrter Wohlstand und daraus folgende, steigende Consumtion wird einen Verbrauch zur Folge haben, der mit der vermehrten Produktion Schritt hält. In dieser Ansicht liegt eine Wahrheit, die bisher nicht gewürdigt ist.

Das ganze europäische politische System ist sowohl in der allgemeinen Politik, als in der des Handels eine feindliche, eine Art Kriegeszustand, während im Interesse der Völker, die einen gewissen Bildungsgrad gewonnen haben, eine friedliche die Basis bilden sollte. Die Handelspolitik Englands, sowie der meisten Länder bewirkt einen wahren Industrie-Krieg. Der Eine sucht den Anderen zu übervortheilen, sich auf Unkosten der Anderen zu bereichern. An die Stelle des Krieges muß ein Industrie-Wetteifer treten, wer am besten und wohlfeilsten das Eine oder Andere producirt und fabricirt, bekömmt die Prämien, die er wohl verdient. Ein solcher Industrie-Wetteifer ist vollkommen vereinbar mit den gemeinschaftlichen Interessen der Völker, und würde dahin führen, daß beide Theile ihren Wohlstand förderten; allein wie schon vorher gesagt, er setzt eine gewisse industrielle Vorbildung voraus, die noch nicht besteht. England hat diese in der größten Ausdehnung und kann sich daher gleich auf einen solchen Industrie-Wetteifer einlassen; andere Länder haben diese Vorbildung noch nicht allgemein, wohl aber theilweise, und daher muß eine freiere Concurrenz in den Punkten eintreten, wo dies der Fall ist, in anderen noch ein schützender

Zoll fortbestehen. Zwar kann es nicht ausbleiben, daß die Erwerbsquellen bei fortschreitender Entwickelung sich verändern, aber dies wird sich namentlich in dem Verkehre mit solchen Ländern, die keine Colonien haben, zu Gunsten Englands ausgleichen, wenn 30 Millionen Deutsche statt 4 Pfund Zucker pr. Kopf, die sie jetzt nur bezahlen können, 12 Pfund zu bezahlen im Stande sind, daher auch verzehren, so wird sich der Absatz also verdreifachen; eben dasselbe gilt vom Kaffe, von allen Colonial-Waaren, vom Salz, Eisen, Steinkohlen und so vielen Producten, die Deutschland immer brauchen wird und immer in dem Verhältnisse mehr, als es seine rohen Stoffe und die Erzeugnisse seines Kunstfleißes abzusetzen in den Stand kommen wird.

Ein ganz ähnliches Verhältniß findet bei der Schifffahrt statt; wer so viel zu verkaufen und einzuhandeln hat wie England, der muß nicht seinen Schiffen noch ein Monopol vorbehalten wollen, sondern seine Häfen den fremden Schiffen ohne Beschränkungen öffnen. Die gesündere Handelspolitik, die England seit dem Ministerio Sir Robert Peels befolgt, hat auch schon die Navigations-Acte angebohrt, indem jetzt Steinkohlen und Salz auch auf Schiffen der anderen Nationen, ohne Rücksicht auf den Bestimmungsort ausgeführt werden dürfen. Englands richtige Handelspolitik wird bei diesem Anfang nicht stehen bleiben.

Wenn wir nun auf das vorläufige Resultat des bis jetzt Gesagten zurückkommen, so hat England die Macht, daß es den Handel anderer Länder unterdrücken könnte, aber es würde sich selbst dadurch den größten Schaden thun; denn abgesehen davon, daß es zuletzt alle Seemächte zu einer Coalisation zwänge, um die Universal=Handelsherrschaft Englands so zu bekämpfen, wie früher ganz Europa zusammentrat, um die Allein=Herrschaft Napoleons zu brechen, so würde es dadurch zugleich seinen eigenen blühenden Zustand zu Grunde richten. Seine einzig richtige Handelspolitik kann nur dahin gehen, soviel seine Finanzen es irgend erlauben, die Fesseln, welche es dem freien Verkehre in Britanien selbst angelegt hat, immer mehr und mehr zu lüften und mit den anderen Continental=Mächten, Verträge einzugehen, die nicht wie der Methunsche Vertrag mit Portugal den Mitcontrahenten zu Grunde richtet, sondern auch ihn in fortschreitender Prosperität erhält, mithin den Engländern zahlungsfähige Verzehrer bewahrt und ihnen dadurch einen größeren Absatz sichert.

Keine der Continental=Mächte bietet England aber eine günstigere Gelegenheit zu einem freieren und vortheilhafteren Verkehre dar als Preußen und die Zollvereins=Staaten, es muß aber nicht dabei von dem Grundsatz ausgehen wollen, daß, weil es Deutschland seit Jahrhunderten in einer Art von Tributpflichtigkeit erhalten hat, diese auch ferner fortdauern solle. Von beiden Seiten möge man diese als Wiedervergeltung des umgekehrten Verhältnisses zur Zeit der deutschen Hansen betrachten. Ganz besonders möge England beherzigen, daß, wenn Deutschland einen größeren Spielraum für den Absatz seiner Rohproducte und seiner Gewerbthätigkeit gewinnt, ihm doch alles dasjenige, was dadurch erworben wird, durch den vermehrten Gebrauch derjenigen

Producte und Fabrikate wieder zufließt, welche Deutschland nicht selbst besitzet, sondern immerfort wird kaufen müssen.

Wenn wir nun von England einen Seitenblick auf die Handelspolitik der anderen großen europäischen Staaten werfen, so ergiebt es sich, daß viele sich in dieser Beziehung so in der Kindheit befinden, daß es ihnen noch nicht klar geworden ist, welchen Einfluß die Förderung der materiellen Interessen, und welchen die des Ackerbaues durch die Industrie und beide durch den Handel erfahren, und daher nicht selten von der Ansicht ausgehen, der Handel sei nur für die Kaufleute da und diese verdienten doch schon genug, es sei kein Grund sie besonders zu protegiren. Andere Regierungen betrachten den Verkehr, die Industrie und den Handel nur als eine Gelegenheit, durch Ein= und Ausfuhr=Zölle Abgaben zu erheben, und gehen von dem vorherrschenden Gesichtspunkte aus, daß wenn die Regierung nur ihre Einnahmen bekäme, die Unterhanen für das Weitere zu sorgen hätten. Noch andere stehen in dieser Beziehung eine halbe und auch wohl eine ganze Stufe niedriger, und um ihre Einnahmen zu vermehren, so reserviren sie sich einzelne Gegenstände des Handels und der Industrie als Monopol und zwar in der Regel die unentbehrlichsten oder gangbarsten, als das Salz und den Taback; zugleich legen diese angeblich zum Schutz der inneren Fabrikation sehr hohe Zölle auf den Eingang fremder Fabrikate und Producte mit der arière pensé, daß ein dreimal so hoher Eingangszoll auch dreimal soviel einbringen würde als der einfache.

Die sich zu diesem System bekennenden Regierungen

möchten wir mit dem Namen „der Pseudo-multiplicirenden"
belegen, sie sind in der Rechenkunst bis zur Lehre gekommen:
2 mal 2 mache immer 4; aber sie scheinen die Lehre von
den krummen Linien um die Zollhäuser noch nicht zu kennen
und ebensowenig zu wissen, daß blankes Geld auch die klar-
sten Augen blende, wenn man es ihnen vorhält, und daß
diese dann für den Augenblick stock blind werden. Die am
weitesten vorgeschrittenen Regierungen sind nun bis dahin
gekommen, daß sie die Wichtigkeit einer Handelspolitik erkennen, über die Mittel zum Zwecke sich jedoch noch nicht im
Klaren befinden, und ebensowenig darüber, ob der bloße
Wille schon zu Resultaten führe oder ob es denn durchaus
nöthig sei zum Handeln zu schreiten.

Daß man da, wo sich ein neues national-politisches
System entwickelt, England als Muster wählt, ist besonders
in Ländern wie Deutschland, wo man gern das Ausland
nachahmt, sehr natürlich; inzwischen obgleich man theilweise
manche Fehler, die England gemacht, vermieden hat, so besteht doch immer noch ein Streit darüber, ob man nicht
England selbst mit seinen Fehlern copiren müsse. Hierbei
wird gänzlich übersehen, wie verschieden die Verhältnisse der
beiden Länder sind und wie thöricht es wäre, sie dennoch
nach demselben Maßstabe messen zu wollen. Wie ernstlich
England sich bemühet seine Fehler zu verbessern, beweisen
die neuesten Reformen in seiner Finanz-Gesetzgebung, und
wenn England, trotz dem daß diese so lange bestanden haben, sich in Flor befindet, so liegt der Grund in seinen Ge-
sammt-Verhältnissen und in dem vielen Guten, was es mit

Consequenz durchzuführen verstand. Vor Allem verdient erwogen zu werden, daß wenn der reiche Mann, der über hundert Millionen Thaler zu gebieten hat, auch eine halbe Million verspielt, dies spurlos vorübergeht, daß wenn ein Anderer, der Nichts zu verlieren hat, eine gleiche Summe einbüßt, es ihn zu Grunde richten kann.

In wenigen Worten glauben wir hier eine Uebersicht der Ansichten gegeben zu haben, von welchen die Handels-Politik der meisten europäischen Staaten zu nicht großem Nutzen ihrer Unterthanen geleitet wird. Es erklärt sich daraus das geringe Interesse, welches die Mehrzahl an diesem Theil der Staats- oder wir möchten lieber sagen, der Volksklugheit nimmt und aus welchen Gründen diese bei England der Hauptleiter seiner Politik geworden ist.

Zwar scheint Frankreich eine Ausnahme zu machen; unstreitig hat es trotz der Sünden, die es gegen alle Gebote der National-Oeconomie begeht, trotz seiner Monopole und Erclusiv-Maßregeln einen bedeutenden Grad der Gewerbthätigkeit gewonnen, und zugleich einen nicht unbedeutenden Handel. Es dankt erstere der großen Kunstfertigkeit der Nation, der Genügsamkeit der mit der Fabrikation beschäftigten Bevölkerung und dem Geschmack, mit welchem diese besonders die Gegenstände der Mode zu behandeln versteht. Allein die Regierung hat der Industrie Ketten angelegt, die erst gesprengt werden müssen, bevor das schöne, von einem kunstreichen und erfinderischen Volke bewohnte Frankreich denjenigen großen Aufschwung erhalten kann, dessen es fähig ist.

Frankreich leidet an seinen Monopolen, sowohl an denen, die die Regierung, als die Industriellen ausüben. Die Regierung kann die ihrigen nicht aufheben, weil sie ihr zu viel Geld einbringen, und die der Industriellen wieder nicht, weil sie mit diesen und durch diese das Land regiert. Es leidet ferner selbst an einem freien inneren Verkehre, es hat wie Rußland gegen Polen, wie Oestreich gegen Ungarn Barrieren im Innern errichtet.

Frankreich leidet an einer ungeheuren Staats-Schuld, welche auf das Grundvermögen und die Arbeitsfähigkeit des Volkes lastet. Sonst pflegen die Kinder von den Vätern zu erben, in Frankreich haben die Väter die Zukunft der Kinder verzehrt. Durch die Staatsschuld ist alles Vermögen, selbst das zukünftige, und mit ihm die Arbeitsfähigkeit, die Industrie capitalisirt und mobilisirt.

Eine mäßige Staatsschuld kann als eine Vermehrung des Capitals betrachtet werden und wird eine doppelte, wenn sie schaffend zur Erleichterung des Verkehres verwandt wird; eine hohe, die den Ackerbau, die Gewerbe und den Handel drückt, erdrückt ihren Flor, und wenn die Capitale, welche diese drei großen Hebel des National-Reichthums beleben sollten und könnten, zu Festungsbauten, zur Unterhaltung eines großen Heeres und einer Flotte verwandt werden, so fehlen sie der Industrie und dem Ackerbau.

Wie Frankreichs politischer Einfluß in Europa durch die Isolirung geschwächt wird, so leidet seine Handels-Politik an derselben Krankheit. Hätte Frankreich die Macht, beherrschte es wie England die Meere, hätte es ein zweites Indien

auszubeuten, so würde es trotz aller seiner Mängel und der
Hemmung, die es der Industrie angelegt hat, groß und reich
sein; jetzt bleibt ihm, da seine finanziellen Fehler, wie wir
gezeigt haben, nicht zu verbessern sind, nur übrig, sich in
Afrika ein zweites Indien zu schaffen und den Handel dieses
großen Welttheils für sich zu monopolisiren; England wird
es hieran nicht hindern können. Um sich aber im Innern
von Afrika Handelsstraßen zu eröffnen, muß es, wie wir
noch mal darauf zurückkommen werden, die Volksstämme des
neuen Königreichs Nordafrika zu gewinnen und sich zu be=
freunden suchen, denn nur durch ihre Vermittelung wird
Frankreich ins Innere dieses Welttheils einzudringen vermö=
gen; daher rathen wir, nicht Alles für den Ruhm der fran=
zösischen Waffen, sondern auch Etwas für die Wohlfahrt
Frankreichs und zugleich für die wahre Ehre des französischen
Volks zu thun.

Wenden wir nun unseren Blick wieder zurück auf Eng=
land und auf den jetzigen, noch nie gekannten Flor dieses
Landes, so entspringt dieser außer aus der richtig verfolgten
Handels=Politik und den oben bezeichneten Ursachen auch noch
aus seiner Verfassung, dem Freiheits= und Rechtsgefühl, der
Energie und dem Unternehmungsgeiste des Volks, welche
diese geschaffen hat. In den Institutionen des Landes, in
der Aristocratie und deren Stellung,*) in der Weisheit und

---

*) Die Stellung des englischen Adels, nach welcher in der Regel nur
der eine Sohn die Titel, den Rang und die Besitzthümer des Va=
ters erbt, die anderen aber in die Mittelklassen zurücktreten und

Kraft der Regierung,*) in allen diesen zusammen liegt die Ursache des Flors des Landes.

Aber so hoch England auch steht, so ist es doch wie in seinen inneren socialen und religiösen, eben so in seinen industriellen Zuständen von manchen Gefahren umgeben; mit Bezug auf letztere entspringen sie aus demselben Geiste, welchem es seine Größe verdankt. Ein kühner Unternehmungsgeist und Gewinnsucht waren die Triebfedern der Anstrengungen, die der Engländer gemacht hat, beide treiben ihn bis ins Unendliche fort und Nichts als der Sturz wird ihren Lauf aufhalten.

---

die Bildung und feinere Erziehung, die sie empfangen haben, in diese mit hinübernehmen, hat mannigfach auf den Geist des Ganzen und auf den Wetteifer gewirkt und zur Versöhnung der Stände unter sich beigetragen.

*) Dieser verdankt England weit, weit mehr, als man denkt. Warum zeigt uns England so viele große Staatsmänner am Ruder der Geschäfte? Liegt es etwa in der großen Geistesfähigkeit der Engländer? Gewiß nicht, sondern einzig und allein darin, daß sich dort nur das Talent und die Bekanntschaft mit dem practischen Leben an der Spitze erhalten können, während in den absoluten Staaten die Besetzung der Stellen von Connexionen abhängt, von dem Range, den der Anzustellende vorher bekleidet, oder von der Vorliebe des Fürsten zu gewissen Persönlichkeiten. Wo die Verwaltung dem Fürsten und dem Volke Alles in Allem ist, sollte man vorsichtiger bei der Wahl sein. Die vorleuchtendste Eigenschaft der Fürsten besteht darin, sich die rechten Männer auszuwählen, um sie an die Spitze zu stellen. Mittelmäßigkeit, Vorurtheile, Geistesarmuth, Unentschlossenheit müssen von der Regierung ausgeschlossen werden, wenn die Reiche nicht verfallen oder zu Grunde gehen sollen.

Die Induſtrie, und namentlich zwei Zweige derſelben, die Fabrikation baumwollener Gewebe und Geſpinnſte und die Eiſen-Production, hat einen Umfang gewonnen, der einen ſehr ausgedehnten auswärtigen Markt vorausſetzt; ſowie dieſer ſich vermindert, ſo folgen daraus mißliche Erſchütterungen für den Handel und Nahrungsloſigkeit einer großen, auf dieſe angewieſenen Bevölkerung. Welche Verlegenheiten daraus für die Regierung, wie für die Einzelnen entſpringen, hat England wiederholt und erſt kürzlich erfahren. Kaum iſt aber eine ſolche Criſis überſtanden und wieder Leben in den gedrückten Fabrikations-Zweigen eingetreten, ſo iſt die Noth und die Opfer, die ſie gekoſtet haben, vergeſſen, und der Unternehmungsgeiſt läßt ſich nicht abhalten, ſofort durch neue Anlagen unendlich weiter zu gehen, als es früher der Fall war. Hierin liegt eine Schraube ohne Ende, die unfehlbar mit einer großen allgemeinen Erſchütterung enden muß; dieſer iſt vielleicht nur durch eine geregeltere Concurrenz mit den übrigen Völkern und dadurch vorzubeugen, daß der Markt mehr ein feſter wird, als es jetzt der Fall iſt, und daß die Speculation mithin nicht durch momentane Ausſichten auf einen bedeutenden Gewinn ſich zu ſchwindelnden Unternehmungen verleiten läßt.

Spanien und Portugal.

Die vorſtehenden Blätter haben ſich mit den politiſchen Zuſtänden der fünf Großmächte beſchäftigt, die durch ihre Macht, ſo lange ſie einig bleiben, die Richter über das Schick-

sal von Europa sind und deren Uneinigkeit ganz Europa erschüttern würde.

Die pyrenäische Halbinsel zeigt uns zwei Völker, die
ihre Interessen innig verbinden sollten, die in der europäischen
Politik jetzt keinen Rang einnehmen, wohl aber eine sechste
Großmacht bilden könnten und würden, wenn nicht besonders
Spanien durch seine inneren politischen Zustände völlig ohn-
mächtig würde. Dies ist in vielfacher Beziehung nur zu
beklagen, weil, wenn in Spanien die materielle und geistige
Entwickelung Fortschritte machte, wenn die politischen inneren
Kämpfe aufhörten und sich dort eine feste Regierung und
wohlgeordnete Verwaltung wieder gebildet hätte, es nebst
Portugal im eigenen nationalen Interesse der europäischen
Friedenspartei angehören und dieser im Westen ein ganz ent-
schiedenes Uebergewicht geben würde.

Die pyrenäische Halbinsel, von zwei Meere umschlossen,
hat nur einen Gränz-Nachbar, und gegen diesen ist es von
der Natur durch ein Bollwerk geschützt, welches zu durch-
brechen nur der französischen Uebermacht und der Kühnheit
seiner Krieger möglich wird. Spaniens geographische Lage
und seine Verhältnisse überhaupt ziehen es von allen eroberungssüchtigen Plänen zurück, um so mehr, da Portugal
unter dem Schutze Englands steht und Frankreich viel zu
mächtig ist, um Spanien zu fürchten, wogegen dieses alle
Ursache hat, sich durch mächtige Bundesgenossen gegen Frankreichs Uebermacht zu sichern. Sein Interesse bei der Con-
tinental-Politik ist allein dahin gerichtet, daß Frankreich nicht

übermächtig werde, da es schon einmal erfahren, welches Loos ihm bevorsteht, wenn Deutschlands Macht gebrochen ist.

Spaniens wohlverstandene Politik ist jedenfalls eine friedliche und sein einziger natürlicher Bundesgenosse, der große deutsche Fürstenbund, kann keinen besseren Verbündeten zählen, als Spanien, wenn es sich darum handelt, Frankreich in seine jetzigen Gränzen zu bannen.

Außer Frankreich und dem Schwesterlande Portugal hat Spanien noch einen, wenn auch dem Umfang nach sehr winzigen, doch sehr mächtigen Nachbar, der zwar nur ein Schwalbennest an den Felsen von Gibraltar angeklebt hat, der aber der Beherrscher der Meere ist und als solcher auch über Spaniens Handelsverhältnisse gebietet, die ihm wegen seiner halbinsularischen Lage von der höchsten Wichtigkeit sind. Da die Gränzen gegen Frankreich gut geschützt und leicht zu vertheidigen sind, so bedarf Spanien, wenn es zur Erhaltung des Friedens auf dem westlichen Continent ein festes Schutz-Bündniß mit dem deutschen Fürstenbunde geschlossen hat, keines großen stehenden Heeres, dagegen einer bedeutenden Kriegs-Marine, um seine Küsten zu vertheidigen und seinen Handel zu beschützen. Allein auch in dieser Beziehung kann seine Politik nur die Friedensrichtung nehmen; inzwischen bedarf es zu deren Verfolgung anderer Bundesgenossen, als zur Sicherung seiner Landesgränzen, und diese bieten sich ihm in den vereinigten Staaten von Nordamerika und in Frankreich dar. Weil aber nur die Erhaltung des Friedens allein das Ziel bleiben darf, so muß eine solche Tripel-Allianz sich auch nur auf die Vertheidigung, sei diese nun gegen die Seemacht dieser Reiche oder gegen ihren Handel gerichtet, beschränken. Da Portugal im engen Bündniß mit Spanien keine Landmacht bedarf, so kann es seine ganze Kraft auf eine Kriegsflotte verwenden, und beide zusammen sind im Stande, wenn ihre Handels-Marine erst wieder Matrosen herangezogen haben wird, eine sehr bedeutende aufzustellen, die dann im Stande sein würde, mit Frankreich und Nordamerika vereint, England, wenn es von seinem bisherigen Uebergewicht Mißbrauch machen wollte, Gränzen zu ziehen.

Sehr zu bedauern ist es jedenfalls, daß die traurigen Wirren Spanien, einem der bedeutendsten Reiche unseres Continents, seinen politischen Einfluß ganz rauben; wie es scheint, hätte der deutsche Bund und die beiden Großmächte, die an dessen Spitze stehen, das nächste Interesse, so weit es ihnen möglich ist, Alles anzuwenden, um die jetzige Regierung von Spanien zu befestigen und dieses Reich dem ausschließlichen Einfluß, besonders Frankreichs, zu entziehen. Da nicht allein in der höheren Politik hierzu eine Aufforderung liegt, sondern auch eine ganz besondere noch für Preußen und die Zollvereins-Staaten wegen Anknüpfung von Handelsverbindungen ihrer Länder mit Spanien, so scheint es fast unerklärlich, daß man noch immer säumt, die Königin Isabelle anzuerkennen und die diplomatischen und merkantilischen Verhältnisse herzustellen. Die Gründe, dieses nicht zu thun, liegen außer dem Bereich unserer Auffassung, und wir würden noch verwirrter in unserer Ansicht werden, wenn die durch die Zeitung verbreitete Nachricht sich bestätigte, daß nachdem Rom die Isabelle anerkenne, Oestreich und Preußen

nicht säumen würden, gleiches zu thun, und (wunderbar)
Frankreich verwende sich dafür.

Der bloße Legitimitätsgrund kann hier unmöglich allein
die Ursache sein, denn wer von Beiden, Don Carlos oder
die Isabelle, der legitime Erbe der spanischen Krone sei, ist
jedenfalls zweifelhaft. Die spanischen Juristen und das
spanische Volk haben sich für die Isabelle erklärt, sie be=
herrscht Spanien und Don Carlos wird von Frankreich ge=
fangen gehalten. Allein angenommen, die Legitimitäts = An=
sprüche des Don Carlos wären einen Daumen länger, als
die der Isabelle, warum hat man denn damals die um einen
ganzen Stamm kürzeren des Louis Philipp anerkannt? Doch
unstreitig, weil er factischer König von Frankreich war, wie
Isabelle Königin von Spanien ist. Oder will man, weil
man sich zu verschwenderisch in der Hingebung zur Sache
des Don Carlos gezeigt hat, jetzt um so karger gegen
die Isabelle beweisen?

Wo die höheren und die materiellen Interessen der Völ=
ker zugleich sprechen, da sollten die Fürsten nicht ihren Sym=
pathien folgen, sondern ihren Regentenberuf allein im Auge
behalten. Jetzt ist Madrid das Feld der französischen In=
triguen, und so große Achtung wir vor der Klugheit des
Königs der Franzosen haben und so viel feine Intriguen
wir auch seinen Ministern zutrauen, so entbehren doch alle
diese dort gespielten Manoeuvre einer festen Basis. Das
Ziel der französischen Regierung geht für jetzt wohl nur da=
hin, die Regierung in Spanien wieder zu befestigen.

Das Jahrhunderte hindurch in dem weltlichen und kirchlichen Absolutismus tief versunkene Spanien hatte beim Ausbruch der Revolution auch keinen Anflug von politischer Bildung behalten. Die Männer der Bewegung holten sich daher ihre Vokabeln von den Meistern der Schule in Frankreich, und wenn sie auch eben keine geistreichen Schüler
wurden, so zeigten sie sich doch als sehr turbulente. Der
französischen Regierung, die von allen diesen Schulen eben
keine Freundin ist und auch keine Ursache hat, es zu sein,
mißfiel diese Sympathie der Radicalen beider Länder, und
da sie fürchtete, die Schüler möchten dort die Meister und
dann Frankreich selbst gefährlich werden, so unterstützte sie
mit den ihr zu Gebote stehenden Mitteln die neuesten Bewegungen zur Befestigung der königlichen Gewalt. Ob diese
schon zeitgemäß war und den gewünschten Erfolg haben wird,
oder wenn sie mißräth, den Umsturz des Thrones selbst herbeiführt, ist bei der jetzigen unsicheren Lage der Verhältnisse
in Spanien nicht zu berechnen. Mit Recht können wir daher behaupten, daß der französischen Operation noch die feste
Grundlage fehle. Sollte diese aber, so zweifelhaft es auch
erscheint, gewonnen werden, und Frankreich die Sorge los
sein, daß die revolutionaire Partei in Spanien die in Frankreich verstärke, so wird es weiter gehen und sich des möglichst größten Einflusses in Spanien zu bemeistern suchen.

Das Mittel hierzu bietet die Vermählung der Isabelle
dar; ihr einen Gemahl zu geben, auf welchen Frankreich
eine Einwirkung hat, ist das Ziel, der Zweck, durch diesen
die spanischen Interessen im französischen Sinne zu leiten,

20*

das Mittel, ein Bündniß mit der verwittweten Königin
Christine zu schließen.

Wenn die heutige Zeit sich überhaupt nicht dadurch aus-
zeichnete, daß die höheren politischen Rücksichten so mancher
Staaten ganz beschränkten Ansichten geopfert werden, so läßt
sich die Weigerung Preußens und Oestreichs, Isabelle anzuerkennen, nicht erklären; denn ein wie großes Interesse diese
haben, die politische Lücke ausgefüllt zu sehen, die aus der
Ohnmacht Spaniens entsteht und die eine Schwächung der
Friedens-Partei in Europa herbeiführt, ist leicht zu übersehen.
Diese Mächte sollten sich daher beeilen, durch Anerkennung
Isabellens und durch Wiederanknüpfung der diplomatischen
Verhältnisse der dortigen Regierung mehr Festigkeit zu geben,
und diese nicht zwingen, sich entweder Frankreich oder England in die Arme zu werfen. Nur Rußland allein, welches
auf die Höfe von Berlin und Wien nach der allgemeinen
Meinung leider noch immer einen etwas zu großen Einfluß
übet, hat ein entgegengesetztes Interesse, als diese beiden
Mächte, denn je schwächer Deutschland bleibt, je stärker
wird Rußland; doch auf diesen Gegenstand werden wir zurückkommen, nachdem wir weiterhin das neue europäische politische System entwickelt haben.

Es wäre jetzt zur Vollständigkeit der Uebersicht nöthig,
auch auf gleiche Weise die übrigen Mächte zweiten Ranges,
ihre politischen inneren Zustände und ihre äußeren Beziehungen zu besprechen; inzwischen würde dies den Umfang dieser
Schrift zu sehr erweitern, und da diese auf den großen Gang
der europäischen Angelegenheiten wenigstens keinen unmittel-

baren, sondern nur einen mittelbaren Einfluß haben, und da
sich die Interessen aller dieser Mächte in dem Hauptpunkte
vereinigen, gegen die Großmächte geschützt zu bleiben, so wird
es wohl genügen, auf sie nur einen flüchtigen Blick zu werfen.

Die Königreiche Sardinien und Belgien, sowie der Schwei-
zer Bund, als der Gränznachbar eines mächtigen und der
Friedenspartei noch nicht angehörenden Reiches, verdient die
nächste Beachtung. Sardinien und die Schweiz sind durch
natürliche Bollwerke, wie Spanien, gegen Frankreich geschützt,
und wenn die Schweiz auch von allen Mächten als neutrales Land anerkannt wird, so hat doch der Kampf Frankreichs
mit Europa gezeigt, daß den Uebermächtigen solche Aner-
kennungen nicht binden, und daß es einer stärkeren Bürgschaft zum Schutz der Gränzen bedarf, als dieser. Sardinien
ist die Vormauer Italiens, jenes Reiches, welches ohne Nationalität in lauter kleine Staaten zerstückelt, seit Jahrhunderten von Frankreich mit lüsternen Augen betrachtet wird,
und das, da Sardinien wie die Schweiz sich gegen Frankreich nicht selbst zu schützen vermögen, sich wie Spanien dem
großen Friedensbunde anschließen muß und auf dessen kräftigen Beistand rechnen kann. Belgien dagegen ist nicht durch
natürliche Mauern geschützt, sondern bietet den französischen
Angriffen ein geöffnetes Feld dar. Dazu kömmt, daß ein
großer Theil des belgischen Volks durch Sprache, Sitten und
Neigung sich ganz zu Frankreich hinneigt und wenig Werth
auf die Selbstständigkeit des eigenen Landes zu legen scheint.
Diesem tritt zwar eine andere Fraction des belgischen Volks
mit einer entgegengesetzten Richtung gegenüber, welche aber

bis jetzt nicht die überwiegende zu sein scheint, es wird mithin von einer dritten, der sogenannten katholischen, abhängen, der einen oder der andern das Uebergewicht zu ertheilen. Ihre Hinneigung wird nun wohl besonders davon abhängig, welche Stellung die ultra = kirchliche Partei in Frankreich zu behaupten versteht, und ob es daher rathsam scheint, sich deren Macht anzuschließen oder sich von deren Ohnmacht entfernt zu halten.

Jedenfalls steht fest, daß Belgien Frankreich keinen eigenen Widerstand entgegen setzen kann noch wird und Belgiens Gränze nur durch ein starkes Bundesheer vertheidigt werden könne. Daß Frankreich aber bei jedem Kriege mit Deutschland sich dieses Schlüssels zu Preußen und zu Holland zu bemächtigen suchen wird, ist ebenso gewiß, als wahrscheinlich daß es dabei auf die Unterstützung eines Theiles der Bevölkerung rechnen kann. Belgien wird daher im Fall eines Krieges so lange eine Verstärkung der Macht Frankreichs bleiben, bis sich im belgischen Volke ein gewisses Nationalgefühl entwickelt haben wird und es seine Selbstständigkeit höher schätzt, als die Ehre eine französische Provinz zu werden. Nur dadurch allein kann es sich dem Schicksale entziehen, bei künftigen großen Kämpfen der mächtigeren Völker die Münze zu werden, mit welcher man dem Sieger die Kriegskosten bezahlt.

Von den anderen Mächten zweiten Ranges haben Schweden, Norwegen und Dänemark der eroberungssüchtigen Macht Rußlands gegenüber eine gewisse politische Bedeutung. Zwar gehören sie, und namentlich Schweden seit dem Verluste

Finnlands, nicht mehr zu den Vorposten des civilisirten Europa's gegen den Andrang der Moskowiten; inzwischen nimmt Schweden eine Flankenstellung ein, die, wenn Rußland einst mit Europa in ernste Conflicte gerathen sollte, gehörig benutzt, es wieder zum Besitz seiner verlorenen Provinzen verhelfen könnte.

Ein enges Bündniß zwischen Schweden und Dänemark liegt in der Politik beider Mächte, ihre vereinte Seemacht würde im Stande sein ihre eigenen Küsten gegen Rußland zu schützen und dieser Macht die Herrschaft auf der Ostsee streitig zu machen. Mit den norwegischen, dänischen und schwedischen Matrosen läßt sich eine Kriegsflotte gut bemannen, den Russen dagegen fehlt es an tüchtigen Seeleuten. Der Gedanke einer engen Verbindung dieser beiden Völker hat schon Boden gefaßt; auf den dänischen Inseln fabelt man viel von einem scandinavischen Bund, doch scheint es mehr der Lieblingsgedanke einer gewissen politischen Fraction zu sein, die mit einer Verfassung wie die von Norwegen gern ein scandinavisches Kleeblatt bilden möchte. Die Politik der dänischen Regierung scheint sich nicht dahin zu neigen, sondern ist verblendet genug, ihre Blicke, wenn auch nur halb verstohlen, nach Petersburg zu richten. Kopenhagen verkennt in dieser Beziehung wieder sein wahres Interesse; die frühere Allianz mit Napoleon und die Erinnerung an deren Folgen sollten es darüber belehren, welche Gefahr einem kleinen Reiche der Anschluß an eine eroberungssüchtige Macht droht. Der Verlust von Norwegen und seiner frühern bedeutenden Flotte sollten es doch bestimmen eine

Politik aufzugeben, die fortgesetzt, Dänemark nie Nutzen, nur Verderben bringen kann.

Wenden wir uns von dem hohen Norden dem Süden und jener weltberühmten Stadt zu, der selbst noch in der Periode ihres tiefsten Verfalles ein König geboren ward, der bestimmt war einst Europa zu beherrschen, hätte das Geschick es zulassen wollen. Rom, welches viele Jahrhunderte die Welt durch seine physische Macht und eine nicht minder kürzere Zeit durch die kirchliche beherrschte, ist jetzt von dieser Herrlichkeit Nichts übrig geblieben, als seine Erinnerung daran. Die weltliche Macht der Könige der Städte stützt sich nur noch auf östreichische Bajonette und die Blitze des Vaticans zünden nicht mehr.

Wie Rom ist ganz Italien in der europäischen Politik zu einer Bedeutungslosigkeit herabgesunken, wo die Nullen dem Zähler voranstehen und den Bruchtheil andeuten; selbst das durch Klima und Boden so herrliche Reich der beiden Sicilien mit einem bedeutenden Flächenraum ist unter dem Fluch des Absolutismus und der Monopole zum großen Theil eine Wüste, von Bettlern bewohnt, geworden.

Die Wiedergeburt Italiens scheint noch sehr fern, und was den Zustand dieses schönen Landes und seiner Bevölkerung am hoffnungslosesten macht, ist der Mangel aller Nationalität und die Verschiedenheit in dem Bildungsgrade und der Energie der einzelnen Völker wie der verschiedenen Classen der Gesellschaft, in welcher sich die schönen Künste, der Sinn für Wissenschaften, feine Sitten, neben der Rohheit und Verworfenheit gepaart befinden.

Italien, das Mutterland der Künste, mit Städten übersäet, einst mit kleinen Republiken bedeckt, war ehemals reich durch die Natur des Landes, noch reicher durch seinen Kunstfleiß und seinen Handel, ist jetzt durch seine Verfassung, durch den Absolutismus eines großen Theils seiner Staaten, dieser Güter beraubt, und das alte Rom und viele bedeutende Städte sind europäische Gasthöfe geworden und beschätzen Europa jetzt auf diese Weise erfolgreicher, als früher durch Ablaß-Ertheilung.

Welthistorischer Beruf der Völker.

Nachdem wir in den vorigen Abschnitten die inneren politischen Zustände der bedeutendsten europäischen Volksstämme und ihre nächsten Beziehungen zu den übrigen Regierungen besprochen haben, was nöthig war, um die moralische Kraft dieser Volksstämme, ihren Bildungsgrad, ihren jetzigen politischen Standpunkt, die Festigkeit ihrer inneren Institutionen und die Harmonie derselben mit ihren Regierungen beurtheilen zu können, wäre es jetzt an der Zeit die Untersuchung der physischen Macht der einzelnen Staaten einer vergleichenden Betrachtung zu unterziehen; inzwischen sind in neuester Zeit so umständliche statistische Mittheilungen von allen großen Ländern zur Kenntniß des Publicums gebracht, daß wir uns dessen entheben zu können glauben, um so mehr, da selbst die Tagesblätter es nicht unterlassen häufige Mittheilungen darüber zu machen.

Bevor wir aber näher auf dasjenige politische Syſtem eingehen, welches beſtimmt zu ſein ſcheint für die Zukunft die Wohlfahrt der europäiſchen Völker zu ſichern, müſſen wir vorher einen Gegenſtand berühren, der um ſo weniger aus dem Geſichtskreiſe verloren werden darf, als er die höhere Aufgabe betrifft, die Gott den Völkern gegeben zu haben ſcheint.

In der Einleitung dieſes Werks haben wir ſchon darauf aufmerkſam gemacht, wie nichtig und gehaltlos alles Treiben der Menſchen und mithin auch der Völker ohne eine religiöſe Unterlage ſei, daß in dieſer der Ausgangs= und Endpunkt von allen unſern Handlungen geſucht werden müſſe, und daß ohne die Anerkennung eines höheren göttlichen Geſetzes das ganze Treiben der Menſchen ein trauriger Wirrwar werde. Das erſte und höchſte Gebot der geoffenbarten Religion heißt: Du ſollſt gehorſam ſein gegen Gott; und das zweite: Du ſollſt deinen Nächſten lieben wie dich ſelbſt. In letzterem ſpricht ſich nun der Wille aus, daß die Menſchen ſich nicht befeinden, ſondern brüderlich lieben ſollen; von dieſem Gebot ſind wir bei der Feſtſtellung des Syſtemes der Politik der chriſtlich europäiſchen Völker gegen einander ausgegangen. Gott hat aber die Welt nicht erſchaffen und ſie mit Gott ähnlichen Weſen beſetzt, um ſich auf ſelbiger allein zu gefallen und gleichſam nur zu vegetiren, ſondern zugleich auch um ſeine Zwecke zu fördern, ſeine Schöpfung zu bewahren und fortzuſetzen. Vor Allem aber hat Gott den Menſchen, die durch ſeine Gunſt in einer Stellung verſetzt ſind durch höhere geiſtige Bildung Gott im

Geist und in der Wahrheit zu erfassen, die Verpflichtung
auferlegt, ihre erleuchtetere Einsicht von Gott und von den
Pflichten der Menschen gegen einander, auch denjenigen
Menschen mitzutheilen, die sich noch in einem rohen Zustand
der Verwilderung befinden, oder mit andern Worten, er
verlangt von ihnen daß sie mit derselben Liebe, mit der Gott
sie auf eine höhere Stufe der Erkenntniß und der Gesitti=
gung versetzt hat, sich bemühen sollen auch die noch dem
Heidenthum und der Rohheit verfallenen Menschen der Ver=
edelung entgegen zu führen. Wie nun nach ächt christlicher
Ansicht jeder einzelne Mensch den Beruf hat, nach Kräften
die Zwecke Gottes zu fördern, so auch die Völker und diese
ganz besonders; daher ist denn auch von dem großen Ord=
ner der Schicksale der Welt den verschiedenen Völkern ein
besonderer zukünftiger Kreis ihres Wirkens und ein Ziel an=
gewiesen, welches zu erstreben ihnen ihre Pflicht gebietet.
Bei dem Aufbau eines künftigen Systems der europäischen
Politik muß mithin der höhere Beruf der Völker, der sich
am passendsten als welthistorischer bezeichnen läßt, ins Auge
gefaßt und um so mehr berücksichtigt werden, da er außer
der Verpflichtung diesen zu erfüllen, auch segensreich auf sie
zurückwirkt und von bedeutendem Einfluß auf eine künftige
feste Gruppirung der Staaten selbst und ihre geistigen und
materiellen Beziehungen zu einander wird.

Wenn wir auf den höheren Beruf Europa's, als Ein=
heit betrachtet, zurückgehen, so liegt dieser klar vor; seine
Aufgabe ist es, das Christenthum über die übrigen Welt=
theile zu verbreiten und zugleich die Segnungen, die aus

ihm hervorgehen und die in der Sicherung eines allgemeinen und besonderen Rechtszustandes und der höheren Civilisation, diese im weitesten Sinne des Worts verstanden, begründet sind. Wie sich aber diese Aufgabe des gesammten
Europa's wieder unter die einzelnen Staaten vertheilt, ist
der Gegenstand, welcher einer näheren Erörterung bedarf.

Werfen wir zuerst den Blick auf Rußland, so ist dessen
welthistorischer Beruf ein sehr scharf ausgedrückter. Rußland, ein halb europäisches, halb asiatisches Reich, ist die
Aufgabe geworden den Norden Asiens und das an Europa
gränzende Mittelasien einer höheren Stufe der Cultur entgegen zu führen als diese, der Barbarei verfallenen, von
der civilisirten Welt abgeschnittenen, Länder bis jetzt besitzen.
Seine nächste Aufgabe war es, den Theil Nordasiens, welcher sich von dem Ural bis China ausdehnt, für Menschen
bewohnbar zu machen und die in dessem Schooße verborge-
nen Schätze der Erde zu Tage zu fördern, zugleich, soweit
das Klima es zuläßt, den Boden selbst culturfähig zu machen; diesen Theil seiner Aufgabe hat es zu lösen begonnen,
und das Verdienst, welches es sich dadurch erworben hat,
ist nicht zu verkennen, wenn auch die Art der Ausführung
Tadel verdient.

Eine weit wichtigere Aufgabe Rußlands als die eben
bezeichnete, ist es, das Christenthum und einen gewissen
Grad von Civilisation nach Mittelasien zu verpflanzen. Um
diesen Theil seiner höheren Mission lösen zu können, mußte
es sich erst der europäischen Civilisation nähern. Peter der
Große, obgleich sein ganzes Streben dahin ging, Rußland

zu einer europäischen Macht zu erheben, hat indem er schein-
bar durch Verlegung seiner Hauptstadt an der Gränze des
civilisirten Europa's eine der höheren Bestimmung Rußlands entgegengesetzte Richtung verfolgt, doch instinktmäßig
die welthistorische Aufgabe Rußlands gefördert.

Rußland konnte Asien keine Civilisation bringen, wenn
es diese nicht erst selbst gewonnen hatte, daher mußte es
vorher die europäische Schule besuchen, und wird sowohl in
religiöser als sonstigen Beziehungen noch eine höhere Stufe
gewinnen müssen, bevor es die Befähigung hat Mittelasien
zu civilisiren. Zwar ist jetzt schon eine bedeutende Verbesserung der Zustände in dem Theile Persiens eingetreten, welche
Rußland besetzt hat, nur würde zu besorgen sein, daß, wenn
es jetzt schon seine Eroberung in der Richtung von Mittelasien weiter verfolgen sollte, der asiatische Typus, der Rußland noch so stark anklebt, über den europäischen Anflug
bald wieder die Oberhand gewinnen würde. Daher scheint
auch die Hand des Schicksals dabei im Spiele zu sein,
wenn es den kleinen Volksstämmen, die am Caucasus die
Pforten Asiens bewachen, noch immer gelingt, diese gegen
das größte Reich der Erde zu vertheidigen und seinem Vordringen in Mittelasien dadurch Gränzen zu setzen.

Rußlands künftige Bestimmung ist daher keinesweges
Europa den asiatischen Typus einzuimpfen, Europa seine
Knute als Angebinde zu bringen und europäische Provinzen
zu russificiren, seine Bestimmung ist es ebenso wenig die
europäische Türkei zu verschlingen, sondern die Vermittelung
zwischen europäischer Cultur und asiatischem Barbarismus

zu Stande zu bringen, und der Lohn den die Russen dafür empfangen werden, wird darin bestehen, daß einst eine wär= mere Sonne, als die von Petersburg, den Blutumlauf in seinen geistig und physisch erstarrten Lebensadern fördern wird.

Wie Rußland, so haben auch Oestreich und die deutschen Bundesstaaten durch ihre geographische Lage und durch die Mittel, die ihnen zu Gebote stehen, eine Anweisung auf ihren künftigen Beruf erhalten und zwar einen doppelten. Der erste besteht darin, die europäischen Friedensrichter zu werden. Die Völker dieses Bundes, welchen im Herzen von Europa ihre Wohnsitze angewiesen sind, erfreuen sich aller der Güter, sowohl der materiellen als geistigen, die bei einer gewissen Genügsamkeit zum Glück und zur Zufrie= denheit führen. Ihr Interesse ist daher nicht auf Ausdeh= nung, sondern auf Bewahrung gerichtet; sie vertreten mithin das Stabile, sind die Bewahrer des Rechtszustands und des Friedens, aber nicht allein ihres eigenen, sondern auch des aller europäischen Volksstämme, die das gleiche Interesse haben. Ihr zweiter Beruf greift unmittelbar in den ersten ein, Europa gegen Asien zu schützen und dem, dem Christen= thum und dem europäischen Frieden feindlichen, Eindringen der Sarmaten entgegen zu treten, sie in ihre Heimath zu= rück zu weisen. Mit dieser Aufgabe verbindet sich eine weitere, nämlich die, die Ueberschüsse der eigenen Bevölkerung nicht fern nach fremden Welttheilen auszustoßen, sondern ihnen in den Steppen der Moldau, Walachei, Bulgarien und europäischen Türkei Wohnsitze anzuweisen und diesem Theile der Vormauern Europa's gegen Türken und Sarma=

ten durch eine germanische Bevölkerung eine innere Stärke
zu geben, die jede fernere Zudringlichkeit zurückzustoßen im
Stande ist. Durch eine Colonisirung in diesen menschen-
leeren Wüsten Europa's, welche beiläufig gesagt Ungarn,
Siebenbürgen und der Militair-Gränze auch Noth thut,
würde der Süden von Deutschland und ganz besonders
Oestreich die Ufer des Stromes wieder gewinnen, dessen
Mündungen ihm zu seiner Schmach genommen sind und die
Deutschland jedenfalls besitzen muß, wenn seine Handelsverhältnisse eine Bedeutung und Oestreich diejenige Macht
gewinnen soll, die ihm zum Glücke Europa's gebührt und
die Preußen ihm gönnet.

Wenn wir uns jetzt Frankreich zuwenden, so ist vorhin
schon sein welthistorischer Beruf zur Sprache gekommen und
wahrlich ist die Aufgabe, die es in dieser Beziehung erhalten hat, eine der höchsten. Afrika, dem Umfange nach
der dritte Erdtheil, muß gegen die Vorsehung gesündigt
haben, daß diese ganz vergessen zu haben scheint, daß es
und seine Bewohner auch einen Theil der Schöpfung bilden.
Das Reich der Sonne, wie man Afrika zu nennen versucht
wird, ist dennoch das Reich der Finsterniß geblieben, denn
es entbehrt und hat seit der ältesten Zeit her des Lichts
entbehrt, nimmt man die Glanzperioden Aegyptens und Car-
thago's aus; ja diese Lichtentziehung ist nicht allein eine
geistige, sondern sogar eine fleischliche geworden, denn selbst
der größte Theil seiner Urbewohner tragen die Farbe des
Nicht-Lichts.

Frankreich ist vermöge seiner Macht, seiner örtlichen

Lage und durch sein eigenes Interesse berufen sich die von
Asien eingedrungenen Araber zu unterwerfen und der Civilisation den Weg in das unbekannte Innere dieses Erdtheils
zu bahnen, und es steht vielleicht in seiner Hand, einst mit
seinen Colonien bis in das tiefste Innere und selbst bis zur
Ostküste Afrika's hin vorzudringen. Das Feld des Wirkens,
welches sich hier eröffnet, ist ein unermeßliches und dem
französischen Volke fehlt es nicht an Kühnheit es zu betreten,
nur sollte es vorher bei England, diesem Altmeister in der
Kunst zu colonisiren, in die Schule gehen, denn mit dem
Schwerdte allein und mit Kaffehäusern und Restaurationen
civilisirt man die Völker nicht.

Nebst Frankreich haben auch Spanien und Portugal
durch ihre Lage eine natürliche Anweisung erhalten, das eine
von Ceuta, das andere von den kanarischen Inseln aus die
Küstenländer Afrika's längs des Oceans zu cultiviren. Inzwischen befinden sich beide Länder noch nicht auf der Stufe,
um schon an Colonisation denken zu können; ja ihnen wider-
führe eine Wohlthat, wenn in ihre menschenarmen Provinzen
Einwanderungen erfolgten und statt der nomadisirenden Wid-
der fleißige Landbebauer ihre Bevölkerung vermehrten. Es
wird daher noch viele Zeit vergehen, wenn der Westen von
Afrika die Segnungen des Christenthums von Spanien und
Portugal empfangen sollte; noch lange wird die Räuber-
wirthschaft in Marofo dauern, und noch lange werden die
Mohrenkönige ihre Unterthanen wie Vieh verkaufen und die
inneren Höfe ihrer Wohnsitze mit den Schädeln ihrer Unterthanen pflastern, um bequem darauf wandeln zu können,

wenn England es nicht in seinem Interesse finden sollte, hier die Stellvertretung zu übernehmen.

Von allen Nationen der Erde ist England der ausgedehnteste welthistorische Beruf zu Theil geworden, und von allen hat England allein diesen bis jetzt auf eine eben so würdige als umfangreiche Weise erfüllt, und die dereinstigen Schreiber der Weltbegebenheiten und der Völker-Entwickelung werden England dafür ein ehrendes Denkmal setzen müssen. Zwar wird von Englands Gegnern und Neidern behauptet, das Verdienst sei nicht so groß, denn nur Handels-Interessen hätten es getrieben, Colonien in allen vier Welttheilen zu stiften. Mag es immer sein, hat doch der Weltregierer, der seine Geschöpfe kennt, immer eine Prämie für diejenigen ausgesetzt, die seine höheren Zwecke fördern, und wie viel Großes würde überhaupt in der Welt geschehen sein, wenn man verlangte, es müsse ohne alle Nebenrücksichten vollführt werden.

Jedenfalls verdient die Umsicht und Geschicklichkeit Anerkennung, mit welcher England im Ganzen verfährt, und daher ist auch der Erfolg ein glücklicher. Welchen Rang nimmt nicht jetzt schon Nordamerika unter den großen civilisirten Staaten, welchen Canada unter den Colonien ein! In welcher Lage befinden sich dagegen die größten und reichsten Colonien der neuen Welt, die früher zu Spanien gehörten? Aber wie colonisirte dieses? Nachdem es mit Feuer und Schwert das Land erobert und geplündert hatte, vertilgte es den größten Theil der zahlreichen, vor der Occupation glücklichen Bevölkerung, vernichtete die weisen Einrichtungen und Gesetze der Inkasse, zerstörte die patriarchalische Verfassung des Landes und machte aus einem glücklichen, moralischen Volke, aus den frommen Söhnen der Sonne gezwungene Christen, Sklaven der Pfaffen und der Tyrannen, die sie beherrschten, dumme Menschen und niederträchtige dazu.

In der Geschichte der Behandlung dieser Colonien liegt der Schlüssel der Zustände dieser Reiche, nachdem sie sich emancipirt haben, und noch lange wird dort der Nation die Kraft fehlen, sich selbst zu regieren.

Die Eigenschaften, die England vorzugsweise befähigen, europäische Cultur und das Christenthum über die ganze Erde zu verbreiten, sind mannigfach. Die Herrschaft zur See steht dabei an der Spitze, durch sie wird es möglich, die Colonien gegen jeden äußeren Angriff zu beschützen und sie in der Abhängigkeit vom Mutterlande zu erhalten; aber die Herrschaft zur See sichert auch wiederum den Handel mit diesen Colonien und deckt den Kostenaufwand, der aus ihrem Besitz erwächst. Inzwischen diese Eigenschaften würden nicht ausreichen, wenn nicht noch andere hinzukämen.

Um so unermeßliche Besitzungen, wie das englische Indien, zu erobern und gegen tapfere, kriegslustige und mächtige Nachbaren zu vertheidigen, ist auch ein Heer erforderlich, welches sich in jeder Beziehung auszeichnet; dieses besitzt England, seine Soldaten sind die tapfersten und best angeführtesten in Europa. Wo England Krieg führte, hat es dies bewiesen, und noch wieder in neuester Zeit auf eine ruhmvolle Weise in Indien und China. Aber England hat keine Bevölkerung, um so große Heere rekrutiren zu können, als Indien erfordert; es hat sich daher mit Geschick bemüht, die Eingeborenen durch europäische Disciplin zu tapferen Soldaten heranzubilden. Dies ist ihm auch gelungen, vorsichtiger Weise aber läßt es diese eingeborenen Soldaten von Engländern anführen.

Zu allen anderen Eigenschaften tritt nun noch die staatskluge Behandlung seiner Colonien hinzu. England läßt den eroberten Völkern vorläufig ihre Sitten, will nicht mit Gewalt Proselyten machen, sondern überläßt dies der Zeit, und greift nicht vorschnell der Entwickelung vor, sondern sucht, wie jetzt in Indien, durch Unterricht und Verbreitung von Kenntnissen den Aberglauben, die Vorurtheile der Völker zu vernichten. So ganz Kaufmann der Engländer auch ist und so richtig er den Werth des Geldes zu schätzen weiß, so wenig ist er ein Diener des Mammons, und wo es die Ehre des Landes oder die Humanität fordert, da scheut er die größten Geldopfer nicht. Die Summen, die ihm die Emanzipation der Sclaven auf seinen westindischen Colonien kosten, und die sich nicht auf die Entschädigungs-Summe beschränkt haben, die den Herren der Sclaven gezahlt wurden, sondern noch fortwährende Opfer fordern, beweisen dies unter Anderm.

Zu diesen verschiedenen Befähigungen der Engländer, ihren höheren Beruf, das Christenthum und die europäische Civilisation über alle Theile der Erde zu verbreiten, tritt noch hinzu, daß das ganze englische Volk seine Aufmerksamkeit den Colonien schenkt, und es überwacht, daß von Seiten der Colonial-Behörden kein Druck geübt werden könne, sondern

Recht und Gerechtigkeit vorwalte.*) Hier zeigt sich nun wieder, wie vortrefflich die Verfassung Englands sei, welche es dem Volke möglich macht, Tausende von Meilen von den Colonien entfernt, eine solche Controlle über die Handlungen der Verwaltung zu führen, wie anderwärts in den Residenzen oft nicht besteht.

Wer überhaupt an eine höhere Bestimmung der Menschen glaubt, und an eine aus der Liebe Gottes hervorgehende weise Leitung zur Veredelung der Menschen in allen Theilen der Erde und Verbesserung ihrer Zustände, der wird die eben entwickelte welthistorische Aufgabe der Völker nicht bezweifeln können, und die Wichtigkeit der Lösung derselben sowohl im allgemeinen Interesse der Menschheit, als in dem speciellen der Völker, denen sie geworden ist, erkennen. Bei der Gruppirung der Staaten gegen einander darf mithin das Streben nach einer allgemeinen Entwickelung des Menschengeschlechts nicht vergessen bleiben, im Gegentheil so viel möglich dahin gewirkt werden, daß in dieser keine Störung eintrete, und daß Diejenigen, die sich der ihnen durch ihre Stellung zugewiesenen Aufgabe entziehen und eine entgegengesetzte Richtung verfolgen wollten, aus dieser heraus und in jene wieder hineingedrängt werden.

----

*) Wollte doch die französische Kammer daran Beispiel nehmen und den Grausamkeiten in Afrika Gränzen setzen!

Grundzüge eines neuen, dem Interesse der Völker entsprechenden festen politischen Systems von Europa.

In der Einleitung ist bereits entwickelt worden, daß das jetzige politische System Europa's keine feste Basis habe, sondern auf der zufälligen Uebereinstimmung der fünf Großmächte beruhe, daß es höchst flach sei und daß bisher auf die Erfüllung der Beschlüsse der Pentarchie, wie Polen, Belgien u. s. w. beweisen, nicht gehalten werden, und daß überhaupt die Garantie für die Erhaltung des Friedens, für die Sicherung des Rechtszustandes und der Wohlfahrt der Völker eine rein persönliche und daher veränderliche sei, und daß es anderer Bürgschaften bedürfe, als die jetzt bestehenden, welche sich äußerlich auf eine eifersüchtige Ueberwachung beschränken, daß keiner der Großmächte sich Uebergriffe erlaube. Es ist im ferneren Verlauf des Werks bei der Besprechung der Verhältnisse der einzelnen Staaten und ihrer höheren Politik darauf hingewiesen, wie England den Frieden wünsche und sich vorzugsweise mit seinen inneren Verhältnissen beschäftige und seine Handelspolitik verfolge; daß Frankreich sich in politischer Beziehung völlig isolirt habe, daß es wegen seiner Macht gefürchtet werde, aber auf keinen einzigen Hof einen speciellen Einfluß übe, mit Ausnahme des Madrider; daß Rußland dagegen, obgleich es eine eroberungssüchtige Politik, also eine feindliche, mit großer Feinheit und Consequenz verfolge, dennoch besonders auf die Cabinette von Berlin und Wien Einfluß übe; daß Oestreichs Politik eine rein

passive sei, ein Zeichen der selbstbewußten moralischen Schwäche;
endlich, daß Preußen noch kein festes eigenes politisches Sy=
stem verfolge, und wenn es es auch gerne verfolgen möchte,
wie dies einzelne seiner Handlungen beweisen, es noch nicht
von früher angeknüpften Verhältnissen sich frei zu machen
den Entschluß gefaßt hat.

Bei Entwerfung des Prinzips einer künftigen europäischen
Politik wird es darauf ankommen, ein solches zu wählen,
welches entschieden den einzig wahren Interessen aller Völker
entspricht, und dieses ist das Prinzip des Friedens und eines,
auf einen gesicherten Rechtszustand sich stützenden freundlichen
Beieinanderlebens der europäischen Völker.

So lange die Fürsten=Politik — die der Cabinette —
in Europa vorwaltete, bei welcher eine vergrößerungssüchtige
Politik stets im Hintergrunde lag, gab es keinen eigentlichen
Frieden, nur einen längeren oder kürzeren Waffenstillstand.
Von dem Augenblicke ab, wo die Volkspolitik überwiegend
geworden ist, wo anerkannt wird, daß, die Wohlfahrt der
Völker zu begründen, das einzige Ziel der inneren und äuße=
ren Staatsklugheit der Regierungen sein müsse und im In=
teresse der Fürsten selbst nur sein dürfe, kann auch nur die
Friedens=Politik das alleinige Prinzip bilden, und von da
ab muß ein Verdammungs=Urtheil über jeden Krieg ausge=
sprochen werden, den ausgenommen, welcher geführt werden
würde, um einen dauernden Frieden zu sichern.

Wenn wir nun den Blick auf die jetzigen politischen Zu=
stände aller europäischen Staaten werfen, so giebt es nur
zwei, die sich bis jetzt nicht für die Friedens=Politik erklärt

haben, und diese sind Frankreich und Rußland;*) zwei der mächtigsten Continental-Mächte stehen, wie es scheint, in dieser Beziehung dem ganzen übrigen Europa gegenüber. Diese beiden, wenn es sein muß, zu zwingen, die Kriegsfahne einzuziehen und dem brüderlichen Bunde der übrigen europäischen Völker beizutreten, ist die Aufgabe der übrigen Großmächte, wie aller der des zweiten und dritten Ranges, welche die Sicherung ihrer Existenz und die Erhaltung des Friedens nur wünschen können. Daß Oestreich, Preußen und die Fürsten des deutschen Bundes der Friedens-Politik entschieden angehören und in ihrem Interesse nur angehören können, ist schon vorhin gezeigt; eben so entschieden liegt es in den höheren politischen, wie in den Handels-Interessen Englands, daß die Friedenspalme über Europa schwebe. (Auf die außereuropäischen Streitfragen Englands werden wir weiterhin zurückkommen.)

Die pyrenäische Halbinsel kann kein anderes Interesse haben, als die Sicherung seiner Gränzen gegen Frankreich; Belgien und Holland können im Kriege nie gewinnen und nur Gott danken, wenn man sie in Frieden läßt; die Schweiz und die Fürsten Italiens und ihre Völker haben kein anderes Interesse, als die Erhaltung ihres Besitzes, und Dänemark

---

*) Wir könnten auch noch Neu-Griechenland mit hinzurechnen, welches rein auf Eroberung angewiesen ist; allein abgesehen davon, daß es nur ein Fausse-couche der Großmächte sei, so können wir bei Beurtheilung der europäischen Politik ihm nur in der Anmerkung eine Stelle anweisen.

und Schweden sind außer Stande, Eroberungen zu machen, nur im Frieden ruhet ihr Heil.

Es unterliegt mithin wohl keinem Zweifel, daß die Frie=dens=Partei in Europa die bei weitem überwiegende sein würde, wenn sie es sein wollte, und daß es als eins der größten Ergebnisse der Zeit betrachtet werden müßte, wenn man den Entschluß faßte, es zu wollen. Durch die Ver=wirklichung eines solchen Willens würde in der Geschichte der europäischen Völker eine neue Zeitperiode eintreten, der Uebergangspunkt erreicht sein, welcher die Periode des Frie=dens von der bisherigen des feindlichen Gegen=Einanderüber=stehens der Völker, der Herrschaft der physischen Gewalt, trennte.

Sind die europäischen Fürsten und ihre Völker, wenn auch mit Ausnahme von Frankreich und Rußland, darüber einig, die Politik des Friedens zu adoptiren, so müssen sie un=ter sich gleichsam eine Friedens=Assecuranz gründen, ein ge=meinschaftliches Bündniß schließen, nach Verhältniß ihrer Macht mitzuwirken, jede Friedensstörung zu züchtigen. Da=mit aber Frankreich und Rußland sich nicht beschweren könn=ten, wenn man sie gleichsam ausschließen wollte, und da Nichts wünschenswerther sein würde, als ganz Europa in den Bund zu vereinigen, so müßte an sie eine freundschaft=liche Aufforderung ergehen, dem Friedens=Bunde des übrigen Europa's beizutreten, und sollten sie sich dessen weigern, sie mit der vereinigten Kraft von ganz Europa dazu zwingen.

Ob jetzt schon der Zeitpunkt eingetreten sei, wo die Völ=fer=Wohlfahrt und die Sicherung des Thrones der ange=stammten Fürstenhäuser so viel gegenseitige Beachtung finden

und ein solches Gewicht der Unentschlossenheit, Flachheit
und Kurzsichtigkeit der Zeit gegenüber in die Wagschale zu
legen vermöge, um einen großen und heilvollen Gedanken zu
erfassen und durchzuführen, scheint sehr zweifelhaft. Dazu
gehört ein anderer und allgemein verbreiteter Sinn im Volke,
ein Erkennen seiner wahren Interessen, eine politische Bildung, die eben so sehr fehlt, als miserables politisches Ge-
zänke an der Tagesordnung ist; oder es gehört dazu ein
Fürst von klarem Geiste, welcher die Zeit und die Pläne
einer weisen Weltregierung begriffen hat, der die Kraft besitzt, sich über die Vorurtheile, welche eine frühere Zeit ihm
vererbt hat, zu erheben, und der es einsieht, wie viel höher
ein Fürst steht, der, indem er die wahren Interessen seines
Volkes befördert, nicht allein über die physischen Kräfte seiner
Unterthanen, sondern auch über ihre Herzen gebietet.

Doch wenden wir uns von dem Bildungsgrade, der sich
im Volke entwickelt haben mußte, wenn von diesem der Anstoß erfolgen sollte, so wie von der Möglichkeit, daß dieser
durch einen großen Geist auf dem Throne herbeigeführt
werden könnte, auf den jetzigen Stand der Verhältnisse zurück, so ist der große deutsche Fürstenbund durch seine geographische Lage, durch die Macht, die ihm beiwohnen würde,
wenn er sie geltend zu machen verstände, allein derjenige,
von welchem das Friedens-System ausgehen könnte, ja derselbe ist um so mehr dazu befähigt und berufen, als der
Friede die Grundlage dieses Bundes selbst bildet. Allein
seine Bundesverfassung zeigt sich als eine höchst unvollkom-
mene, ist ein Stückwerk geblieben; seine völkerrechtliche Rich-

tung besteht nur dem Namen nach und der Zusammenhang
des Bundes wird immer nur befestigt durch den Anstoß von
Außen; der deutsche Bund als solcher hat mithin keine Gelegenheit zu einer Initiative, eines neuen politischen Systems, sondern diese kann nur von den beiden Großmächten
ausgehen, die ihn gewissermaßen vertreten oder eigentlich
deren Politik durch das Gewicht des Bundes schwerer in die
Wagschaale fällt. *)

Von Oestreich kann und wird sie nicht ausgehen, weil
dort die Volksinteressen noch so wenig Beachtung gefunden
haben, weil Oestreich im Gefühl seiner eigenen Schwäche
nur eine rein negative Politik verfolgt.

Von Preußen ist für den Augenblick eben so wenig ein
Auftreten zu erwarten, weil es seine innere Entwickelung
noch nicht beendet hat, weil es keine eigene, keine preußische Politik, das heißt mit Deutschland identificirte Politik
besitzt, weil es sich von fremden Einwirkungen noch nicht
frei zu machen verstanden hat und nicht erkennen will, daß
diese nur darauf berechnet sind Preußens Macht zu schwächen,
seine Stellung zu lockern und es zu hindern durch die innige
Vereinigung mit seinem Volke sich, frei von jeder Tendenz
nach einer Hegemonie, dennoch eines großen moralischen Einflusses auf Alles anzueignen, was die deutschen Zungen
reden.

---

*) Deutschlands politische Verfassung bildet jetzt eine Zweiheit oder
eine Dreiheit oder eine Achtunddreißigheit, nur das einzige nicht,
was ihm Noth thut, eine Einheit.

Wenn man auf die beiden deutschen Großmächte blickt, so läßt sich das Band Preußens und Oestreichs bildlich sehr passend mit dem Bande der Ehe vergleichen, sie machen zusammen mit dem übrigen Deutschland ein Haus, eine große Familie aus, in welchem auch die majorenn gewordenen Söhne des Hauses wohnen. In dieser Ehe ist Preußen die Stelle des Mannes, Oestreich die der Frau angewiesen, allein es geht in dieser Ehe wie in so vielen anderen, in welchen die Frau durch beständige Negationen die Thatkraft des Mannes lähmt und zugleich die Eifersüchtige spielt.

So lange Preußen sich noch von auswärtigen Eindrücken influiren lassen sollte, so lange es die tieferliegenden Motive der Rathschläge verkennt, die ihm ertheilt werden, so lange es noch den Vorstellungen deutscher Fürsten Gehör schenkt, die Preußens Einheit zu fürchten thöricht genug sind und so lange es nicht den Entschluß faßt, in seinem, Deutschlands und Europa's Interesse eine selbstständige, den höheren Anforderungen der Zeit entsprechende, Politik mit Klugheit und Entschlossenheit zu verfolgen, und Oestreich, welches sich nicht von ihm scheiden lassen kann, zwingt sich diesem anzuschließen, bleibt die Begründung eines europäischen Friedensbundes höchstens ein frommer Wunsch.

Aber diese Ueberzeugung soll uns doch nicht abhalten, unsere Gedanken weiter zu entwickeln, denn theils muß die Idee stets der Ausführung vorangehen, anderntheils ist nicht zu berechnen, welcher Zwischenfall eintreten, welcher electrische Funken Preußen und Deutschland durchzucken kann und wie bald sich der Stand der Dinge ändern möge. Ist die Ansicht, welche wir verfechten, eine richtige, daß die Volks= politik sich in Europa immer mehr und mehr Bahn brechen werde, hat sich die Intelligenz mehr über die Masse der Nation verbreitet, wozu Aussicht vorhanden, ist eine richtige Erkenntniß der eigenen wahren Interessen allgemeiner ge= worden, begreift man, daß im inneren und äußeren Frieden das Glück der Völker liege, und erkennt man erst in den destructiven Geistern der radikalen Schwätzer, die innere kriegslustige Partei, wie in den Russen und Franzosen die äußeren an, dann wird die Friedenspolitik von der größten der Mächte, der öffentlichen Meinung, ausgehend, sich auch ihrer Fürsten bemächtigen. Jedenfalls erfüllt der politische Schriftsteller seine Pflicht, wenn er die Aufmerksamkeit auf die großen Interessen des Landes und die Mittel diese zu sichern und zu fördern, leitet.

Es wird nicht nöthig sein, hier weitläuftig auszuführen, daß ein fester, dauernder Frieden für alle Völker der Erde wünschenswerth sei und wie sich in der Erhaltung desselben alle geistigen und materiellen Interessen vereinigen. Inzwi= schen ist der Krieg selbst an und für sich keineswegs so unheilvoll als man sich ihn denken mag, im Gegentheil er kann selbst sehr heilsam werden. Ein Krieg wirkt unter Umständen oft balsamisch auf die Erweckung der Lebensthä= tigkeit, heilt eine Menge Krankheiten, in welche der mensch= liche Geist durch zu lange Ruhe versinkt und kann einem Volke die geschwächte Energie wieder geben. Dem Gewitter gleich, welchem sehr schwüle Tage vorausgegangen sind,

die die Nerven der Menschen erschlafft haben und diesen
nun durch die Reinigung der Luft ihre Spannkraft wieder
geben, so reißt der Krieg die Menschen aus der Verweich=
lichung heraus, in die sie zuweilen körperlich und geistig
versunken, erweckt und stärkt die geistige Thätigkeit, zwingt
die Menschen wider Willen groß zu werden, ihre höhere
Bestimmung zu erfüllen und heilt sie von den Krankheiten
der Ruhe; als da sind: Schlaffheit, Philantropie, religiöse
Schwärmerei, politische Ueberspannung und Administrations=
Luxus und dergleichen mehr.

Die Richtigkeit dieser Behauptung bestätigt die Geschichte
und die Gegenwart überführt uns alle Tage davon. Der
Krieg, den die Vorsehung als ein trauriges, aber noth=
wendiges Erschütterungs=Mittel anwendet, um die Menschen,
wenn sie von ihrer höheren Bestimmung abweichen, dieser
wieder zuzuführen, bleibt daher ein nothwendiges Uebel, we=
nigstens so lange den Menschen die Kraft und der Wille
fehlt, vernünftig zu sein und so lange sie nur durch starke
Heilmittel auf den rechten Weg zurückgeführt werden können.
Allein der Krieg ist, wie das Gewitter und selbst wie die
Revolution, nur als ein Correctionsmittel zu betrachten,
nur als ein Fieber, was den kranken Stoff auswirft; aber
ein fieberhafter Zustand darf nie der normale werden, wie
er es seit Jahrhunderten fast ununterbrochen gewesen ist.

Bei der bisherigen Gestaltung der Organisation der
Gesellschaft ist der Kriegszustand, wie gesagt, der normale
geworden, denn ein bewaffneter Friedenszustand ist ein fort=
gesetzter Krieg, der des nützlichen Einflusses eines Krieges

entbehrt, der die Völker lähmt, die Abgaben verzehrt und
den kernhaftesten Theil des Volks den früchtebringenden Be=
schäftigungen entzieht. Unbegreiflich ist es, daß ein Uebel=
stand, wie der ist: große stehende Heere zu halten und da=
durch die Abgabenfähigkeit der Völker zu erschöpfen, die
Staaten mit Schulden zu belasten, den kräftigsten Theil des
Volks in Unthätigkeit zu versetzen, eine große Zahl aus den
höheren, intelligenteren Ständen als Exercier=Meister zu ver=
wenden, Jahrhunderte hindurch hat bestehen können, und
daß es dahin gekommen ist, daß dieser halbe Kriegszu=
stand ein unvermeidlicher geworden sei, so lange er nicht
durch eine weise Politik und durch eine zweckmäßige Verei=
nigung der überwiegenden Mehrzahl der europäischen Mächte
abgeschafft wird.

So entschieden es nun ist, daß in der noch bestehenden
Nothwendigkeit, große stehende Heere zu halten, eine Hem=
mung der materiellen Entwickelung der Völker liege, so wird
es nun vor Allem darauf ankommen zu untersuchen, durch
welche Mittel eine Abhülfe möglich gemacht werde.

Vorhin ist nachgewiesen, daß mit wenigen Ausnahmen
die meisten europäischen Staaten ganz der Friedenspartei
angehören, und daß es mithin von dem festen Willen der=
selben und ihrer Vereinigung abhängen werde, den Frieden
zu proklamiren, und wenn er nicht allgemein angenommen
werden sollte, diesen zu erzwingen. Daß die Einladung dazu
nur von dem großen deutschen Fürstenbunde in Uebereinstim=
mung mit England ausgehen könne, liegt in der Macht
und in der geographischen Lage dieser Großmächte. Daß

Frankreich, wenn es sich von dem festen Willen dieser Groß=
mächte überzeugt, die Friedenspolitik zur Basis der europäi=
schen Politik zu machen, sich ausschließen sollte, ist, so lange
Louis Philipp regiert und die Friedenspartei die Oberhand
hat, nicht unwahrscheinlich, um so weniger, da dieser An=
schluß im eigenen Interesse liegt und bei der Uebermacht der
Coalition jede Hoffnung auf Eroberungen schwindet. Un=
wahrscheinlicher dagegen ist es, daß Rußland sich fügen werde,
da diesem im Interesse des künftigen Friedens Bedingungen
vorgeschrieben werden müßten, zu welchen es sich vielleicht
nicht bequemen würde, auf die wir weiterhin bei der noth=
wendigen, künftigen, festen Gruppirung der europäischen
Staaten zurückkommen werden.

Wenn es je eine hohe, wichtige Veranlassung zu einem
großen europäischen Congreß gegeben hat, so würde es die
sein, einen europäischen Bund zu schließen und ein Gesetzbuch
zu entwerfen, nach welchem in der Folge alle europäischen
Streitfragen entschieden werden müßten.

Die Präliminar=Verhandlungen eines solchen Congresses,
nachdem man die Erhaltung des Friedens und nöthigenfalls
die Erzwingung eines solchen mit der ganzen Militairmacht
des Bundes als Vorbedingung gestellt habe, würden dahin
gerichtet sein müssen: alle diejenigen Streitfragen zu erledigen,
die in der Zukunft zu einer neuen Störung des Friedens
führen könnten. Dahin gehört die Zukunft Polens und der
europäischen Türkei und eine gewisse Ordnung der Ver=
hältnisse Italiens.

Ein fernerer wichtiger Gegenstand würde die Vereinigung

betreffen, bis auf welche Zahl die stehenden Heere der ein=
zelnen Staaten vermindert werden müßten, und in wie weit
diese durch eine Volks = Bewaffnung zu erseßen sei; endlich
welche Contingente die einzelnen Mächte im Fall des Friedens=
bruches zur Herstellung desselben und zur Züchtigung des an=
greifenden Theils zu stellen hätten. Der erste Paragraph
des Gesetzbuches müßte die Garantie des status quo aller
Glieder des Bundes enthalten, und die Unverletzbarkeit ihrer
Gränzen, Rechte und Freiheiten allen übrigen Völkern Eu=
ropa's gegenüber; der zweite die Bestimmung, daß alle
Streitigkeiten, die geringeren durch Schiedsgerichte, die wich=
tigeren durch Congresse entschieden werden sollten, daß sich
Alle und jeder Einzelne dem Ausspruche der als competent
anerkannten Behörden unbedingt unterwerfen müßten, mithin
in dieser Beziehung jede einzelne Macht seiner unbedingten
Freiheit zu Gunsten der gemeinschaftlichen, anerkannten
Bundesgesetzgebung entsagte.

Ein dritter Paragraph, dessen Bestimmung nothwendig
aus dem ersteren folgt, würde dahin lauten, daß jede
Selbsthülfe als Friedensbruch, ohne Rücksicht auf die Ge=
rechtigkeit der Veranlassung zurückgewiesen und bestraft wer=
den müßte, weil es ein Heraustreten aus dem Bunde
bezeichnen würde, und dieses einer Kriegserklärung gliche.
Eine jede Vermehrung der Kriegsmacht über die bundes=
mäßigen Bestimmungen hinaus würde als Kriegsrüstung an=
zusehen sein, und wenn sie nicht sofort nach erfolgter Auf=
forderung eingestellt würde, zu überwiegend größeren Rü=
stungen den Bund berechtigen, welche zu ersetzen der schuldige

Theil selbst für den Fall, wenn es auch nicht zu einem wirklichen Kriege käme, schuldig bliebe. Doch es würde ein thörichtes Unternehmen sein, hier auf die Grundzüge einer Friedensbund=Gesetzgebung weiter eingehen zu wollen; nur sei es erlaubt noch einen Gegenstand hervorzuheben, der, wie so unzählig viele andere den Beweis führen, auf welcher niedern Stufe der socialen Verhältnisse die Völker noch zu einander stehen.

Europa ist nämlich in neuester Zeit Zeuge davon gewesen, wie leicht bei der gereizten Stimmung des französischen und englischen Volkes, und bei der Eifersucht beider Nationen gegen einander die geringfügigste Begebenheit die Veranlassung zu einem Kriege werden könne, welchen für diesmal die französischen und englischen Minister vernünftig genug gewesen sind abzuwähren, daß wir die Otaheitische Differenz im Sinne haben, darf wohl nicht weiter erwähnt werden. Im höchsten Grade beunruhigend muß es jedenfalls erscheinen, daß die Taktlosigkeit eines Schiffslieutenants gegenwärtig die Wohlfahrt zweier großen Völker in Gefahr zu bringen vermag.

Bei der großen Verletzbarkeit der Franzosen im vermeintlichen Punkte der National=Ehre und bei der Zweideutigkeit des Begriffs von zureichender Genugthuung ist der Frieden jetzt keinen Augenblick gesichert, wenn solche und hundert ähnliche Fälle, die eintreten können, nicht für die Zukunft durch einen gemeinschaftlichen Vertrag der Völker einem schiedsrichterlichen Spruche unterzogen werden, durch welchen die Ehre der Betheiligten vor ganz Europa gerecht=

fertigt wird. Das Leben von vielen Tausenden und das
Eigenthum von vielen Millionen Menschen verdient doch
wohl so viel Beachtung sie davor zu schützen, daß nicht
irgend ein kriegslustiger Minister den unbedeutendsten Vorwand ergreife, die Kriegsfackel anzuzünden?

Schwieriger noch, als die Begründung eines Friedenszustandes auf dem Continent, scheint es zu sein, diesen auch
auf dem Meere zu sichern. Die besonderen Verhältnisse Englands und sein Uebergewicht zur See, welches so groß ist,
daß es den Kampf zugleich mit den Flotten aller übrigen
europäischen Mächte aufzunehmen vermöchte, machen hier den
physischen Zwang unanwendbar, wenigstens bis dahin, daß
Spanien und Portugal eine Flotte besitzen und wieder in der
Reihe der europäischen Mächte einen Rang einnehmen; dazu
kommt, daß man England eine Verminderung seiner Kriegsflotte um so weniger anmuthen kann, als es einer solchen
zum Schutz seiner ausgedehnten Besitzungen und seiner über
alle Meere verbreiteten Handelsmarine bedarf, und ganz besonders durch seine Verhältnisse zu den amerikanischen Freistaaten eine große Flotte zu halten gezwungen ist, als über
kurz oder lang der Kampf mit dieser Republik unvermeidlich
scheint, selbst wenn England in der Streitfrage wegen des
Oregon-Gebiets und des Anschlusses von Texas sich nach-
giebig beweisen wollte.

So wenig Mittel nun auch vorhanden sind, England
zur See Gesetze vorzuschreiben und mit äußerer Gewalt zu
zwingen, sich den Anforderungen der Gerechtigkeit und Billig-
keit gegen andere Völker zu unterziehen, so fragt es sich: ist

überhaupt ein solcher physischer Zwang nöthig und ist England nicht durch seine eigenen wohlverstandenen Interessen
und durch seine Handelspolitik an die Erhaltung des Friedens
geknüpft? Dies scheint unbedingt der Fall zu sein, denn
England nimmt in dieser Beziehung auf dem Meere dieselbe
Stellung ein, wie der deutsche Fürstenbund auf dem europäischen Continent. Seine ganze Stellung, seine Macht und
Interessen berufen es, der Friedens-Garant zur See zu sein.

England ist zugleich ein Handels- und Manufactur-
Staat, es kann ohne den Flor seiner Fabriken seine zahlreiche Bevölkerung nicht ernähren, ihr Untergang würde in
England zu einem Aufstande der großen, brotlos gewordenen
Masse des Volks führen, oder es zu einer Uebersiedelung
nach den Colonien zwingen. Durch den Verfall seiner Fabriken würden sich in England die Staatseinkünfte so vermindern, daß es sich der bedenklichsten finanziellen Crisis und
deren Folgen kaum zu entziehen vermögen würde. Hierdurch
und durch eine starke Verminderung seiner Bevölkerung
könnte die allerverderblichste Rückwirkung auf den Ackerbau
nicht ausbleiben.

Für die Blüthe des Handels und der Fabriken ist aber
der Frieden Bedingung, Englands höchstes Interesse ist daher die Erhaltung desselben. Ist dieses schon im Allgemeinen wahr, so würde es noch viel mehr der Fall sein, wenn
ein europäisches Friedensbündniß bestände und England dann
das übrige Europa zwänge, sich ihm gegenüber zu stellen.
England kann Europa weit weniger entbehren, als dieses
jenes. In einem solchen Conflict würde England zwar den

Seehandel von Europa fast ganz hemmen und es eines gro=
ßen Theiles seiner Handelsmarine berauben, allein es ver=
möchte nicht zu hindern, daß Nordamerika dann Europa mit
Colonial=Waaren versorgte, es sei denn, daß es sich auch
mit ihm auf einen Krieg einlassen wollte. Ja England
könnte Europa zu seinem eigenen Verderben zwingen, sich
des Genusses der Colonial=Waaren theilweise zu enthalten,
aber es würden dagegen die europäischen Fabriken den Ab=
satz erben, den die englischen jetzt auf den Continental=Märk=
ten haben. Mit einem Worte, Europa würde leiden, Eng=
land aber durch den verlorenen Absatz seiner Manufacturen,
seiner Colonial=Waaren und durch die Unterbrechung seines
Handels=Verkehres zu Grunde gehen. *) Diese Ansicht ist
um so richtiger, da England wegen der außerordentlichen Höhe
seiner Industrie so unendlich mehr durch die Vernichtung der=
selben erschüttert wird, als diejenigen Länder, wo diese noch
auf einer niedrigen Stufe steht.

Der Britte kennt zu gut sein Interesse, um sich kleiner
Vortheile wegen, oder um seinem Stolz zu fröhnen, in solche
Gefahren stürzen sollte, zumal wenn er wüßte, daß der Con=
tinent einig wäre, ihm ein fester Wille gegenüberstünde, und

---

*) Manche werden dieser Ansicht widerstreiten und zum Beweise an=
führen, daß die von Napoleon angeordnete Continental=Sperre kei=
nen entscheidenden Effect gehabt habe; allein es darf nicht über=
sehen werden, daß diese im Wiederstreit mit den Interessen der
übrigen europäischen Staaten erzwungen werden sollte, und daher
allenthalben, unter Mitwirkung der Regierungen selbst, umgangen
ward.

nicht mehr eine bloße Cabinets-Politik, der es zuweilen an Einsicht und Entschluß fehlt.

Wenn daher England gegenüber auch kein physischer Zwang besteht, so ist doch der moralische um so stärker. Mit der Annahme eines Friedens-Systemes auf den Meeren würde in dem englischen Volke selbst eine Controlle der Erhaltung desselben bestehen, wie jetzt in dem deutschen, welches jede Eroberung haßt.

Gleichwie nun über die Sicherung des Friedens auf dem Continent ein Bund der Völker empfohlen worden ist, so würde auch eine feste Vereinigung über die Rechtsverhältnisse auf dem Meere und über die Beseitigung etwaniger Conflicte geschlossen werden müssen. Eine große Schwierigkeit dabei findet sich in der Bestimmung über das Colonisations-System der einzelnen Staaten. Auch hier würde die Garantie der schon bestehenden Colonien und ihre Unantastbarkeit zu den Präliminar-Punkten gehören, sowie die Ausdehnung, welche diesen ohne Weiteres von den sie jetzt besitzenden Staaten gegeben werden dürfte.

Eine andere wichtige Frage würde sich dahin richten: welche Landstriche der übrigen vier Welttheile noch dem künftigen Colonisations-Bedürfnisse derjenigen Staaten reservirt bleiben sollten, bei welchen ein solches für den Augenblick noch nicht eingetreten ist. In diesem Punkte, wie bei dem vorigen, würde die allgemeine Förderung der Civilisation das welthistorische Mandat der einzelnen Völker, die Basis, abgeben. Als ein Ehrenpunkt für Europa und als Sache der Menschheit müßte die Abschaffung der Sclaverei in allen

Welttheilen betrachtet, und der Sclavenhandel, ohne Rücksicht wer ihn treibt, Amerika nicht ausgenommen, verboten, zugleich England und Frankreich gemeinschaftlich die Ausführung eines solchen Beschlusses Europa's übertragen werden.

So schwierig nun die Begründung eines solchen allgemeinen Friedens-Systemes auch sein mag, so wird doch Niemand verkennen können, welchen unendlichen wohlthätigen Einfluß diese auf die Wohlfahrt der Völker und auf die Sicherung gegen künftige Kriegsgefahren haben würden. Soll der Frieden aber ein dauernder sein, soll Europa sich der Segnungen desselben erfreuen und der großen Wohlfahrt theilhaftig werden, sich ohne Gefahr entwaffnen zu können, so müssen vorher die Controversen, die noch bestehen, gelöst, alle schwebenden Streitfragen entschieden und diejenigen Verhältnisse geordnet werden, die, wenn dies nicht geschieht, Europa bedrohen und den unvermeidlichen Keim zu künftigen Verwickelungen und Kriegen enthalten.

Vor Allem verdient die Stellung Rußlands zu Europa, wenn man die Zukunft ins Auge faßt, die höchste Berücksichtigung. Vorhin ist schon die Politik, welche dessen Autocrat verfolgt, umständlich entwickelt und gezeigt, daß, so geschwächt Rußland auch noch in diesem Augenblicke Europa gegenüber dasteht, diese Schwäche sich leicht in ein Uebergewicht verwandeln könne, wenn erst die Polen russificirt sein werden, in der Bevölkerung der Ostsee-Provinzen sich die germanischen Gesinnungen verloren haben und die Erbschaft des türkischen Kaisers in Europa Rußland zugefallen wäre.

Es ist ferner darauf hingedeutet, wie die ganze Politik

des Czars dahin gerichtet sei, auch seine kirchliche Obergewalt immer mehr zu befestigen, und wie es seine Macht verstärken würde, wenn es ihm gelingen sollte, die Russen in dem Glauben zu erhalten, er sei auch das, ihnen von Gott gegebene geheiligte Haupt ihrer Kirche. In welche Gefahr würde aber die Civilisation von Europa gerathen, wenn Rußland, gehörig gestärkt, seine Eroberungen nach Westen fortzusetzen sich bemühte. Es würde dann bei glücklichem Erfolge Deutschland die Knute, den Deutschen die Aussicht auf Sibirien, und der Civilisation einen Sarg bringen. Die Geschichte belehrt uns zwar, daß, wenn rohe Völker civilisirte unterjochen, sie von diesen die Cultur annehmen; wollte man daraus folgern, daß sich dieselbe Erscheinung bei dem weiteren Vordringen der Russen wiederholen würde, so befände man sich im Irrthume; zu solchen rohen Völkern gehört Rußland nicht, denn bei ihm mischt sich Rohheit und bereits eingetretene Ueberfeinerung, und dadurch wird es um so gefährlicher.

Die vorstehenden Betrachtungen sind stark genug, um Europa an seine zukünftige Sicherung zu mahnen; Oestreich, Preußen und Deutschland sind zunächst bei der Befestigung des Friedens betheiliget, wollen sie aber eine Bürgschaft für die Erhaltung alles dessen, was ihnen heilig ist, wollen sie die Sicherung der Throne ihrer Fürsten, die Unverletzbarkeit ihres Gebiets, die Sicherung des Glaubens, der Person, der Freiheit, der sittlichen Zustände, so müssen sie zur rechten Zeit die Vormauern wieder aufbauen, die Europa früher gegen den Andrang der Asiaten schützten. Noch von einer anderen Seite ergeht hierzu eine Aufforderung, als ein Akt der Gerechtigkeit und der Menschlichkeit, an alle mächtigen und civilisirten Völker Europa's, die volle Beachtung verdient.

Der bei weitem zahlreichste Stamm der Bevölkerung von Europa ist der slavische; dieser ist in die tiefste Sclaverei gerathen und durch die Länge der Zeit, in welcher er unter dem, zum Theil tyrannischsten Drucke der verschiedenen Regierungen schmachtete, so tief herabgesunken, daß er die unterste Stufe der Cultur einnimmt und sich zum Theil auf der letzten des Erdenglückes befindet. Diese größte und unglücklichste Völker=Familie unseres Continents aus ihrer bedauernswürdigen Lage herauszureißen, sie wieder zu Menschen zu erheben, ihre physische und geistige Lage zu verbessern, wäre eine würdige Aufgabe unserer Zeit. Ohne alle Uebertreibung kann man behaupten, daß die unteren Klassen der slavischen Bevölkerung in Polen, in der Türkei, in Galizien und selbst theilweise in den östreichischen Gränz=Provinzen längs der Türkei in einer traurigeren physischen und moralischen Beschaffenheit sich befinden, als die Negersclaven in Amerika und in den westindischen Colonien, denn mit diesen hat man doch Erbarmen; jene zu Menschen zu erheben und ihnen eine menschliche Existenz zu verschaffen, daran denkt Niemand. Soll ihre Lage verbessert werden, sollen sie wieder einen Platz unter den großen europäischen Volksstämmen einnehmen, so ist das durchgreifendste Mittel dazu, wieder ein selbstständiges Slaven=Reich zu errichten und zwar unter Bedingungen, die geeignet sind, dessen Bevölkerung mit der Zeit geistig zu erheben und ihnen eine bessere Existenz zu sichern.

Keine der von Slaven bewohnten Provinzen ist aber geeig=
neter dazu, als Polen; einmal, weil dies auf die Verbesse=
rung der stammverwandten Bevölkerung in allen es umge=
benden benachbarten Provinzen einen entschiedenen Einfluß
auf die Regierung wie auf die Regierten haben würde, und
zum Andern, weil damit zugleich ein großer politischer Zweck,
den wir oben berührt haben, verbunden wird.

So gewiß es nun ist, daß zur Sicherung der künftigen
Wohlfahrt Deutschlands und eines festen Friedenszustandes
die Herstellung Polens als eines selbstständigen, unabhängigen
Reichs nöthig sei, eben so gewiß ist es, daß außer den po=
litischen Gründen, die immer die überwiegenden sind, auch
noch ein rechtlicher bestehe. Rußland hat durch den Wiener
Tractat Polen nur unter der Bedingung zugetheilt erhalten,
aus diesem ein selbstständiges Königreich mit ständischen In=
stitutionen zu bilden und es nicht Rußland einzuverleiben.
Diesen Tractat hat es gebrochen, und der Vorwand, unter
welchem es geschehen, rechtfertigt ein solches Verfahren kei=
neswegs.

Ob die Polen Ursache hatten, den Versuch zur Abschüt=
telung des russischen Jochs zu machen, oder ob keine zurei=
chende bestand, ist hier ganz gleichgültig. In vollem Rechte
befand sich Rußland, den Aufstand durch Waffengewalt zu
unterdrücken und die Anstifter menschlich zu bestrafen; allein
es mußte nach vollständiger Beruhigung des Landes die Re=
gierung auf den durch die Wiener Congreß=Acte bestimmten
Fuß wieder herstellen. Der Aufstand der Polen löste die

von Rußland gegen die übrigen europäischen Großmächte eingegangenen Verpflichtungen keineswegs, und mit vollem
Rechte können diese es der Verletzung des Abkommens beschuldigen; ja was noch mehr ist, Rußland hat durch die
Einverleibung Polens mit dem russischen Reiche und durch
die tractatwidrige Behandlung des polnischen Volks den
Rechtstitel seines Besitzes eingebüßt, und die vier Großmächte
sind vollkommen befugt, anderweitig über dieses Königreich
zu disponiren, oder wenigstens, wenn man einen Krieg zu
vermeiden suchen wollte, die Bedingungen vorzuschreiben, unter welchen Rußland es wieder herzustellen gezwungen werden müßte. Als die für Rußland günstigsten würden die zu
betrachten sein: den Kaiser aufzufordern, Polen als ein
selbstständiges Königreich seinem Schwiegersohne, dem Herzog
von Leuchtenberg, abzutreten, und zugleich diesem die Verpflichtung aufzuerlegen, der polnischen Nation eine ständische
Verfassung zu ertheilen, die Erbunterthänigkeit aufzuheben
und den unteren Volksständen, wie allen übrigen, einen gesicherten Rechtszustand zu gewähren. Zugleich müßte Polen
von allen Mächten als ein neutrales Land anerkannt und
jede Verletzung seiner Gränzen durch fremdes Militair für
eine Kriegs-Erklärung gegen das übrige Europa erklärt
werden, auch dessen Regenten vor Allem die Verpflichtung
übernehmen, sich jedem Einmarsche zu widersetzen, er komme
von welcher Seite er wolle. Hierdurch würde eine Scheide-
wand zwischen Rußland und Deutschland gezogen werden,
die jenes von dessen Gränzen entfernte, und im übrigen Rußland, in seinem wohlverstandenen Interesse, einst ebenso

heilsam werden könnte, als es zur Erhaltung des allgemeinen Friedens beitragen würde.

Wollte Rußland sich darüber beschweren, daß man in den Forderungen weiter gehe als die Bestimmungen der Wiener Congreß-Acte es vorschreiben, so würde ihm zu erwidern sein, wie es selbst diese gebrochen und eine wie geringe Bürgschaft für die Erfüllung der Verträge bestehen, wenn russisches Militair Polen besetzt hält. Ob Rußland sich überhaupt Bedingungen dieser Art vorschreiben lassen würde, ist zweifelhaft und im Interesse Europa's vielleicht kaum zu wünschen, denn es würde diese gezwungene Abtretung Polens an einem aus deutsch-französischem Blute entsprossenen, mit der Tochter des Czars vermählten, Prinzen immer nur eine halbe Maßregel bleiben. Nach unserer festen Ueberzeugung würde nur ein Krieg vermögend sein die jetzt bestehenden Verhältnisse des Ostens von Europa gründlich zu ordnen, nur durch die Gewalt der Waffen wird früher oder später das künftige Schicksal Polens, der Türkei und der jetzigen russischen Ostsee-Provinzen geordnet werden können, nur durch Waffengewalt wird Rußland von Europa zurückgedrängt und zu dessem eigenen Heile gezwungen werden können, seinen welthistorischen Beruf zu erfüllen und die Sümpfe Polens und das mit Landseen bedeckte Finnland, mit den schönen Thälern Persiens — Warschau, Wilna und Riga gegen Teheran und Jspahan zu vertauschen, um das unter dem 60. Grade von Petersburg eisig gewordene Herz unter dem 35. Grade von Teheran wieder zu erwärmen.

Daß ein Krieg kein so großes Unglück, sondern oft ein

Bedürfniß sei, ist oben gezeigt, und wir müssen noch hinzu= fügen, daß ein Krieg, geführt, um den Völkern ihre heilig= sten Güter zu schützen, ihrer höheren Bestimmung entgegen zu führen, und vor Allem um einen dauernden Frieden zu sichern, und den bewaffneten Frieden unnöthig zu machen, ein heilsamer, ein die Menschheit beglückender werden könne. Mit Beziehung auf den gegenwärtigen Fall ist bestimmt vorauszusehen, daß er über kurz oder lang ein unvermeid= licher sei, und daß mithin die Staatsklugheit rathe, den noch günstigen Zeitpunkt zu dessen Führung zu wählen, um den Kampf weniger hartnäckig zu machen, die Dauer und die Opfer zu vermindern, die er kosten wird. Vor Allem ist es aber nöthig, daß aus ihm nicht ein wilder Brand ent= stehe, der Europa in Flammen setze, sondern daß er mit vollem Bewußtsein und in Uebereinstimmung mit den übrigen Großmächten unternommen werde, und man sich vorher über diejenige Gestaltung der Verhältnisse im Osten vereinige, welche für die allgemeine Wohlfahrt die zweckmäßigste sei, freilich eine schwierige Aufgabe.

Die Herstellung des alten Polens würde bei allen Mäch= ten, England und Frankreich nicht ausgenommen, den mei= sten Anklang finden, und die Wiedererrichtung einer der alten Vormauern gegen Rußland und die Gründung eines Slavenreichs höchst populär in ganz Europa und namentlich in Deutschland sein.

Die Abtretung Galiziens von Seiten Oestreichs gegen Entschädigung kann, wenn dieses sein eigenes Interesse zu würdigen weiß, keine Hindernisse darbieten. Oestreich ist es, welches vor Allem von Rußland bedroht wird; dazu kommt, daß Galizien Oestreichs Macht ganz entschieden schwächt und unter den vielen politischen Fehlern, die Oestreich begangen, steht der mit in erster Reihe, früher in die Theilung Polens gewilligt und Galizien als Geschenk angenommen zu haben; nur mit seiner damaligen Schwäche, es nicht hindern zu können, ist dies zu entschuldigen.

Was das Herzogthum Posen betrifft, so kann Preußen es nicht abtreten, das Verhältniß dieser Provinz zu Preußen ist auch ein ganz anderes als das Galiziens zu Oestreich. Posen hat jetzt schon eine stark gemischte Bevölkerung polnischen und deutschen Ursprungs. Die dortige Bevölkerung befindet sich in einem glücklichen, ganz gleichen Verhältniß mit der der übrigen Provinzen der preußischen Monarchie und kann materiell durch die Trennung nur verlieren, Nichts gewinnen und was vor Allem entscheidet, die preußische Monarchie bedarf der Grundfläche Posens zur Verbindung des Königreichs Preußens mit Schlesien und um eine festere militairische Stellung nach dieser Seite hin zu bekommen; zudem ist die Provinz zu unbedeutend, um je ernstliche Befürchtungen Preußen einzuflößen. Preußen kann mithin Posen nicht abtreten, würde aber keine Veranlassung haben bei Errichtung eines Polen-Reichs der Auswanderung nach diesem, Schwierigkeiten entgegen zu stellen. Inzwischen giebt es eine Chance, wo es gerathen scheint, den Besitz von Posen aufzugeben. Ein solcher Fall würde eintreten, wenn Preußen allein in einen Krieg mit Rußland verwickelt werden sollte und nun zu seiner eigenen Sicherung von Posen aus die Herstellung Polens unternehmen müßte. In diesem Falle würde ein Heer von 200,000 Mann, einen preußischen Prinzen an der Spitze und eine Verfassung in der Hand, das sicherste Mittel zum Zwecke sein und Rußland in eine sehr mißliche Defensive versetzen.

Ein anderer wichtiger Punkt der Verständigung unter den Mächten, wenn Rußland zum Kriege kommen sollte, würde der sein: wem die Krone Polens zu übertragen wäre. Einen polnischen Edelmann an die Spitze zu stellen, es wieder zu einem Wahlreich zu machen, den alten Unsinn zurückzuführen, die Erbunterthänigkeit und die polnische Knute beizubehalten, würde eine Art von Wahnsinn andeuten, davon könnte vernünftiger Weise daher nicht die Rede sein. Aber wem sonst sollte die Krone übertragen werden, einem östreichischen oder preußischen Prinzen? dagegen würden die übrigen Großmächte protestiren, die Wahl könnte daher nur auf einen deutschen Prinzen fallen. Da nur Deutschland die Unabhängigkeit Polens gegen künftige Angriffe zu schützen vermag. Weder Oestreich noch Preußen können es aber zugeben, daß sich in Polen jemals eine Macht bilde, die sich mit Frankreich verbündet und bei einem möglichen Kriege mit diesen, ihnen ein Feind oder zweideutiger Freund im Rücken ließe.

Wenn aber einst ein Feldzug der vereinigten Großmächte im Interesse des europäischen Friedens gegen die Bestrebungen Rußlands nach einer Hegemonie über Europa herbeigeführt werden sollte, so würde dies ein Gegenstück der Schilderhebung gegen die Universal-Herrschaft des

Kaiſers Napoleons ſein, der Kampf aber weniger ernſt werden können, denn ein Bundesheer von 150,000 Mann auf Warſchau und Moskau, ein zweites gleich ſtarkes öſt=reichiſches von Lemberg aus auf Moskau dirigirtes und ein ebenſo ſtarkes preußiſches, eine gute Reſerve im Rücken, von Oſtpreußen aus auf Petersburg gerichtetes, würden Rußland bald zur Nachgiebigkeit zwingen, und dies um ſo mehr, wenn gleichzeitig eine engliſche Flotte gegen Kronſtadt und Peters=burg, eine franzöſiſche gegen die Häfen der Krimm im ſchwarzen Meere operirte.

Doch ſollte Rußland durch das Syſtem, welches es ſeit Peter dem Großen mit ſo vieler Conſequenz verfolgt, Europa zwingen es aus ſeiner bis im Herzen von Europa vorge=ſchobenen Poſition heraus zu drängen, ſo könnte man es durch den von den Mächten garantirten Beſitz Perſiens ſehr reichlich entſchädigen. Sollte England ein ſolches Vordringen Rußlands in Mittelaſien beunruhigend für ſeine Beſitzungen in Oſtindien erſcheinen, ſo iſt zu berückſichtigen, daß England jetzt Rußland nicht verhindern kann, nach dieſer Seite hin ſeine Eroberungen zu verfolgen, daß dann aber Rußland von Europa aus gezwungen werden könnte, ſo weit und nicht weiter zu gehen als der europäiſche Friedensbund es zu erlauben beſchloſſen hätte, mithin England hierin eine Bürg=ſchaft mehr gegen Rußlands etwanige eroberungsſüchtigen Pläne auf Oſtindien beſitzen werde.

Gern wollen wir zugeben, daß der eben entwickelte Plan, ſowie die nachfolgenden, ſo rund ſie ſich hier auf dem Pa=pier ausnehmen mögen, eben ſo fern von der Verwirklichung stehe; denn diese setzt voraus, daß in Europa die wahren Volksinteressen richtig erkannt werden und Einfluß haben, daß die Friedenspolitik die vorherrschende geworden sei, und man den Muth habe, sie durchzuführen und ihr momentane Opfer zu bringen; von alle dem sind wir noch weit entfernt. Inzwischen liegt hierin kein Grund mit der weiteren Entwickelung unserer Ansichten zurückzuhalten, denn die Gedanken müssen immer viel früher geboren werden, ehe sie zur Ausführung kommen und sind sie gut, liegt in ihrer Verwirklichung die Erfüllung eines dringenden Bedürfnisses oder liegt in ihnen ein großer Fortschritt in der Entwickelung der Völker, so wird doch die Zeit kommen, wo die Worte zur That werden.

Von allen Ländern Europa's ist, nächst Deutschland, keins so sehr der ewige Zankapfel der eroberungssüchtigen Nachbarmächte gewesen, als wie Italien und es giebt auch keinen Grund anzunehmen, daß es aufhören werde der Gegenstand des Begehrens zu bleiben, so lange seine innere und äußere Schwäche dauert, und es sich nicht bemüht seine innere Kraft durch Verbesserung der materiellen und geistigen Zustände seiner Bevölkerung, die äußere durch eine Verbindung der einzelnen Theile zur Vertheidigung seiner Gränzen zu stärken. Das große Interesse, welches Oestreich an Italien nimmt, entspringt aus der doppelten Sorge, daß Frankreich sich dieses schwächlichen Staatskörpers bemächtigen werde, oder daß Aufstände ausbrechen könnten, welche die dortigen Regierungen nicht zu unterdrücken im Stande wären. Beide Befürchtungen sind, aus dem östreichischen Ge-

sichtspunkte betrachtet, vollkommen begründet; auch ist es
nicht zu läugnen, daß, welche von beiden Chancen eintreten
sollte, jede Oestreich sehr unerfreulich mit berühren würde.

Inzwischen ist das Vorbauungsmittel, welches es ge=
wählt hat, keinesweges das rechte, wie dies schon bei der
Besprechung von Oestreich nachgewiesen ist. Zwar kann in
ruhigen Zeiten die Militairmacht des Kaisers nicht nur die
unruhigen Köpfe in der Lombardei selbst, sondern auch in
den benachbarten Provinzen im Zaume halten, aber schwer=
lich wird dies möglich sein, wenn Frankreich in Italien ein=
brechen sollte, und jedenfalls liegt in dem Besitze von Ita=
lien keine Verstärkung, sondern eine Schwächung der Macht
des Kaiserstaates, denn es ist gezwungen bedeutende Trup=
penmassen und ein ganzes Heer von Polizeiofficianten, selbst
im tiefsten Frieden, dort zur Sicherung der Ruhe im Lande
zu unterhalten.

Wie im Allgemeinen, so beschränkt sich die ganze Sorg=
falt Oestreichs nur darauf, den Ausbruch des Feuers zu
dämpfen, statt die Ursachen zu entfernen, aus welchen sich
der Zündstoff entwickelt. Ein durchgreifendes Mittel, die
Italiener zufrieden zu stellen, besteht darin: sie besser zu re=
gieren, ihre materielle Wohlfahrt zu fördern. Dies versäu=
men aber die meisten Regierungen, weil sie wissen: bricht
die Unzufriedenheit des Volkes aus, so stehen uns die öst=
reichischen Bajonette zu Gebote. Darüber bleibt Alles wie
es ist und die Abneigung gegen Oestreich wird dadurch nur
vergrößert und selbst das gute Beispiel, welches dessen Re=
gierung durch sichtbare Hebung des Wohlstandes der Lom=

barbei und des venetianischen Reichs giebt, bleibt ohne Effect. Allein so wie das italienische Volk einen entschiedenen
Widerwillen gegen das östreichische Regiment zeigt, so flößt
dieses auch den italienischen Regierungen selbst Furcht ein,
weil die Schwachen den Starken stets mißtrauen.

Soll Italien eine gewisse innere und äußere Festigkeit
gewinnen, so müssen seine Fürsten ihre Unterthanen anders
regieren als jetzt, die Priesterherrschaft in Turin, der Absolutismus in Neapel, Palermo und Rom verschwinden, und
Italien sich auf ähnliche Weise wie Deutschland zur Vertheidigung ihrer eigenen Gränzen und zur Förderung ihrer
materiellen Interessen unter einander enge verbinden. Zu
Ersterem würden sich die italienischen Fürsten um so eher
entschließen, wenn ihnen wie gesagt die bequeme östreichische
Intervention nicht mehr zu Gebote stünde, ein Bündniß
unter den Fürsten wird aber nie zu Stande kommen, so
lange Oestreich noch unmittelbare Besitzungen in Italien hat,
denn die Fürsten wollen sich auf kein Bündniß einlassen, um
nicht unter Oestreichs Herrschaft zu fallen.

Im Interesse von Italien wie in dem von Oestreich und
zur Concentration seiner Macht würde nichts wünschenswerther sein, als wie Galizien, so auch Italien gegen ander-
weitige Entschädigung abzutreten und zwar als ein für sich
bestehendes Königreich an einen der Prinzen des Hauses,
der durch Geist und Kraft geeignet wäre, ein kluges Regiment zu führen.

Was Oestreich aber nie erreichen kann, wird dem unabhängigen Beherrscher des lombardisch-venetianischen Kö-

nigreichs leicht werden, ein Bündniß unter den italienischen
Fürsten zu Stande zu bringen, und während die reiche Ein=
nahme, die Oestreich jetzt aus diesem Königreich bezieht,
wieder durch den Militair= und Polizei=Aufwand verzehrt
wird, werden die Italiener zufrieden von der Fremdherr=
schaft befreit zu sein, gern und ohne militairischen Zwang
einem Fürsten gehorchen, der weise genug sein würde den
billigen Wünschen der Nation entgegen zu kommen.

Von allen Aufgaben der höheren europäischen Politik ist
die Lösung der orientalischen Frage die verwickeltste, und die
Schwierigkeiten, diese zu ordnen, steigern sich noch um Vieles,
da mit dieser eine zweite, hochwichtige Aufgabe zusammenfällt:
Oestreich, als einem der Hauptpfeiler der europäischen Frie=
dens=Partei, seine volle Kraft und seine eigentliche Richtung
wiederzugeben und es nicht nur für die Abtretung zweier
Provinzen zu entschädigen, sondern es in den Stand zu setzen,
nachdem seine westliche Gränze durch die deutschen Bundes=
genossen, seine nördliche durch Herstellung eines Zwischenreichs,
seine südliche durch Ordnung der italienischen Angelegenheiten
gesichert sind, um seine ganze Kraft dem Osten zuwenden zu
können.

Vorhin haben wir bei der Besprechung der besonderen
Verhältnisse von Rußland und Oestreich darauf hingewiesen,
in welche Lage letzteres versetzt werden würde, wenn Rußland
seinen Zweck erreichen sollte, sich in Besitz der europäischen
Türkei zu setzen. Ferner ist entwickelt worden, wie Oestreich
bisher Alles versäumt habe, sich auf die zahlreiche christliche
Bevölkerung der Türkei Einfluß zu verschaffen und sich die

Liebe und Achtung der Gränznachbaren zu erwerben, und wie die östreichische Staatsklugheit nur einzig darauf hinzuwirken sucht, die türkische Schatten-Herrschaft zu halten, was ein falsch berechnetes Unternehmen sei, da diese nicht dem Andrange Rußlands und den Auflehnungen seiner eigenen Bevölkerung auf die Länge zu widerstehen vermag.

Die Herrschaft der Türken in Europa, einzig und allein durch die Eifersucht der europäischen Großmächte getragen, wird in dem Grade eine immer mehr ephemere, als die Türken ihrem fanatischen Charakter entsagen und sich der europäischen Civilisation zuwenden. Schon sind unter russischem Einflusse die Moldau, die Wallachei und Serbien von Constantinopel so gut wie getrennt, werden von eigenen Fürsten regiert, die zwar noch von dort ihre Investitur erhalten, aber nur, wenn diejenigen, die sie erhalten sollen, Rußland angenehm sind. Griechenland dagegen, welches ebenfalls durch russische Emissaire zuerst zum Aufstand gereizt ward, bildet schon ein eigenes Königreich. Diese vier lebenden Zeugen beweisen die Ohnmacht der Türkei, und nicht minder bezeugen es die beständigen Aufstände und Unruhen im Innern der ihr noch verbliebenen Provinzen.

Die türkische Regierung mithin halten zu wollen, deutet auf eine Verkennung der dortigen Verhältnisse, und wenn Oestreich glauben sollte, sich einst mit Rußland und der christlichen Bevölkerung zu Gunsten der Türken-Herrschaft schlagen zu können, so würde es vielleicht etwas spät erkennen, welches üble Spiel es sich bereitet habe. Oestreich, will es seine Zukunft sichern, bleibt keine Wahl, es muß sich selbst

in Besitz der Türkei setzen oder sich auf einen fortwährenden
höchst nachtheiligen Kampf mit Rußland gefaßt machen, der
seine Stellung immer mehr und mehr erschüttern muß und
wird. Inzwischen wäre die Besitznahme der Türkei, die Behauptung des Landes und die Ordnung der dortigen Verhältnisse für eine jede Regierung eine höchst schwierige; für
die östreichische nur eine mögliche, wenn sie ihre Fehler einsieht und bessert.

Wenn man das Auge auf den jetzigen Stand der türkischen Provinzen und seiner Bewohner richtet, so findet man
einen chaotischen Zustand, wie es keinen ähnlichen giebt, und
der nicht allein in der Verschiedenheit des Glaubens, in dem
Festhalten so ganz von einander abweichenden Nationalitäten,
Sitten, Gebräuchen und Gewohnheiten, sondern auch in der
Beschaffenheit des Bodens und der Erwerbsrichtung seiner
Bevölkerung besteht; denn während die Bulgaren den Ackerbau treiben, ergeben sich Andere der Viehzucht, sind mehr
nomadisirend, wie die Serbier, wieder Andere verharren noch
in ihrem alten Raubsysteme, oder treiben das Kriegshand-
werk, wie die Albaneser, welche die Landsknechte der heutigen Zeit sind, die sich Jedem vermiethen, der sie dafür lohnt.
In Hinsicht des Glaubens besteht die Bevölkerung aus
Christen, Mahomedanern, Juden und Zigeunern, erstere bilden
die bei weitem größere Mehrzahl; wie groß diese sei, ist unbekannt, und alle darüber von Schriftstellern gemachten Angaben beruhen auf vage Vermuthungen, die keinen festen
Maßstab geben können. Ueber einen anderen Punkt besteht
jedoch eine ziemlich allgemeine Einigung aller Derjenigen, die

die Türkei aus eigener Anschauung kennen, darüber nämlich, daß ein großer Theil dieser christlich-griechischen Bevölkerung einen verworfenen Menschenschlag bildet, der verschmitzt, betrügerisch, wortbrüchig ist und in welchem sich alle diejenigen Laster vorfinden, die stets die Folge eines langen Drucks sind, und daß der bessere und edlere Theil der Bevölkerung aus den Osmanen bestehe.

Dieser Zustand der christlichen Bevölkerung und der entschiedene Haß der einzelnen Nachbar = Völkerschaften gegen einander verdient besondere Berücksichtigung. Wenn man sich dem Traume hingeben wollte, die Wiedergeburt der europäischen Türkei lasse sich auf die Weise bewirken, daß nach und nach sich alle einzelnen Theile mit eigenthümlicher Nationalität für unabhängig von der osmanischen Pforte erklärten, und daß dadurch die Besitzfrage beseitiget werden könnte, die der europäischen Diplomatie so viel Kopfbrechen verursacht, so würde man sich sehr verrechnet haben. Es giebt keine thörichtere und gefährlichere Annahme, als diese. Eine Bevölkerung, moralisch so tief gesunken, wie die der türkischen Christen es ist, der jede Bildung fehlt, der jeder Begriff von Administration abgeht, die keine Ahnung von einem geordneten Staate hat, kann sich nicht auf einmal moralisch, sittlich und geistig regeneriren, und eben so wenig sich selbst regieren, sondern verfällt der wildesten Anarchie und demnächst demjenigen, der die Ordnung herstellen und beschützen kann. Wer dieser sein würde, ist nicht schwer zu errathen, kein Anderer, als das Haupt ihrer Kirche, der Protector ihrer jetzigen Drangsale, der Kaiser von Rußland. Weder England noch Frankreich würden, selbst wenn ihre diplomatische Feinheit und Thätigkeit sich verzehnfachten, dies abwenden können, und die englische und französische Kriegsflotte, diese sonst allezeit fertigen Parlamentaire, finden in den Bergen der Türkei kein Fahrwasser; die silbernen und goldenen Kugeln, von Petersburg abgeschossen, erreichen dagegen selbst die höchsten Felsen-Nester Albaniens. Allein auch schon in der feindlichen Stimmung der einzelnen Volksstämme gegen einander und der Türken und Christen liegt die Unmöglichkeit, aus der Türkei ein Conglomerat von lauter einzelnen Staaten entstehen zu lassen; nur zu bald würden die kriegerischen Stämme die friedlicheren plündern und unterjochen. Soll aus der Türkei ein civilisirtes Land werden, soll eine Besserung in den sittlichen, moralischen und materiellen Zuständen seiner Bewohner eintreten, liegt dies in der Absicht Europa's, so muß die Türkei einen Oberherrn erhalten, und zwar einen mächtigen, wohlwollenden, toleranten, und dieser kann im Interesse aller europäischen Mächte, im Interesse des künftigen Friedens unseres Welttheils und im Interesse der Humanität und des Handels kein Anderer sein, als der Kaiser von Oestreich, der eine mehrfache Aufforderung erhält, hier ein zweites Slavenreich zu gründen und mit den Slaven seiner östlichen Provinzen zu verbinden.

Begreift Oestreich es, daß ihm keine andere Wahl bleibt, und dazu scheint ein ganz gewöhnliches Auffassungs-Vermögen ausreichend, so muß es die vom Schicksal den Osmanen noch gewährte Lebensfrist dazu benutzen, die Zukunft vorzubereiten und sich die Erbschaft zu sichern. Es muß sich mit Preußen

und Frankreich und England darüber im Voraus verständigen und die Bedingungen abschließen, unter welchen mit
Berücksichtigung der allgemeinen und der besonderen Interessen
die Türkei einst die seinige werden soll. Daß die Moldau
und Wallachei in ihrer jetzigen Verfassung bleibe und dann
ihre Investitur von Oestreich und nicht von Constantinopel
erhalte, scheint nothwendig; es bilden sich dadurch neue
Zwischenreiche, die die Großmächte von einander scheiden.
Oestreich wird, wenn ihm das herrliche Reich zwischen der
Donau und Neu-Griechenland bis zum Bospherus hin zu
Theil werden sollte, selbst wenn es über die kriegerischen
Bergbewohner, die es sich nicht zu unterjochen vermögend sein
wird, nur das Protectorat führt, vollkommen für den Besitz
von Galizien und des venetianisch-lombardischen Königreichs
entschädigt werden; jedoch dürfte Constantinopel nicht in
seine Hände fallen. Weder Frankreich noch England können
es zugeben, und auch Rußland nicht, daß diese Stadt und
der Bospherus in den Besitz Oestreichs übergehe.

Constantinopel, welches seit einem Jahrtausend der stolze
Sitz der Herrscher des Orients war, darf nimmermehr die
Macht behalten, den Bosphorus zu beherrschen und zu sper-
ren; aus einer Kaiserstadt müßte es für die Folge der
Stapelplatz des Handels mit dem Orient werden, ein Freihafen für alle Völker, eine europäische freie Reichsstadt mit
einem kleinen Gebiete, vergleichsweise für Europa das, was
Hamburg für Deutschland ist. Zugleich müßte Constantinopel wieder zum Sitz des Patriarchen der griechischen Kirche
erhoben werden, erwählt nach den alten Gebräuchen dieser

Kirche. Gleichwie Rom der Sitz des Papstes der römisch-
katholischen Kirche ist, so muß Constantinopel ein solcher für
den Papst der griechisch-katholischen Kirche sein, welcher sich
als das rechtmäßige Haupt derselben dem Gegenpapst ent-
gegenstellte, und der gleich den Bischöfen von Rom der großen Gemeinde, deren Seelenheil ihm anvertraut würde, Priester zutheilt, fähig und würdig, ihr Amt zum Besten der
Menschen und zur Ehre Gottes zu verrichten.

Constantinopel wird durch seine Lage zu einem der
wichtigsten Handelsplätze in Europa gestempelt, und alle han-
deltreibenden Nationen haben das größte Interesse an der
Sicherung dieses Stapelplatzes und der freien Schiffahrt
durch den Bosphorus; darum darf Constantinopel nicht an
Oestreich übergehen. Hierdurch und durch etwanige Bestimmungen, welche Rechte allen übrigen Ländern in Beziehung
auf den künftigen Handel nach der jetzigen europäischen Türkei zugestanden werden sollen, mit welchen Zöllen Oestreich
nur die Einfuhr belasten dürfte, wird Englands und Frankreichs Interesse vollkommen befriedigen.

Wie aber Oestreich zur Sicherung seiner eigenen unabhängigen Existenz gezwungen ist, sich der Türkei zu bemächtigen, eben so wird dies gebieterisch von seiner Handelspolitik und von dem Flor Ungarns gefordert. Die Donau und
die Nebenflüsse derselben durchströmen nach vielen Richtungen
hin das productionsfähige Ungarn und seine Nebenländer,
aber die Absatzwege sind diesen gesperrt und die Mündung
der Donau so gut wie verschlossen; soll daher Ungarn je
zum Genuß seiner Naturschätze kommen, so muß die Donau

von Oestreich bis zu ihrer Mündung beherrscht und dem europäischen Handel geöffnet werden.

Doch so wichtig auch die Entwickelung eines freien Handels-Verkehres mit dem Orient durch die freie Schiffahrt auf der Donau und auf dem schwarzen Meere, sowie die Erhebung Constantinopels zu einem europäischen Freihafen werden kann; so unendlich viel wichtiger würde es in christlicher und politischer Beziehung sein, der griechischen Kirche ein Oberhaupt zu geben, welches nur das rein christliche religiöse Interesse der 60 bis 70 Millionen griechischen Christen ins Auge faßte und nicht, wie es jetzt bei dem usurpirten Oberhaupt der Kirche der Fall ist, den religiösen Einfluß benutzte, um den weltlichen Absolutismus zu fördern und die Knechtschaft auch auf den inneren Menschen zu übertragen. Ganz besonders wichtig würde dies auch für Oestreich sein, welches jetzt schon eine zahlreiche, der griechischen Kirche angehörende Bevölkerung beherrscht, die theilweise wenigstens in dem Kaiser von Rußland ihr Oberhaupt anerkennt. Vielleicht giebt es kein Ereigniß der neueren Zeit, welches einen so heilsamen Einfluß auf den ganzen Osten von Europa und auf die Förderung wahrhaft religiöser Gesinnung unter dessen Bevölkerung haben würde, als daß der griechischen Kirche ein von weltlicher Macht völlig unabhängiges Oberhaupt zugetheilt werde, wodurch hoffentlich dieser religiösen Unterdrückung ein Ende gemacht werden würde, welche sich Rußland jetzt zu Schulden kommen läßt.

Gegen den hier so eben entwickelten Plan würde sich einwenden lassen, es bestehe keine genügende Bürgschaft, daß

Oeſtreich die Bedingungen erfülle, unter welchen die anderen Großmächte in die Beſitznahme der europäiſchen Türkei gewilliget hatten, und namentlich, daß es ſchwer zu hindern ſein würde, wenn Oeſtreich ſich in den Beſitz von Conſtantinopel ſetzen wollte.

Um dieſem Einwande zu begegnen, müſſen wir daran erinnern, daß die Löſung der orientaliſchen Frage eine der Vorbedingungen des Friedensſyſtemes ſei, daß mithin nach den aufgeſtellten Grundprinzipien eine gewaltſame Verletzung der Verträge Oeſtreich in einen Krieg mit ganz Europa verwickeln würde, was es nicht wagen wird, und wenn es ſich dazu verleiten ließe, ſehr bald durch die Uebermacht gezwungen würde, ſeinen Verpflichtungen nachzukommen. Die einzige Macht, welche entſchieden den Kürzeren dabei ziehen würde, wäre die der Osmanen. Ihr Rechtstitel, aus welchem ſie den Beſitz der europäiſchen Türkei herleiten, beruht auf dem Rechte des Stärkeren; dieſer Titel iſt erloſchen und ſie können daher auch keine Entſchädigung in Anſpruch nehmen und dieſe nur darin ſuchen, die ihnen verbleibenden Länder Aſiens zu reorganiſiren, zu cultiviren und wieder zu bevölkern.

Ein anderer Vorwurf, den man gegen den hier vorgetragenen Plan vorbringen wird, iſt: daß wir das Syſtem des Friedens predigen und durch Kriege deſſen Einführung beginnen wollen. Vorhin iſt ſchon gezeigt, daß der Krieg an und für ſich oft ein nothwendiges Uebel werde und immer ein viel kleineres bleibe, als der bewaffnete Frieden. Der jetzige Zuſtand kann nur als ein Waffenſtillſtand betrach-

tet werden, der endlich ein Ende gewinnen muß, weil er der
Wohlfahrt Aller zu verderblich wird. Findet die Friedens=
Politik die Anerkennung der großen Majorität von Europa
und unterziehen sich die Mächte, die jetzt eine den dauernden
Frieden störende Stellung einnehmen, dem Spruche dieser
Majorität gutwillig, so wird der Krieg unnöthig; thun sie
es nicht, so muß freilich die dem Frieden entgegenstrebende
Macht durch Krieg zu Unterordnung unter den Beschluß der
großen Mehrzahl der europäischen Völker gezwungen werden.

Es möge nun über die Möglichkeit der Ausführung
Jeder denken was er wolle, es mögen dieser die Sonder=
Interessen, Mangel an höherer Einsicht, Mangel an Wil=
lenskraft, die Richtung der Zeit sich nur mit heute zu
beschäftigen, die Indolenz und der verlorene Sinn für jede
erhabene, des Menschengeschlechts würdige Idee und was
dergleichen mehr ist, entgegentreten; es wird dennoch einst
die Zeit kommen, wo man erkennen wird, daß das System
des Friedens, das eines allgemein geordneten Rechtszustan=
des und eines freundschaftlichen Bei=Einanderlebens der gro=
ßen christlichen europäischen Völker das einzige Gott wohl=
gefällige, dem Menschen zusagende und der civilisirten Welt
würdige sei. Durch welche Revolution, durch wie viel Krie=
ge, durch welche Weltbegebenheiten die höhere leitende Hand
das Schicksal die Menschen dahin führen wird, endlich ihr
eigenes Beste einzusehen, dies bleibt dem menschlichen Auge
verborgen; inzwischen wäre es doch möglich, daß der Eine
oder Andere der Leiter der europäischen Politik der Zeit
vorausschreitend, sich des Gedankens bemächtigte und dessen

Verwirklichung allmählig, wenn auch nur vorzubereiten sich entschlösse; vielleicht findet er Anklang in der Meinung der Völker, und daher wollen wir nicht jede Hoffnung des möglichen Erfolges aufgeben und dieses Werk mit einer gedrängten Zusammenstellung der bisherigen politischen Zustände, der Nothwendigkeit, diese zu ändern und der Vortheile, welche daraus erwachsen würden, schließen.

In dem Verlaufe dieser Schrift ist zuvörderst darauf aufmerksam gemacht, daß Europa sich in einer von jenen bedeutungsvollen Uebergangs-Perioden befinde, in welcher sich eine neue Zeit aus der alten herausbilde und das politische System der Vorzeit, das System der Fürsten-Politik, welches noch im Osten von Europa vorherrscht, sich mit dem neueren Systeme, eines auf die Volksinteressen aufgebauten Thrones, im Kampfe befinde. Es ist darauf hingewiesen, wie das Zeitalter der unumschränkten Fürstengewalt den wohlthätigsten Einfluß auf die Gestaltung der jetzigen socialen Gesellschaft gehabt habe; wie die Concentration der Staatsgewalt nothwendig war, um aus den vielen einzelnen Gewalten des Adels und der Städte erst eine große Staats-Gewalt und Staats-Einheit zu gründen, in welcher die Rechte und Freiheiten der Einzelnen den Anderen gegenüber gesichert blieben; in welcher es durch ein geordnetes Abgaben-System möglich ward, eine geregelte Verwaltung, eine gesicherte Rechtspflege und ein umfassendes Erziehungswesen einzuführen. Es ist aber zugleich darauf hingedeutet, wie eben diese als Uebergang und zur Entwickelung der Civilisation nothwendige Regierungsform auch ihre großen Män-

gel habe, indem sie als Willkührherrschaft oft die Volks-
Interessen den der Fürstenhäuser geopfert, daß sie zu einem
fortwährenden bewaffneten Frieden und den großen pecuniai-
ren Opfern geführt, die daraus entspringen und wie bei der
vorgeschrittenen Entwickelung der Völker, diese eine festere
Bürgschaft, als eine rein persönliche gewährt, fordern; und
haben dann am Schlusse dieser Betrachtungen gezeigt, wie
es die große Aufgabe der Zeit sei, die Vorzüge der
monarchischen Verfassung und die Macht, die sie verleihet,
mit den gerechten und billigen Anforderungen des Volks so
in Verbindung zu bringen, daß alle Interessen sich vereinigten.

Im ferneren Verlaufe ist entwickelt worden, wie gegenwärtig in Europa kein eigentliches politisches System mehr
bestehe und keine feste Bürgschaft weder für die Dauer des
Friedens, noch für einen gesicherten Rechtszustand vorhanden sei, sondern daß die Basis der heutigen Politik nur in
einer eifersüchtigen Ueberwachung der Großmächte bestehe
und in den persönlichen Ansichten mehrerer der Herrscher
beruhe, keinesweges aber eine feste Bürgschaft gewähre. Es
ist anderweitig nachgewiesen, daß die Zukunft Europa's auf
der einen Seite von den ehrgeizigen Plänen Rußlands be-
drohet werde, während auf der anderen Seite Oestreich jeder
inneren Stärke entbehrt und unbewußt eine rein destructive
Tendenz verfolge; und daß es Preußen wiederum an dem
Entschlusse fehle seine eigene, ihm so scharf vorgezeichnete
Politik, wie im Innern so im Aeußern fest zu verfolgen,
sondern sich bis jetzt nicht frei genug von äußerem Einfluß
halte und im Innern schwanke.

Endlich ist auf die Nothwendigkeit aufmerksam gemacht, wie es bei der kriegerischen Stimmung des französischen Volks und Rußlands, im Interesse aller übrigen Mächte Europa's, der deutsche Fürstenbund und England an der Spitze, läge, durch ein enges Bündniß die einzig heilbringende und vernünftige Politik, die des Friedens, aufzustellen, und ihr, wenn es sein müsse, durch Gewalt der Waffen Geltung zu verschaffen; zugleich sind die Hindernisse, welche noch der festen Begründung eines ewigen Friedens entgegenstehen, aufgezählt worden.

Rußlands Europa bedrohende Stellung, die Sklaverei der Slaven, das Verschwinden dieses ganzen Volks als ein selbstständiges*) aus dem großen Familienkreise der europäischen Völker, die Gegenwart der Osmanen auf dem, dem Christenthum geweihten, Boden, zeigen uns auf der einen Seite mehrere Punkte, die geregelt werden müssen, bevor der Frieden ein fester werden könne. Auf der anderen Seite erblicken wir eine der Hauptstützen der Friedens-Partei, Oestreich, in einer geschwächten Stellung, einer inneren Reform ebenso bedürftig, als einer anderen Abgränzung seines Reichs.

---

*) Es könnte hierin ein Widerspruch zu liegen scheinen, da die Masse der Russen aus Slaven besteht und Rußlands Selbstständigkeit außer Zweifel ist; allein in Rußland besteht nach dem Begriffe der heutigen Zeit, wie bereits auseinandergesetzt, kein Volk, nur ein Kaiser, der unumschränkte Gebieter über Körper und Seele seiner Russen.

Welche Mittel unerläßlich sind, um in Europa die Be=
sorgnisse künftiger Friedensstörung zu entfernen, welche Ge=
bietsveränderungen dem Zwecke entsprechend scheinen, welche
Kräftigung Oestreich bedarf, um die Stärke wieder zu ge=
winnen, welche die Erfüllung seiner Aufgabe fordert, ist in
den kurz vorhergehenden Blättern entwickelt; zugleich nicht
verschwiegen, daß, um diese verschiedenen Zwecke zu errei=
chen, dem Frieden der Krieg höchst wahrscheinlich voraus=
gehen werde; und es frägt sich nun, sind die Vortheile eines
solchen Opfers werth?

Bei Beantwortung dieser Frage verdient es vor Allem
Berücksichtigung, daß, wie schon oben erwähnt ist, die hier
bezeichneten Zustände immer, sei es früher oder später, zu
Kriegen führen werden, und ob es nicht besser sei, sich den
günstigsten Moment dazu zu wählen, als dem Gegner die
Wahl zu überlassen.

Es bleibt ferner noch fraglich, ob der ganze gegenwär=
tige moralische Zustand der Völker wie der Regierungen nicht
einer Stärkung, einer Auffrischung bedarf. Der plötzliche
Uebergang einer langen Kriegsperiode zu einem tiefen Frie=
den hat eine Menge Geistes= und Gemüthskrankheiten, be=
sonders in Deutschland erzeugt, wo die Thätigkeit der Na=
tion noch nicht den inneren Angelegenheiten zugewandt wor=
den ist; ja was noch mehr ist, der lange Frieden hat die
Regierungen selbst eingewiegt, es mangelt ihnen an Kraft,
an Willen und von der Sonne des Friedens geblendet, über=
sehen sie vielleicht die Gegenwart wie die Zukunft.

Ein gesunder Krieg bringt wie gezeigt ist, oft frisches

Blut in die Adern, stärkt die erschlafften Lebensgeister, und entfernt von den höheren Spitzen der Verwaltungs-Organe die
Einseitigkeit, auch wohl die liebenswürdige Intoleranz, und
ersetzt beide durch Geist, Talent und Kraft.

Doch wir wollen diesen Phantasien nicht weiter nach-
hängen und uns mit den nächsten Folgen eines gesicherten
Friedens und der materiellen Vortheile, die er verspricht,
beschäftigen. Die erste würde die Sicherheit des Besitzes
sein, die er allen Völkern gewährt, die Bürgschaft, daß nicht
die Laune, die thörichten Ansichten einzelner Fürsten, Minister oder Volkstribune die Wohlfahrt der Völker zu erschüttern vermögen, und unmittelbar daraus folgend eine Vereinbarung über die Beschränkung der stehenden Heere auf mindestens die Hälfte, oder auf das Minimum, welches nöthig
scheint, um für den möglichen Fall der Störung gemeinschaftlich mit dem Gesammt-Bunde den Friedensstörer zu strafen. Ein solcher Fall ist aber, so lange die Gesammtheit
einig und die Volkspolitik gültig bleibt und sie die Erhaltung
des Friedens ernstlich will, kaum denkbar, denn welche Macht
es auch wäre, sie würde eine Tollheit begehen, allen anderen den Krieg erklären zu wollen.

Durch die Beschränkung der Heere würden aber solche
Ueberschüsse in den Staatseinnahmen gewonnen werden, daß
die Regierungen nun bedeutende Geldmittel in Händen bekä-
men, um den Ackerbau, den Handel, die Industrie zu beleben, die Bildungs-Anstalten zu fördern, den Künsten und
Wissenschaften ihre Aufmerksamkeit zu schenken, mit einem
Worte, sich dadurch in die Lage versetzt sehen, den allgemei-

nen Wohlstand auf eine Weise zu fördern, von welcher man jetzt weit entfernt ist, eine Ahnung zu haben.*) Ganz besonders einflußreich würde es auf die Produktionskraft der Völker und auf den National-Reichthum sein, wenn nicht mehr der jugendliche und kernhafteste Theil des Volks zu Soldaten eingezogen zu werden brauchte, sondern ihre Arbeitskraft und Intelligenz dem Lande verbliebe.

Eben so wichtig, als der Landfrieden, würde der Seefrieden auf die Entwickelung des Handels und der materiellen Wohlfahrt aller Nationen einwirken; es erhält dadurch erst die, für die Civilisation der ganzen Erde so wichtige Colonisation eine Basis; es würden die minder starken Seemächte nicht mehr fürchten, in nächsten Kriegen ihre Colonien zu verlieren und weil sie dieser Besorgniß enthoben wären, sie weniger stiefmütterlich behandeln, als es jetzt der Fall ist. Vor Allem würde noch erreicht werden, daß die verschiedenen Völker ungestört diejenige Richtung verfolgten, die jedem von

---

*) Von den fünf Großmächten unterhält Preußen das bei weitem kleinste stehende Heer, indem sich dieses im Frieden nur auf eine Kriegsschule beschränkt. Ungeachtet der weisen Oeconomie, die im ganzen Kriegswesen eingeführt ist, verzehrt dennoch das Budget für das Heer und die Festungen 23 Millionen jährlich. 30 Friedensjahre erfreuen wir uns jetzt, mithin beläuft sich der Aufwand für das Heer in dieser Zeit auf 690 Millionen, und eben so hoch wird der Nationalöconom die verlorene Thätigkeit der Soldaten veranschlagen. Wenn man diese Berechnung auf alle europäischen Staaten ausdehnt, so bekommt man Summen, die das gesammte Vermögen von Europa weit übersteigen. Giebt es etwas Großartigeres in der Welt, als die Thorheiten der Menschen??

ihnen als dazu am fähigsten und gelegensten von der Vorsehung angewiesen ist.

England würde die hohe Aufgabe, die ihm zugetheilt ist, nach Südasien die europäische Civilisation und von da weiter zu verpflanzen, unbekümmert vor Rußland verfolgen können, wie dieses sich ohne Störung in Mittelasien zu verbreiten die Gelegenheit haben würde. Frankreich könnte dann ohne Besorgniß das nördliche und innere Afrika zu einer französischen Provinz umwandeln, und indem es sich bereicherte, die Segnungen des Friedens und eines geordneten Zustandes in einen Welttheil einführen, welcher jetzt von rohen Volksstämmen bewohnt wird. Vor Allem würde aber Oestreich, welches jetzt eine deutsche, ungarische, polnische und italienische Macht sein will, und in der Wirklichkeit keine von allen diesen ist, Festigkeit erhalten und in diejenige Richtung hineingedrängt werden, die es einzunehmen berufen scheint.

Oestreich, man täusche sich darüber nicht, seitdem es die östreichische Kaiserkrone mit der deutschen vertauscht hat, kann unmöglich mehr als der Hauptleiter der deutschen inneren Angelegenheiten betrachtet werden. Oestreichs geographische Lage macht es ihm unmöglich, bei der Vertheidigung Deutschlands in die erste Reihe zu treten; seine getheilten politischen Interessen, der Bildungsgrad der seinem Scepter unterworfenen Völker, der ganze innere Organismus seiner Verwaltung, alles dieses machen es nicht geeignet dazu, und selbst wenn es durch den Beitritt zum Zollverein seine materiellen Interessen mit denen Deutschlands verbinden könnte und wollte, so würde es umsonst sein, es hat sich die großen

Lehren der Zeit zu wenig angeeignet, um mit der deutschen Eiche gemeinschaftliche Wurzeln zu treiben. Oestreich und Deutschland verbindet nur ein Band und dieses ist an und für sich ein starkes, das der wechselseitigen Vertheidigung und der brüderlichen Eintracht.

Oestreichs Kaiserreich ist der Orient, dort liegt seine Zukunft, in Ungarn der Centralpunkt seiner Kraft; jenen zu civilisiren, dahin geht sein Beruf, seine Aufgabe, Europa gegen alle künftigen Einfälle der Osmanen und Asiaten zu schützen, und Deutschland wird in dieser Beziehung so sein treuer Bundesgenosse sein, als Deutschland von ihm Hülfe erwartet, wenn es von Frankreich angegriffen werden sollte.

Bülow-Cummerow.